NUEVAS VOCES

1re
CECRL → B1 B2

NOUVEAUX PROGRAMMES

Coordination pédagogique
José Inzaurralde
IA-IPR, Académie de Créteil

Auteurs
Stéphane Añorga
Professeur certifié
Lycée Émile Littré, Avranches (50)

Marianne Ellafaf
Professeur agrégé
Lycée International, Saint Germain-en-Laye (78)

Hélène Patouraux
Professeur certifié
Lycée Gabriel Fauré, Annecy (74)

Luc Rodriguez
Professeur certifié
Lycée Berthollet, Annecy (74)

Pour le précis grammatical
Dulce Gamonal

didier

Bienvenue dans *Nuevas Voces 1re*

▸ Apprendre une nouvelle langue c'est, dans un premier temps, découvrir une autre façon de nommer le monde. Puis, le parcours d'apprentissage que l'on a suivi nous permet de comprendre des messages qui parlent de faits, de sentiments et d'idées. Alors, pratiquer cette langue, devenue de moins en moins étrangère, c'est également découvrir un autre regard posé sur ce monde.

▸ Te voilà dans la suite de cette découverte !
Nuevas Voces 1re te propose d'approfondir ton approche de la culture que véhicule la langue espagnole, diverse et multiple dans son étendue géographique et ses manifestations présentes et historiques. Ta connaissance actuelle de la langue te permettra d'explorer les liens qui se tendent dans cette diversité. Tu avanceras ainsi, en confiance, dans l'univers toujours renouvelé des « Gestes fondateurs et mondes en mouvement », comme t'y invite ton Programme de langues vivantes.

▸ À chaque étape, tu seras invité à réagir, à exprimer tes émotions et tes opinions. Tu prendras plaisir à découvrir la résonance que la singularité de l'espagnol donnera à ce que tu tiens à dire.

▸ Ce fil de la communication qui se tissera d'abord dans la classe t'emmènera aussi, à travers la toile, à rencontrer des jeunes hispanophones de toutes les latitudes et à construire des ponts vers ce *mundo hispánico*, tous les jours plus proche.

Bon vent !

L'équipe de *Nuevas Voces 1re*

I. OTRAS CARAS DEL MUNDO HISPANO

II. PRINCIPIOS Y MUTACIONES

III. VIVIR ES ELEGIR

9 ▸ p. 170-189

¡Seguir adelante!

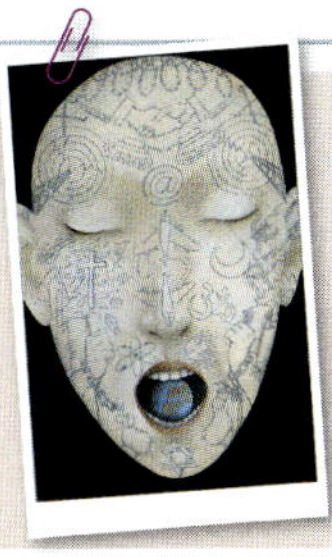

PROYECTO

¡Realiza el telediario de las buenas noticias!

- Des modèles d'avenir à échelle locale et mondiale
- L'écologie comme nouvelle logique économique
- Le droit à l'éducation, à tous les âges
- La vitalité de la langue espagnole
- INFÓRMATE: Educación - Cambio climático

L'idée de progrès : l'éthique du progrès, l'illusion du progrès

ENFOQUE 1
- Se positionner par rapport à un modèle éducatif.
- Donner son avis sur des objectifs de développement.

ENFOQUE 2
- Apprécier l'efficacité d'une campagne publicitaire.
- Être sensibilisé à une cause.

ENFOQUE 3
- Aborder le phénomène de l'alphabétisation.
- Expliquer la portée d'une photo.

ENFOQUE 4
- Réagir à une prévision sur l'avenir de l'espagnol.
- Démontrer l'originalité d'une affiche.

LEXIQUE • L'éducation • Le développement durable • L'alphabétisation • La langue et la communication

GRAMMAIRE • Structures suivies du subjonctif • L'expression de l'hypothèse • Le futur antérieur • L'expression des pourcentages • La conséquence

ORTHOGRAPHE • *nm* en espagnol, « mm » en français • Accent écrit sur les interrogatifs

PRONONCIATION • Employer un ton adéquat pour : proposer et suggérer des idées / présenter une émission de radio / exprimer des sentiments

* Et pour poursuivre l'entraînement : des exercices de langue interactifs sur le site *www.nuevas-voces.com*

"En mi cuarto tengo colgado el póster de todos ustedes." (Ernesto "Che" Guevara)

¿Esto lo habrá dicho realmente el Che?

SECUENCIA 1

Caras conocidas

DÉCOUVRIR et COMMUNIQUER

1 ¿Héroe, mito o ídolo?

Quelques icônes du monde hispanique

- Présenter brièvement un personnage.
- TAREA Un encuentro insólito.

2 El camino hacia la gloria

Des portraits d'artistes connus

- Expliquer les raisons d'un succès.
- Donner envie de connaître une célébrité.
- TAREA ¿De quién se trata?

3 ¿Necesitamos ídolos?

S'identifier à des modèles

- Prendre position à partir d'un article.
- Partager une expérience de *fan*.
- TAREA Realiza un mini sondeo.

4 ¿Los ídolos son eternos?

Fugacité et éternité des héros

- Comprendre les métaphores d'un texte littéraire.
- Interpréter l'affiche d'un film.
- TAREA Tu cena ideal.

UTILISER

Lexique

- La célébrité
- Les qualités morales, l'exemplarité, le talent
- Les sentiments du *fan*
- Le souvenir, la postérité

Grammaire

- *Ser*
- La traduction de « devenir »
- Le superlatif
- Le prétérit
- Le futur d'hypothèse
- La traduction de « on »
- La phrase négative
- Le conditionnel
- L'obligation

Orthographe

- L'accent diacritique
- L'accent écrit

Prononciation

- L'intonation pour interroger et pour mettre en valeur des éléments

PROYECTO → p. 21

Presenta a la persona que más admiras.

ENFOQUE 1

¿Héroe, mito o ídolo?

EXPRESIÓN ORAL

Penélope Cruz

Che Guevara

Don Quijote y Sancho Panza delante del monumento a Cervantes

Iconos del mundo hispánico

Eva Perón

Javier Bardem

"El Zorro"

¿LO SABÍAS?

Don Quijote y Don Juan han inspirado también a grandes artistas como Molière en el siglo XVII y Mozart en el siglo XVIII, Gustave Doré en el siglo XIX, etc.: son personajes universales.

→ INFÓRMATE p. 18-19

ESTRATEGIA: Pour présenter quelqu'un, marque la différence entre les informations dont tu es sûr (les faits) et ce que tu supposes ou penses (tes opinions) *Shakira es una cantante. / Quizá sea la artista más famosa de América Latina.* L'intonation permet d'accentuer ces différences.

1. **MIRA** esta galería de retratos. ¿Te suena alguna de estas caras?
2. Relaciona cada foto con :

a) un ámbito: política · deporte · música · cine · cómic · literatura

b) un país: España · Colombia · Argentina · México · Cuba

3. Di cuáles de ellos son:

reales o de ficción	contemporáneos o históricos	españoles o latinoamericanos

4. ¿Qué tienen en común?
5. Escoge al personaje que más conoces y di cómo lo conociste (estudios, lectura, televisión,...) y todo lo que sabes de él.

TU OPINIÓN. Para ti, ¿es lo mismo ser un ídolo, un héroe o un mito? Justifica tu repuesta con los ejemplos de estos personajes.

Letizia y Felipe de Borbón

Emiliano Zapata

Mafalda

Shakira

Rafael Nadal

TAREA Un encuentro insólito.

→ Imaginer un dialogue fictif.

Imagina un encuentro entre dos personajes famosos e inventa el diálogo.

Etapas:

1. Escoge dos personajes bien diferentes (según: la época, la actividad, la personalidad,...)
2. Imagina que se conocen por arte de magia. Elige un lugar, un momento, una situación para este encuentro insólito.
3. A cada uno le encantaría averiguar tres cosas del otro. Redacta el diálogo (repasa la forma interrogativa).

LENGUA

Vocabulario

el deporte

ser deportista, batir récords, ser el mejor en, ser campeón

la música

cantar, bailar, tocar música, dar conciertos, un/una cantante

el cine

un actor, una actriz, actuar

la fama

salir en la tele, dejar huella como, ser famoso

el heroismo

un héroe, una heroina, luchar por, las hazañas, combatir

Gramática

Ser

Pour faire le portrait de quelqu'un :
Es un actor de cine.

▸ Gramática 32 p. 218 p. 218

Traduction de "devenir"

ponerse, hacerse, volverse, llegar a ser
*Se **hizo** caballero.*

▸ Gramática 42 D p. 228 p. 230

Le prétérit des verbes réguliers

*El Che **luchó** contra las injusticias en Cuba.*

▸ Gramática 25 p. 212 p. 212

Ortografía

L'accent diacritique

Les mots interrogatifs portent l'accent diacritique.
cuándo / cuando
dónde / donde
cómo / como

▸ Gramática 3 p. 193

+ EJERCICIOS
www.nuevas-voces.com

ENFOQUE 2

El camino hacia la gloria

COMPRENSIÓN LECTORA

Un día voy a triunfar

Elmundo.es, 05/04/2010

La cantante abrió su primera fundación benéfica con 18 años. "Mi padre se arruinó cuando yo tenía ocho años. Recuerdo el día en que me di cuenta de que todas las comodidades de nuestra vida se habían terminado. Habíamos vivido muy bien hasta entonces -dos coches, un negocio exitoso-, y de repente, de un día para otro, lo perdimos todo", ha declarado la colombiana.

"Mi padre me llevó al parque para enseñarme una realidad mucho peor que la nuestra. Había muchos huérfanos[1] descalzos[2] esnifando pegamento[3]. Supongo que la imagen se me quedó grabada. Me prometí a mí misma: 'Un día voy a triunfar'", confesó 'la loba', "Y pensé: 'Si alguna vez lo logro, voy a hacer algo por esos niños.'"

Y lo cumplió: "Cuando tuve mi primer gran éxito con 'Pies descalzos', el álbum que batió récords en Latinoamérica cuando yo tenía 18 años, decidí abrir mi primera fundación benéfica en Colombia. Desde entonces, dedico mis esfuerzos a la educación, que ha conseguido sorprendentes resultados con niños que vivían en la pobreza o que hubieran sido reclutados[4] para la guerrilla o los carteles de droga. En vez de eso, están camino de la universidad."

La cantante colombiana Shakira acompañada de los niños de su fundación "Pies descalzos".

1. huérfanos = niños sin padres - **2.** descalzos = sin zapatos - **3.** pegamento : *de la colle* - **4.** reclutados : *engagés*

① **ANTES DE LEER.** ¿Sabes quién es esta artista? ¿Conoces su sobrenombre? ¿Por qué se lo habrán puesto?

② **LEE** las declaraciones de Shakira y explica:
- qué perdió: ...
- qué se le quedó grabado: ...
- qué se prometió: ...
- qué promesa cumplió: ...

ESTRATEGIA: Repère à quelle personne et temps sont conjugués les verbes du texte, cela t'aidera à reconstituer la chronologie des faits.

③ Para definir la personalidad de esta cantante, busca en el texto:
- lo que exige de sí misma → ....
- lo que ofrece a los demás → ....

TU OPINIÓN. ¿Es así porque tiene éxito o tiene éxito porque es así?

¿LO SABÍAS?

A finales del año 2010 Shakira publicó un libro infantil sobre las aventuras de "Dora la exploradora". Con este libro titulado *La aventura del día mundial de la escuela*, la cantante recaudó fondos para su fundación "Pies descalzos".

EXPRESIÓN ESCRITA

Ellos también son triunfadores

Imitando el artículo de *Elmundo.es* dedicado a Shakira (p. 12), escribe un artículo sobre uno de estos dos personajes.

① **IMAGINA** su historia:
a) ¿Qué profesión ejercerá?
b) ¿Cuándo habrá nacido su vocación?
c) ¿Qué hace en la actualidad?
d) ¿Para qué le sirve la fama?

② **REDACTA** tu artículo en tercera persona incluyendo declaraciones del personaje en estilo directo (entre comillas y en 1ª persona).

Ejemplo: *Sofía nunca olvida los esfuerzos que le costó llegar a ser famosa: "Trabajé duro para hacerme periodista mientras mis amigas sólo pensaban en divertirse."*

Utiliza los tiempos verbales adecuados para situar los hechos presentes y pasados.

TAREA ¿De quién se trata?
→ Susciter la curiosité de l'auditoire.

Eres periodista y vas a entrevistar a un famoso. A modo de introducción, lo presentas sin nombrarlo, comentando sus múltiples talentos... para interesar a los espectadores.

Etapas:

1. Elige a un personaje famoso.
2. Selecciona informaciones sobre su personalidad, su biografía y sus actividades actuales.
3. Preséntalo, como lo haría un periodista antes de que aparezca en la pantalla, sin decir de quién se trata, hablando de él en tercera persona.

LENGUA

Vocabulario

el ejemplo
ejemplar, generoso, comprometido, un modelo

la voluntad
la tenacidad, la constancia, superarse, trabajar duro, empeñarse en

el talento
el genio, genial, original, fantástico, estupendo, sorprendente

Gramática

Le superlatif
*Es la cantante latina **más** conocida.*
▸ Gramática 13 B p. 198 p. 199

Le prétérit des verbes irréguliers
*Shakira se **hizo** cantante.*
▸ Gramática 25 p. 212

Le futur d'hypothèse
¿Dónde trabajará?
¿Qué estudios habrá cursado?
▸ Gramática 27 p. 213 p. 213

Ortografía

L'accent écrit
huérfano, récord, álbum
▸ Gramática 3 p. 193

Pronunciación

PISTE 2 **Emplea el tono adecuado para interrogar. Escucha y entrénate.**
¿Tenéis una idea de quién se trata?
¿Se os ocurre algún nombre?
¿A qué no adivináis?
▸ Gramática 4 p. 193 y 39 p. 227

+ EJERCICIOS www.nuevas-voces.com

ENFOQUE 3

¿Necesitamos ídolos?

COMPRENSIÓN LECTORA

Los ídolos se convierten en modelos de identificación

Pablo León, *El País Semanal*, 28/03/2010

"Los iconos desempeñan un papel muy relevante[1] en el desarrollo de la personalidad", aclara Ana Hernández, profesora de secundaria de 35 años, con casi una década de experiencia. […]

"El problema es que ahora tienen tanto en lo que fijarse que los ídolos cambian continuamente, y no todos son positivos.", continua Hernández; "los padres tienen que tutelar[2] las aficiones de sus hijos pero algunos están tan ocupados que los ponen delante de la pantalla y les dejan horas. Estos niños se sienten muy solos y se agarran a[3] cualquier referente." […]

"En la actualidad los ídolos casi se identifican exclusivamente con figuras del espectáculo. De ahí que cuando preguntamos a los chavales acerca de los personajes que admiran más, o a quiénes les gustaría parecerse, suelen señalar actores, cantantes, futbolistas…," explica Beatriz Tejera, que trabaja de orientadora psicológica en el colegio Cenit de Madrid.

"Cada época", continua Tejera, "se encuentra marcada por una serie de personajes, que son admirados por sus cualidades. Hace años, eran superhéroes o personas entregadas a causas justas […] pero ahora se buscan unos ideales un tanto superficiales, basados en la belleza y el éxito fácil, y no se profundiza más en las cualidades de los ídolos."

El famoso muñeco Pocoyó, de una serie de animación española, éxito absoluto entre el público infantil y también adulto.

1. relevante = importante - **2.** tutelar = controlar - **3.** agarrarse a : *s'accrocher à*

ESTRATEGIA: Dans un texte qui rapporte les paroles de plusieurs personnes, repère les différents intervenants à la fin de chaque citation (noms, verbes *continuar*, *aclarar*, *explicar*…).

① **LEE** el articulo y completa la tabla siguiente:

Tema central del artículo	Personas entrevistadas: nombre / profesión	¿Por qué les interesará este tema?

② ¿Qué declaran las especialistas sobre:

a) el papel de los padres,

b) la manera de escoger los iconos,

c) los diferentes estilos de héroes?

③ ¿Estás de acuerdo con ellas?

TU OPINIÓN. ¿Todos los héroes deben ser ejemplares?

COMPRENSIÓN ORAL

PISTE 3

Alguien a quien imitar

1. Macarena admira a alguien, ¿quién es?
2. ¿Con qué palabras expresa su admiración?
3. ¿Era la única admiradora de la familia?

TAREA Realiza un mini sondeo

→ Interpréter les résultats d'un sondage.

Preguntas	Número de respuestas
¿A qué categoría pertenece tu ídolo?	Deporte: □□□□□ × 20 = … %
	Cine: □□□□□ × 20 = … %
	Música: □□□□□ × 20 = … %
	Otra: □□□□□ × 20 = … %
¿Te hace soñar tu ídolo?	Sí: □□□□□ × 20 = … %
	No: □□□□□ × 20 = … %
¿Te identificas con él?	Sí: □□□□□ × 20 = … %
	No: □□□□□ × 20 = … %
¿Te ayuda a superarte?	Sí: □□□□□ × 20 = … %
	No: □□□□□ × 20 = … %

Entrevista a cinco compañeros para realizar este sondeo : "¿Por qué necesitamos ídolos?"

Etapas:

1. Pide a cada uno de tus compañeros que piensen en un ídolo.
2. Realiza el sondeo y recopila las respuestas en una tabla como la del modelo.
3. Calcula los porcentajes obtenidos: Número de respuestas x 20 = ...%
4. Interpreta los resultados entresacando las informaciones relevantes.
5. Haz un informe oral de la encuesta delante de tus compañeros.

LENGUA

Vocabulario

el admirador

el fan: ser apasionado, ser hincha de, sentir admiración por, idealizar, superarse, imitar, identificarse con

los padres

controlar, las aficiones, tutelar, injerirse, entremeterse ≠ compartir

Gramática

Traduction de "on"

Uno necesita tener un ídolo porque... / Necesitamos tener ilusión.

▸ Gramática 20 p. 208 p. 208

Les phrases négatives : quelques constructions particulières

No todos son positivos. No se profundiza más en las cualidades de los ídolos.

▸ Gramática 38 p. 226

Les quantitatifs

*la **mayoría** de mis amigos, **pocos** alumnos, **muchos** jóvenes, **ciertos** jóvenes...*

▸ Gramática 18 p. 204

Pronunciación

PISTE 4 **Emplea el tono adecuado para destacar elementos. Escucha y entrénate.**

La encuesta realizada demuestra que...
Hay que tener en cuenta el porcentaje de...

EJERCICIOS www.nuevas-voces.com

ENFOQUE 4

¿Los ídolos son eternos?

COMPRENSIÓN LECTORA

Estrellas

El narrador relata lo que contaba su amigo Seaman sobre el tema de las estrellas.

Dijo que uno conocía muchas clases de estrellas o que uno creía conocer muchas clases de estrellas. Habló de las estrellas que se ven por la noche, digamos, cuando uno va de Des Moines[1] a Lincoln[2] por la 80[3] y el coche se estropea[4], nada grave, tal vez una rueda pinchada, y uno se baja [...] y cambia la rueda, en el peor de los casos media hora, y cuando ha terminado mira hacia arriba y ve el cielo cubierto de estrellas. La Vía Láctea.

Habló de las estrellas del deporte. Ésas son otra clase de estrellas, dijo, y las comparó con las estrellas de cine, aunque precisó que la vida de una estrella del deporte solía ser más corta que la vida de una estrella de cine.

La de una estrella del deporte, en el mejor de los casos, solía durar quince años, mientras la vida de una estrella de cine, también en lo mejor de los casos, podía durar cuarenta o cincuenta años si había empezado joven la carrera. Por el contrario, la vida de cualquiera de las estrellas que uno podía contemplar a un lado de la 80, mientras viajaba de Des Moines a Lincoln, solía durar millones de años o bien, en el momento de contemplarla, podía haber muerto hacía ya millones de años y el viajero que la contemplaba ni siquiera lo sospechaba.

Podía tratarse de una estrella viva o de una estrella muerta. En ocasiones, según se lo mirara, dijo, ese asunto[5] carecía de[6] importancia, pues las estrellas que uno ve de noche viven en el reino de la apariencia. Son apariencia, de la misma manera que son apariencia los sueños. De tal manera que el viajero de la 80 al que se le acaba de reventar un neumático no sabe si lo que contempla en la inmensa noche son estrellas o si, por el contrario, son sueños.

Roberto Bolaño (autor chileno), *2666*, 2004

1. capital del estado de Iowa (EE.UU.)
2. capital del estado de Nebraska (EE.UU.). Su logotipo es una estrella formada por 5 eles.
3. carretera interestatal (EE.UU.)
4. *tombe en panne*
5. tema
6. carecía de = no tenía

¿LO SABÍAS?

En muchos idiomas europeos, se utiliza la palabra "estrella" para designar a las personas famosas del espectáculo y en particular del cine. En español se dice "las estrellas del cine", en francés "les étoiles du cinéma", en italiano "le stelle del cinema", en inglés "movie stars", etc.

1. Apunta los diferentes tipos de estrellas citadas.
2. Indica qué duración tiene la vida de cada una de ellas.
3. ¿Qué rasgos comunes tendrán?
4. Indica el lugar y la situación de la anécdota narrada por Seaman. ¿Son circunstancias propicias para hablar de este tema?

TU OPINIÓN. ¿Por qué a los famosos del cine, del deporte, de la canción se les llama "estrellas"?
Para contestar a esta pregunta, déjate guiar por:
(la utilidad) (el efecto) (la duración) de cada una de ellas.

EXPRESIÓN ORAL

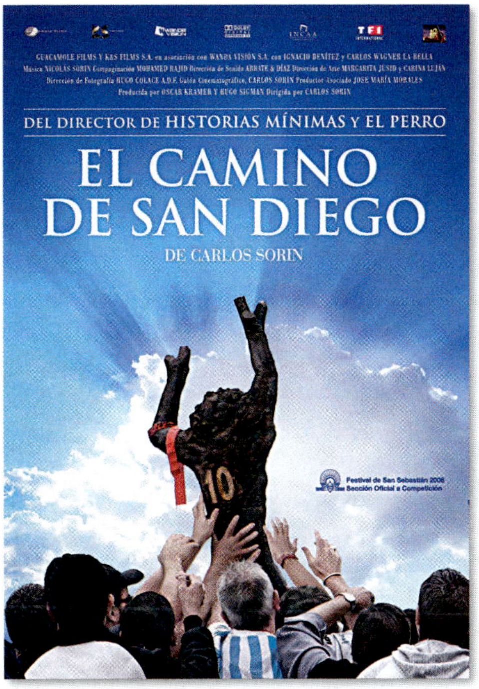

1. **MIRA** el cartel y describe la escena de la foto:
a) ¿Quiénes son los protagonistas? ¿A quién llevarán en alto?
b) ¿Qué detalles te ayudan a saber de qué se trata?
c) Fíjate en el cielo: ¿qué ambiente crea? ¿Qué impresión te da?

2. ¿Cómo interpretas la escena? ¿Te parece normal adorar a... un trozo de madera?

3. Ahora, ¿puedes interpretar el título de la película? ¿Cuál será su argumento?

TAREA Tu cena ideal.

→ Décrire une situation imaginaire.

Cuenta cómo sería cenar con invitados famosos.

Etapas:

1. ¿A quién te gustaría invitar?
2. Imagina de qué podríais charlar.
3. Imagina también que en medio de la cena pasa algo insólito.

LENGUA

Vocabulario

la luz

brillar, deslumbrar, guiar

el tiempo

durar
eterno, inmortal ≠ efímero

el recuerdo

acordarse de ≠ olvidarse de, caer en el olvido

la distancia

lejano, inalcanzable ≠ accesible

Gramática

L'obligation

tener que + infinitif, *deber* + infinitif
*Mi ídolo **tiene que** ser un hombre generoso. **Debe ser** el mejor.*

▸ Gramática 42 C p. 228

Le conditionnel

*Mi ídolo **tendría** que ser guapo e inteligente*

▸ Gramática 30 p. 216 p. 217

Ortografía

Pronoms et adjectifs démonstratifs

Les pronoms démonstratifs peuvent porter un accent écrit.
Esa camiseta es mía.
¿Cuál?
Ésa que está ahí.

▸ Gramática 16 p. 201 p. 202

+ EJERCICIOS www.nuevas-voces.com

INFÓRMATE

Retrato de un personaje

El ingenioso hidalgo don Quijote de la Mancha, de Miguel de Cervantes fue publicado en 1605 y 1615. Don Quijote es un personaje que refleja valores morales.

Molinos de viento de la localidad toledana de Consuegra (Castilla La Mancha) del siglo XVI.

Don Quijote y los molinos de viento visto por el ilustrador Enrique Flores.

¿Quién es Don Quijote de la Mancha?

Un pobre *hidalgo* (miembro de la orden inferior de la nobleza española), de unos cincuenta años, que vive en un lugar de la Mancha. En *"los ratos que estaba ocioso, que eran los más del año, se daba a leer libros de caballería"*. Esta actividad se convierte en una obsesión: decide hacerse caballero andante e irse por el mundo a buscar aventuras.

¿Cómo se hace caballero andante?

Primero limpia las armas que le habían dejado sus antepasados, a continuación dedica cuatro días a meditar qué nombre habrá de dar a su viejo y esquelético caballo hasta decidirse por Rocinante.

Después, pasa ocho días en idear un nombre para sí mismo: *Don Quijote*. Luego, al igual que el modelo de los caballeros, Amadís de Gaula, le añade el nombre de su tierra: *la Mancha*. Sólo le faltaba una dama de quién enamorarse para ser un verdadero héroe caballeresco: Dulcinea del Toboso, *"una labradora de muy buen parecer"*. Finalmente, recluta a su acompañante, Sancho Panza, un campesino de la vecindad a quien promete regalarle una isla en recompensa por sus servicios.

¿Cómo se forja el mito?

El mito se centra en la larga serie de encuentros que tiene don Quijote durante sus expediciones. El episodio más conocido es el de los molinos de viento que toma por "treinta o más desaforados gigantes" y en el que decide matarlos.

El autor, Miguel de Cervantes, compartía sin duda con su personaje Don Quijote, la nostalgia por la edad de oro y el pasado heroico español, el triunfo del bien sobre el mal, la pasión sobre el tedio cotidiano, el sueño de la inspiración sobre la realidad de cada día, la locura sobre la prudencia.

Estatua de Don Quijote en las calles de Sevilla.

El director de cine, Walter Salles, se inspiró en los diarios de viaje de Ernesto y Alberto, para realizar la película.

El mito del Che Guevara

EL HOMBRE

Ernesto "Che" Guevara nació en Rosario (Argentina) en 1928. Sufría asma y se pasaba mucho tiempo en su primera infancia leyendo libros de aventuras y más tarde libros de poesía y filosofía. Vivió y estudió medicina en Buenos Aires. Emprendió un viaje en motocicleta por América Latina con su amigo Alberto Granado. Aquel viaje le abrió los ojos sobre la miseria y la injusticia social del continente.

EL COMANDANTE

En 1954, Ernesto ingresó en el movimiento 26 de julio dirigido por Fidel Castro con el fin de formar un grupo guerrillero en Cuba para derrocar al dictador Batista e iniciar una revolución social.
Participó activamente en la Revolución cubana. Fidel Castro lo ascendió al grado de *comandante*. Desempeñó en Cuba diversas funciones oficiales y participó en la elaboración de la reforma agraria. Organizó la nacionalización de empresas cubanas y extranjeras.
Decidió dejar el gobierno para dirigir tropas cubanas dedicadas a apoyar movimientos revolucionarios en marcha por el mundo. Su primera misión fue la del Congo. En 1965 escribió una carta a Fidel Castro renunciando a sus cargos en Cuba. Su carta concluía con la famosa fórmula:
Hasta la victoria siempre, Patria o Muerte!

En otra carta enviada a sus padres decía:
Queridos viejos:
Otra vez siento bajo mis talones el costillar de Rocinante, vuelvo al camino con mi adarga al brazo. [...]
Creo en la lucha armada como única solución para los pueblos que luchan por liberarse y soy consecuente con mis creencias. Muchos me dirán aventurero, y lo soy, sólo que de un tipo diferente y de los que ponen el pellejo para demostrar sus verdades.

En 1966, fue capturado en Bolivia, país dirigido en aquella época por un dictador. El grupo guerrillero encabezado por el Che, había enfrentado al ejército boliviano en condiciones difíciles por zonas montañosas sin la ayuda de la población campesina. Fue herido de bala en una pierna y capturado en el combate de Quebrada del Yero, siendo fusilado el 9 de octubre de 1967. Así empezó el mito del Che para muchas generaciones de jóvenes idealistas en búsqueda de un mundo mejor.

1. ¿Qué puntos comunes ves entre Don Quijote, personaje literario del siglo XVII y Che Guevara, guerrillero revolucionario del siglo XX?
   el sueño | la realidad | la locura | la aventura
2. ¿Por qué estos mitos han durado y se han transmitido hasta el día de hoy? ¿Qué nos aportan?

ESCUCHA EN CASA

PISTE 5

ESCUCHA la canción de Kevin Johansen *Mc Guevara's o Che Donald's*.
"Todos declaran y hablan en nombre de él, como si fueran él"
¿Qué pensaría el Che? Intenta contestar a esta pregunta.

Para navegar, pp. 256-257

CIBERINVESTIGACIÓN

Averigua datos sobre gente conocida

Elige una cara conocida del mundo hispánico. Si no se te ocurre nada, inspírate de la galería de fotos en *Enfoque 1* (p. 10-11).
Busca informaciones sobre el personaje elegido y completa la ficha siguiente:

Nombre y apellidos: ...
Apodo o seudónimo: ...
Actividad: deporte, cine, política, etc.: ...
Fecha de nacimiento y, si es el caso, de muerte: ...
Nacionalidad: ...
A qué se dedica/dedicó: ...
Fechas importantes de su vida/obras importantes: ...
Algo que dijo: ...

Páginas web de interés:

- Eva Perón: *http://www.mibuenosaires querido.com/xPersonajes02.htm*
- Shakira: *http://es.shakira.com/*
- Che Guevara: *http://www.mibuenosaires querido.com/xPersonajes06.htm*
- Rafael Nadal: *http://www.rafaelnadal.com/es*
- Emiliano Zapata: *http://www.bicentenario.gob.mx/*

Para los famosos, encontrarás informaciones en sus sitios oficiales respectivos. Comprueba que se trate de la "web oficial".

B2i **S'informer, se documenter** ✓ Je sais interroger les bases documentaires à ma disposition.

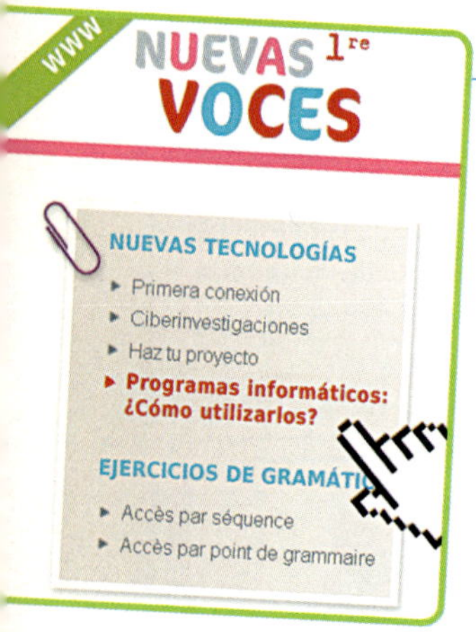

HAZ TU PROYECTO CON LAS TIC

Crea y proyecta diapositivas

1. Busca fotos o ilustraciones en internet.
2. Utiliza el programa de presentación de diapositivas *(Open Office Impress)* que encontrarás en *nuevas-voces.com* (rúbrica "Programas informáticos: ¿Cómo utilizarlos?").
3. Selecciona los datos más relevantes y sé breve; utiliza imágenes para ilustrarlos.

Sugerencias

- No leas durante la proyección de diapositivas.
- Coméntalas y, si es necesario, añade información.

PROYECTO

¡Admirador incondicional! Presenta a la persona que más admiras.

Etapas

1. TIPO DE TRABAJO

Individual.

2. PREPARACIÓN

a) **Piensa en alguien que admires** o que hayas admirado mucho: una persona famosa / alguien de tu familia / un conocido o amigo tuyo / un héroe anónimo / etc.

b) **Recoge información** sobre la persona:

▸ Informaciones biográficas: fecha de nacimiento (y muerte, si es el caso), edad, nacionalidad, lugar de residencia, etc.

▸ Elementos de su vida que lo han convertido en un héroe, en un mito... o en tu ídolo.

▸ Aspectos más desconocidos o insólitos de su personalidad (una pasión secreta, una afición, un compromiso humanitario, etc.).

3. REALIZACIÓN

a) Presenta la persona elegida en clase.
¿Sabéis de quién...?
Os voy a presentar a...
Destaca alguna anécdota o detalle sobre ella.

b) Explica por qué es alguien importante en tu vida, si te influenció en algo, y... ¡comparte tu entusiasmo!

Consejos útiles

- Habla claro y mira a tus compañeros para captar su atención.
- Muestra alguna foto u objeto característico de la persona.

▸ Nuevas tecnologías, Haz tu proyecto con las TIC, p. 20

OTRA MIRADA

El Dorado

Fotograma de la película *El Dorado*, 1988, de Carlos Saura.

La Laguna Guatavita (Colombia), que dio origen a la leyenda de El Dorado o Eldorado.

El indio dorado

El mito de "El Dorado" tiene su origen en 1534 cuando un capitán español se encontró con un indio que le habló de la laguna Guatavita. Allí era donde el cacique[1] Bogotá se espolvoreaba todo el cuerpo con oro y lanzaba a las aguas, a modo de ofrenda, muchos objetos del mismo metal.

Desde entonces, numerosas expediciones de aventureros han intentado dar con el famoso El Dorado, que según las épocas adoptó diferentes formas: una laguna, un indio o una ciudad.

El más conocido de esos aventureros fue el español Lope de Aguirre, apodado *la ira de Dios*. En 1560, Aguirre se incorporó a una expedición enviada por el virrey del Perú. El objetivo del viaje que salió de Cusco era encontrar el legendario imperio de los Omagua y robarles sus fabulosas riquezas. Trescientos españoles que conocían bien la selva y sus peligros formaban la expedición. Se trataba en su mayoría de delincuentes amnistiados para participar en la arriesgada marcha por el Amazonas, que pronto se convirtió en un infierno: falta de víveres, enfermedades, revueltas de los expedicionarios. Asimismo decidieron probar fortuna y seguir adelante, en busca de El Dorado, que nunca nadie llegó a encontrar.

1. jefe indio

① Seguramente ya habrás oído la expresión «trouver l'Eldorado» en francés. ¿Puedes explicar lo que significa?

② ¿Qué incitaría a los aventureros a ir en busca de El Dorado?
(la quimera) (la locura) (la aventura) o (la codicia)

③ **YATI,** ¿qué lugar en el mundo te hace soñar?

Itinerario seguido por Lope de Aguirre desde Santa Cruz de Capocovar, en Perú (1560) hasta Barquisimeto en Venezuela (octubre de 1561).

Teatro de personajes

Fernando Botero es actualmente uno de los más prestigiosos artistas populares. Su arte se inspira de las pinturas religiosas que observó en las iglesias coloniales de las ciudades colombianas en las que vivió su adolescencia y juventud. A partir de los años cincuenta, después de un viaje a España donde estudia la obra de Velázquez y Goya, su estilo comienza a imponerse al igual que sus temas predilectos: aspectos de la vida cotidiana, la relectura de los grandes maestros como Rubens o Velázquez, el mundo de los toros y los animales que más tarde llevará a la escultura. Las figuras de Botero se reconocen por su voluptuosidad y de sus obras se desprende un sentido del humor que no le ha impedido criticar la violencia que ha afectado a su país.

Fernando Botero (Colombia 1932), *Teatro de personajes*, 1977, óleo sobre lienzo, 50,7 x 57,1 cm. Colección privada, James Goodman Gallery, Nueva York.

1. Fíjate en la composición del cuadro y da una definición personal del estilo del pintor.
2. Los personajes te parecen: ¿realistas, ridículos, inquietantes, monstruosos?
3. Algunos se repiten. Identifica cuáles. ¿Será una coincidencia?
4. El título de la obra indica que se pone en escena una historia: ¿cuál se te ocurre a ti al observar este cuadro?

EVALUARse

CD CLASSE

COMPRENSIÓN ORAL Para el mundo, en español

1. Identifica al ídolo del chico: nombre y nacionalidad.
2. ¿Desde cuándo lo admira?
3. Su ídolo es famoso porque ...
4. ¿Por qué siente admiración por él?

Mon bilan

○ Je peux comprendre quand un locuteur utilise des phrases simples pour présenter une autre personne. **A2**
→ Par exemple, en indiquant son identité, ce qu'il fait dans la vie.

○ Je peux comprendre quand un locuteur utilise des phrases simples pour parler de ses goûts. **B1**
→ Par exemple, quand il explique pourquoi il admire quelqu'un.

COMPRENSIÓN LECTORA La devoradora marabunta

Justin Bieber es ese cantante canadiense de 16 años y flequillo imposible esculpido en laca sobre la frente. Ese chaval que, en su reciente visita a Madrid, provocó infinidad de desmayos[1], lágrimas histéricas y frenesíes apasionados de sus seguidoras, todas tan pequeñitas de edad como él. Vi en televisión la monumental marea de fanáticas que le rodeaba y no pude evitar compadecerme[2] de la salud mental de ese muchacho. Creo que es imposible vivir algo así a los dieciséis años y salir indemne: parecía un conejo indefenso colocado en el paso de la devoradora marabunta[3]. Me temo que no van a quedar de él ni unos mondos huesitos. [...]
Sin duda las niñas histéricas crecerán sin secuelas negativas por encima de su fanatismo adolescente, pero a la estrella juvenil le vaticino un futuro muy negro.

Rosa Montero, *Elpais.com*, 26/12/2010

1. *évanouissements*
2. *s'apitoyer*
3. *une invasion de fourmis*

1. Lee el texto y di si, según la autora, la fama puede ser peligrosa para las estrellas o para los fans.
2. ¿Por qué se compadece de este joven cantante?
3. ¿Con qué imágenes evoca la persecución de la estrella por sus seguidoras?

Mon bilan

○ Je peux trouver une information particulière dans un texte quand le sujet m'est familier. **A2**
→ Par exemple, repérer les effets liés à la notoriété.

○ Je peux aussi distinguer dans un texte informatif l'idée essentielle des détails. **B1**
→ Par exemple, distinguer les faits importants des détails anecdotiques.

EXPRESIÓN ORAL Multitudinario

Concierto del grupo Extremoduro.

① Describe la escena.

② Di qué compartirán los espectadores.

③ ¿Prefieres ver a tu ídolo en un concierto multitudinario o solo y tranquilo?

✓ Mon bilan

○ Je peux décrire des lieux et des choses en termes simples. **A2**
→ Par exemple, décrire une scène de concert.

○ Je peux aussi exprimer mon opinion de façon cohérente, en quelques phrases simples. **B1**
→ Par exemple, exprimer mon opinion en avançant suffisamment d'arguments pour que mes auditeurs comprennent ma position.

EXPRESIÓN ESCRITA ¿Corazón de ídolo o de seguidor?

Ponte en la piel de:

▶ **un ídolo** y escribe una carta a tus seguidores para explicarles que te has decidido a ponerle fin a tu carrera / retirarte de la vida pública porque no soportas más la presión / el estrellato / la idolatría de la que eres víctima;

o

▶ **un fan**, un seguidor o un admirador y por primera vez te atreves a escribir una carta a tu ídolo para expresarle toda tu admiración.

✓ Mon bilan

○ Je peux rédiger une lettre pour communiquer une information en prenant appui sur des documents ou en utilisant le dictionnaire. **A2**
→ Par exemple, supprimer les erreurs de langue qui pourraient mettre en cause la compréhension de mes textes et courriers.

○ Je peux décrire une expérience vécue, mes réactions et mes sentiments. **B1**
→ Par exemple, exprimer mon admiration pour quelqu'un / expliquer des choix.

LECTURA EN CASA

¿Cómo hacer para destacarse[1]?

La protagonista de este relato vive en Villa Carlos Paz, una ciudad de la provincia de Córdoba (Argentina) situada a orillas del lago San Roque cerca de las montañas.

Durante todo ese año Cuqui lo pensó mucho, pero las obligaciones de la escuela, las clases de patín artístico, las lecciones de dibujo y los cumpleaños de quince de sus amigas la habían mantenido ocupada. Cuando llegaron las vacaciones volvió a darle vueltas al asunto[2] y llegó a una conclusión: Dios no existía. Así que Cuqui decidió volverse atea. La primera persona a la que se lo dijo fue a su abuela. La abuela se encogió de hombros[3], a ella le daba lo mismo[4] que Cuqui fuera atea, protestante, judía o católica. Después, por teléfono, Cuqui se lo contó a su mamá.

Mamá, ya no creo más en Dios, le dijo. Me hice atea.

La mamá de Cuqui, del otro lado de la línea, se quedó callada.

Mamá, ¿me escuchaste?

Sí, dijo la madre.

Me di cuenta de que las personas que no creen en Dios son superiores a las que sí creen, porque no dependen de nada. Yo no quiero depender de nadie, mamá, dijo Cuqui.

Hija, ¿qué te pasa?, ¿por qué me decís[5] estas cosas?, preguntó la madre.

Porque es lo que pienso, respondió Cuqui y escuchó a su mamá sollozar del otro lado del teléfono.

Mamá, no llores, por favor.

Mamá, ¿estás ahí?

Sí, dijo la mamá de Cuqui y colgó.

Todos los veranos, la mamá de Cuqui ponía en alquiler la casa en que vivían [...] en una de las inmobiliarias del centro y ella se iba a trabajar como cocinera en un hotel, en lo más alto de la montaña. A Cuqui le entregaba una cajita que contenía un fajo de billetes y la mandaba a vivir con su abuela. [...] La plata[6] de la cajita debía alcanzarle para los gastos de los tres meses de verano. La inmobiliaria alquilaba la casa a turistas que llegaban a Villa Carlos Paz en busca de diversión y tranquilidad. [...]

La abuela de Cuqui vivía en la parte alta de Carlos Paz, sobre el faldeo[7] de la montaña. [...] Desde el jardín se podía ver, abajo, el lago completo, las casas grises y blancas, los hoteles del centro, la calle principal que viboreaba[8] hasta terminar frente a la iglesia. [...] El verano en que Cuqui se hizo atea fue un verano largo, seco y sofocante. Cuqui odiaba las vacaciones. No le gustaba el calor, se llevaba mal con su abuela, bañarse en el lago barroso le daba asco[9] y los turistas la sacaban de quicio[10]. Desde el almuerzo hasta el atardecer era imposible salir a ningún lado. El sol brillaba sobre el lago y calcinaba los techos, las veredas y el asfalto. Cuqui se tiraba en la cama y miraba la biblioteca de su abuelo, saturada de libros viejos. [...] Durante horas pensaba en qué hacer con su vida. Cuqui quería hacerse famosa. El problema es que todavía no sabía cómo lograrlo.

Hubo un tiempo en que el sueño de Cuqui era ser modelo. Veía a Kate Moss en la publicidad de Calvin Klein y soñaba con ser modelo. No de pasarela, porque Cuqui es bajita, sino modelo de gráfica. Fantaseaba con que alguien, algún día, la descubriría caminando por la peatonal y la sacaría de Villa Carlos Paz, de la casa de su mamá, de los veranos con la abuela. Cuqui entonces viajaría por el mundo, la retratarían los mejores fotógrafos y saldría en la tapa de la edición italiana de la revista Vogue. [...] Hasta que un día Cuqui no tuvo más remedio que enfrentarse a sí misma. Se sacó el pantalón de gimnasia, se sacó la remera[11], se sacó el corpiño deportivo [...] y se quedó quieta, parada frente al espejo. Las persianas estaban bajas, apenas si entraba luz. Cuqui se miró un largo rato.

Ni siquiera para fotografías de revistas podría servir, dijo después.

Se olvidó del asunto hasta que leyó un titular en el diario: "Björk cerró la pasarela en el desfile de Jean Paul Gautier". Si Björk que es bajita, lo hizo, ¿por qué yo no voy a poder?, pensó Cuqui. El secreto está en destacarse. Tengo que volverme alguien importante; así los mejores diseñadores me invitarían a cerrar sus desfiles y los grandes fotógrafos me pedirán que pose para ellos. Es la única manera de salir en la tapa de la Vogue italiana.

Cuqui ya había llegado a una conclusión respecto al otro problema que la preocupaba: Dios no existía y por tanto ella se volvió atea. Ahora debía lograr salir de Carlos Paz y volverse famosa. ¿Pero cómo hacer para destacarse?

Federico Falco (autor argentino), *En Utah también hay montañas*, 2010

1. distinguirse
2. *reconsidera l'affaire*
3. *hausser les épaules*
4. no le importaba
5. dices
6. el dinero
7. *le flanc*
8. *(arg., uy.)* serpentear
9. dar asco : *dégoûter*
10. exasperaban
11. *(arg.)* la camiseta

Comprender el texto

Lee atentamente para comprender a la protagonista.

① Cuqui es una chica:
¿superficial? ¿despreocupada? ¿reflexiva?

② ¿Le gusta más imitar o ser original?

③ Es una persona:
¿realista? ¿optimista? ¿pesimista?

④ Tomando en cuenta su personalidad, ¿qué contestarías a su pregunta? (l. 56 "cómo hacer para destacarse").

Marcos López, *Santuario*, Buenos Aires, 1999.

¿Un efecto inesperado?

SECUENCIA 2

¿Y tú qué crees?

DÉCOUVRIR et COMMUNIQUER

1 ¿Conjurar la mala suerte?
Des témoignages sur les superstitions

- Comprendre un auteur qui évoque son rapport aux superstitions.
- Caractériser une personne à partir d'un témoignage.
- TAREA Tu truco para atraer la buena suerte.

2 Un mañana mejor
D'autres vies possibles ?

- Comprendre l'évolution d'une histoire et ses éléments implicites.
- Expliquer un point de vue à partir d'une BD humoristique.
- TAREA Te toca escribir la continuación de un relato.

3 Los misterios del futuro
Un exemple de syncrétisme : la *santería* à Cuba

- Comprendre la psychologie d'un personnage.
- TAREA Contacto con los orishas.

4 ¿Compartir ritos?
Points de vue sur la semaine sainte espagnole

- Identifier la tonalité d'un texte.
- Comprendre les ressorts d'une tradition populaire et porter un jugement.
- TAREA Redacta una parte de la Guía Trotamundos.

UTILISER

Lexique
- Les croyances
- Les superstitions
- Les rituels
- Les cérémonies

Grammaire
- Les emplois du subjonctif
- Les pronoms compléments
- Le plus-que-parfait
- Le vouvoiement
- Traduction de « devenir »
- La phrase exclamative et sa traduction

Orthographe
- Le u tréma

Prononciation
- L'intonation pour exprimer la surprise, la peur et la préoccupation

PROYECTO → p. 41

Da a conocer una creencia del mundo hispano.

ENFOQUE 1

¿Conjurar la mala suerte?

COMPRENSIÓN LECTORA

Nada malo puede ocurrirme

Conversación entre un periodista y Gabriel García Márquez.

–Lo dijiste alguna vez: "El que no tenga Dios, que tenga supersticiones". Es un tema serio para ti.

–Muy serio.

–¿Por qué?

–Creo que las supersticiones, o lo que llaman supersticiones, pueden corresponder a facultades naturales que un pensamiento racionalista, como el que domina en occidente, ha resuelto[1] repudiar.

–Empecemos por las más corrientes: el número 13. ¿Crees realmente que trae mala suerte?

–Pues yo pienso todo lo contrario. Quienes lo saben hacen creer que tiene efectos maléficos, (y los norteamericanos se lo han creído: sus hoteles pasan del piso 12 al piso 14), sólo para que los demás no lo usen y ser los únicos beneficiarios del secreto: es un número de buen agüero. Lo mismo sucede con los gatos negros y con el hecho de pasar por debajo de una escalera.

–Siempre hay flores amarillas en tu casa. ¿Qué significado tienen?

–Mientras haya flores amarillas nada malo puede ocurrirme. Para estar seguro necesito tener flores amarillas (de preferencia rosas amarillas) o estar rodeado de mujeres.

–Mercedes pone siempre en tu escritorio una rosa.

–Siempre. Me ha ocurrido muchas veces estar trabajando sin resultado; nada sale, rompo una hoja de papel tras otra. Entonces vuelvo a mirar hacia el florero y descubro la causa: la rosa no está. Pego un grito[2], me traen la flor y todo empieza a salir bien.

–¿Es para ti el amarillo un color de suerte?

–El amarillo sí, pero no el oro, ni el color oro. [...]

–De modo que nunca llevas oro encima.

–Jamás. Ni pulsera, ni cadena, ni reloj, ni anillo de oro. Tampoco verás en mi casa un objeto que tenga oro. [...]

–Supongo que habrá palabras con efectos maléficos. Quiero decir, palabras que no usas nunca escribiendo.

–En general, las palabras tomadas del lenguaje de los sociólogos: nivel, parámetro, contexto. [...]

–¿Y personas con el mismo efecto?

–Existen, pero es mejor no hablar de ellas. [...]

–¿Hay lugares que te producen el mismo efecto?

–Sí, pero no porque traigan en sí mala suerte, sino porque en ellos he tenido en un momento dado una mala premonición. Me ocurrió con Cadaqués. Yo sé que si vuelvo allí me muero.

Gabriel García Márquez (autor colombiano), *El olor de la guayaba*, 1982

1. *ici*, resolver = decidir
2. pegar un grito : *pousser un cri*

¿LO SABÍAS?

Gabriel García Márquez, Premio Nobel de Literatura (1982), escribió una de las novelas más universalmente conocidas de la literatura hispanoamericana: *Cien años de soledad*.

① **ANTES DE LEER.** Observa el dibujo (p. 30) y di qué tipo de creencias ilustra.

② **LEE** la entrevista y apunta, según G. García Márquez, qué supersticiones:

traen suerte	traen mala suerte

③ Completa la frase con tus propias palabras:
La gente hace creer que algunas cosas tienen efectos maléficos...

④ El escritor necesita algo para sentirse protegido e inspirado. Busca en el texto los elementos que confirman esta afirmación.

TU OPINIÓN. Dirías que las supersticiones de G. García Márquez son...
(absurdas) (divertidas) (complicadas) (raras)
Di qué colores / palabras / personas / lugares te traen buena o mala suerte.

COMPRENSIÓN ORAL

PISTE 6

¿Supersticiosa, yo?

RNE, "En días como hoy", 13/08/10

ESCUCHA y apunta: cuántas voces se oyen y quiénes son / el tipo de documento audio / el tema / un adjetivo para calificar a la mujer / sus argumentos.

TAREA Tu truco para atraer la buena suerte.

→ Échanger des informations sur des sujets familiers.

Cuéntanos si tienes algún "truco" especial (objeto, ritual,...) para tener suerte en situaciones como: antes de un viaje, de un examen, de un encuentro sentimental...

Etapas:

1. Prepárate: tienes 2 minutos para pensar en lo que vas a decir (no se trata de redactar ni de leer).
2. Emplea palabras relacionadas con la suerte y el miedo.
3. Cuenta: cuál es tu truco, en qué situaciones te sirve, si lo empleas a menudo, si funciona bien, cómo te sientes cuando no puedes recurrir a él.
4. Reacciona: los trucos de tus compañeros te parecen...
(divertidos) (comunes) (estúpidos) (complicados) (románticos)

LENGUA

Vocabulario

la suerte

las supersticiones, tener mala suerte, traer/dar mala suerte, ser gafe, tener efectos maléficos, ser de buen/mal agüero

el miedo

dar miedo, temer (= tener, sentir miedo), espantar, asustar, llevarse un susto

Gramática

L'emploi du subjonctif

*El que no **tenga** Dios, que **tenga** supersticiones.*
*Mientras **haya** flores amarillas nada malo puede ocurrirme.*
*Tampoco verás en mi casa un objeto que **tenga** oro.*
*No porque **traigan** en sí mala suerte...*

▸ Gramática 29 p. 215 p. 216

Ortografía

gü → devant e, i

agüero, vergüenza, lingüista

Pronunciación

PISTE 7 **Emplea el tono adecuado para expresar sorpresa. Escucha y entrénate.**

¿De veras?
¡No es cierto!
¿Ah sí?
¡No te lo puedo creer!

+ EJERCICIOS www.nuevas-voces.com

ENFOQUE 2

Un mañana mejor

COMPRENSIÓN LECTORA

Comunicación telepática

La joven Alyson Barnes (26 años) era fiel seguidora y estudiosa del tema de los ovnis porque esperaba resolver todos sus problemas espirituales, sentimentales y económicos gracias a los extraterrestres.

Tan miserable era su vida, que sólo los extraterrestres podían librarla[1] de sus dificultades. Y por eso creía firmemente en ellos. Los imaginaba tiernos[2] y decentes, quizá un poco feos y enanos, pero pletóricos de luz[3] y virtudes.

El 20 de junio del año pasado, Alyson se levantó deprimida y con deseos de suicidarse. Había sido despedida de su empleo de recepcionista –"por andar pensando en los ovnis y no atender su trabajo" [...]

Esa mañana su mente trabajaba más lento que de costumbre. Quería encontrar un método "barato"[4] para quitarse la vida, pero, en vista de que no lo encontraba, decidió prepararse un café. Sin embargo, en el preciso momento en el que puso el agua sobre su vieja y destartalada estufa[5], se produjo en ésta un cortocircuito, y la pobre Alyson quedó conectada a la electricidad de todo el edificio.

La inmensa fuerza del voltaje le hizo ver cosas que jamás había visto, le hizo erizar el último vello de su cuerpo y, en medio de dolorosas sacudidas, Alyson oyó voces extrañas en su cerebro, voces que la llamaban y que le decían a gritos: "¡suelta[6] esa maldita estufa y ven con nosotros!".

Alyson se soltó y supo de inmediato que había tenido una comunicación telepática con seres de otros planetas. Sin pensarlo dos veces, se vistió a toda prisa, bajó corriendo al sótano[7] del edificio, subió al primer automóvil que encontró con las llaves puestas, y partió en busca de los extraterrestres, con el cabello alborotado[8] y una sonrisa cargada de cierta demencia.

Alexander Prieto Osorno (autor colombiano), *Bonitos crímenes*, 2009

1. librar a alguien de algo : *débarrasser quelqu'un de quelque chose*
2. tierno : *tendre*
3. pletóricos de luz : llenos de luz
4. barato : a bajo precio o que necesita poco esfuerzo
5. una estufa : *un poêle*
6. soltar : *lâcher*
7. el sótano : *le sous-sol*
8. el cabello alborotado : *les cheveux ébourrifés*

① **LEE** el texto y di si Alyson era una chica:
ingenua | desafortunada | despistada | alocada

② Explica en qué circunstancias Alyson tuvo una revelación del más allá.

③ ¿Por qué ese contacto resultó ser decisivo en su vida?

TU OPINIÓN. Lo que le pasó a Alyson, ¿es dramático o gracioso?

ESTRATEGIA: Pour repérer les parties dans lesquelles les personnages et les actions évoluent, identifie les indicateurs temporels et les verbes d'action.

¿LO SABÍAS?

Más del 20% de los jóvenes creen en los OVNIS y los extraterrestres.

Creencias → INFÓRMATE p. 38

EXPRESIÓN ORAL

© Joaquín S. Lavado (QUINO), *El Dominical*, 2-3/08/2003

① Escoge los adjetivos que se ajustan más a la vidente. Explica por qué.

Es (ingeniosa) (tonta) (pasiva) (tenaz)

Está (perpleja) (furiosa) (desesperada)

② Explica lo que buscan las personas que consultan a una vidente, según Quino.

③ Escoge el mejor título para esta historieta y justifica tu elección.

("La vidente colérica") ("La vidente clarividente") ("La vidente deprimida")

TAREA Te toca escribir.

→ Écrire la suite d'un récit.

Imagina la continuación de la historia de Alyson.

Etapas:

1. Imagina lo que pasará: ¿Se encontrará con los extraterrestres? ¿Dónde? ¿En qué circunstancias?... Cuéntalo empezando tu relato por: *"Hasta que de pronto/un día/una noche..."*
¡Cuidado con el empleo de los tiempos del pasado!

2. Después de redactar la continuación del relato, léela delante de tus compañeros. Vota para elegir la mejor historia.

LENGUA

Vocabulario

el sufrimiento

ser: cruel, miserable
estar: deprimido
sufrir, pesar (pesarle algo a uno)

el engaño

engañar, mentir, ser mentiroso; "una mentira piadosa"

la ingenuidad

ser ingenuo = ser crédulo, creérselo todo

Gramática

Les pronoms compléments

*Sólo los extraterrestres podían librar**la** de sus dificultades.*
*Creía firmemente en **ellos**.*
***Los** imaginaba tiernos.*
*Oyó voces extrañas en su cerebro, voces que **la** llamaban y que **le** decían...*

▸ Gramática 19 B p. 206 p. 207

Le plus-que-parfait

***Había sido** despedida.*
*Cosas que jamás **había visto**.*

▸ Gramática 26 p. 212 p. 213

+ EJERCICIOS www. nuevas-voces.com

ENFOQUE 3

Los misterios del futuro

COMPRENSIÓN LECTORA

La consulta

La santera Juana atrae a los turistas para echarles las cartas. La Habana (Cuba).

Pedro Juan es escritor y vive en la Habana. Sale con dos mujeres diferentes. Antes de emprender un viaje a Suecia, decide consultar a una santera.

Es una mujer gruesa, baja, negra, vestida de blanco, collares de colores al cuello y un pañuelo azul amarrado en la cabeza. [...]

La habitación en tinieblas. Adapté mis ojos de la luz cegadora[1] de la calle a la oscuridad y el olor a humedad, hierbas, suciedad. En una esquina un altar enorme con todos los santos y atributos. [...] Rosa se santiguó mirando a los santos del altar.

–¿Cómo se llama usted?

–Pedro Juan.

–Ven conmigo y con Pedro Pablo señor y alumbra tú que puedes tomasa siete rayos[2]*...*

Seguía rezando aquella letanía sin parar. Golpeaba la mesa suavemente con los nudillos, soplaba humo de tabaco hacia un crucifijo colocado dentro de una copa con agua y abría las palmas de las manos, al tiempo que seguía la invocación.

–Creo en dios padre todopoderoso creador del cielo y de la tierra y de todo lo que hay arriba y abajo y... jummm. Jumm... vamo a velll[3]*... jummm... vamo a vel* que voy a *hablá*..., usted no viene aquí por problemas de salud ni de dinero..., usted no tiene problemas con la justicia... *jumm, vamo a velll* que voy a *hablá*..., usted tiene un viaje. Un viaje largo, con agua por el medio, y tiene muchas mujeres del lado de allá y del lado de acá del agua..., *jummm*... [...]. Dice el muerto que usted tiene a Changó y a Ochún[4] de frente siempre y usted tiene que rezarles y ponerles flores y pedirles. Usted tiene que hablar con ellos. [...]. Le voy a decir una cosa Pedro Pablo... ¿Usted me dijo Pedro Pablo o Pedro José?

–Pedro Juan.

–Pedro Juan, sí. Bueno mire *pa'cá*[5], Pedro Juan...*jummm*...dice el muerto que usted necesita un resguardo[6] y una limpieza[7]. Usted no tiene *na'arriba*[5] que le proteja, *mi'jo*[5]. Y que le abra los caminos... Bueno, sí... el muerto dice que usted tiene los collares de Obbatalá y de Changó[4], pero no los usa. ¿Eso es cierto?

–Sí.

–Tiene que usarlos *mi'jo*. [...]

La consulta con Rosa duró casi dos horas. Le pagué y salí. En el bolsillo llevaba una larga lista de remedios, baños, limpieza. [...] Demasiado larga. El que le siga la pista a una santera se vuelve loco. ¡Qué va! Lo que va a venir, que venga solo.

Pedro Juan Gutiérrez (autor cubano), *Animal tropical*, 2000

1. cegadora : *aveuglante*
2. "...tomasa siete rayos" : frase relacionada con el ritual
3. *transcription de l'accent cubain pour* vamos a ver
4. dioses africanos
5. *transcriptions du langage oral*
6. un resguardo : *ici*, amuleto para alejar la mala suerte
7. *ici : purification*

¿LO SABÍAS?

La santería es un ejemplo de sincretismo religioso. En Cuba, a cada divinidad de la mitología yoruba le corresponde un santo de la religión católica.

Prácticas religiosas
→ INFÓRMATE p. 39

① **LEE** el texto y completa la tabla:

Personajes	
Lugar y momento	
Descripción del lugar	
Descripción de la santera	

② Apunta los términos religiosos y clasifícalos. ¿Qué deduces del ritual de la santera?

Religión católica	Otra religión o creencia

③ La santera es una buena vidente. Demuéstralo y explica cómo hace para adivinar.

④ Sin embargo, hay algo que no logra memorizar: ¿qué?

⑤ Apunta qué tiene que hacer el hombre, según la santera, para protegerse.

⑥ En fin de cuentas, Pedro Juan prefiere ¿saber lo que va a pasar o dejar que pase?

TU OPINIÓN. Y tú, prefieres dejarte guiar por...

(el destino) (el azar) (el libre albedrío)

TAREA ¡Contacto con los orishas!

→ Raconter une histoire de manière à captiver un auditoire.

Alberto Godoy (pintor cubano), *La consulta*, 2001

Has soñado que consultabas a esta santera. Cuéntanoslo.

Etapas:

1. Primero habla de la vidente, de su "consultorio" y de la atmósfera que reinaba.
2. Después cuéntanos lo que te predijo.
3. ¿Cómo reaccionaste? Lo que te predijo te...

(sorprendió) (asustó) (encantó) (deprimió) (impresionó) (...) porque...

LENGUA

Vocabulario

los términos religiosos

- lugares y objetos: un crucifijo, un rosario, una cruz, un amuleto, los ungüentos, un altar
- los sentimientos: la fe, la devoción, el fervor, la piedad, la incredulidad
- los ritos: santiguarse, rezar, invocar; el culto, una letanía
- la atmósfera: el misterio, el recogimiento, el esoterismo

Gramática

Le vouvoiement singulier

*¿Cómo **se** llama **usted**?*
***Usted** no **viene** aquí por problemas de salud.*
***Le** voy a decir una cosa.*

▸ Gramática 19 D p. 206

Traduction de "devenir"

*El que le siga la pista a una santera **se vuelve** loco.*

▸ Gramática 42 D p. 228 p. 230

Rappel du passé simple

▸ Gramática 25 p. 212 p. 212

Pronunciación

PISTE 8 **Emplea el tono adecuado para expresar miedo y preocupación. Escucha y entrénate.**

Tengo miedo de que me pase algo...
¡Qué miedo tengo!

+ EJERCICIOS www.nuevas-voces.com

ENFOQUE 4

¿Compartir ritos?

COMPRENSIÓN LECTORA

Penitentes con capirote.

Como Sioux

Miles de personas siguen las procesiones del Jueves Santo.

Ahora mismo, por delante de mi casa, pasa una banda de tamborileros[1] siniestros (túnicas marrones y capirotes morados, vaya mezcla) que atruenan[2] todo el barrio. [...] Llevo siete días literalmente cercado[3], prisionero, sitiado por las hordas católico-turísticas, que, como todos los años –pero siempre más–, toman los centros de las ciudades de España e impiden toda vida en ellos. A la Iglesia Católica y al Ayuntamiento les ha dado la gana de que yo no escriba, ni trabaje, ni lea, ni escuche música, ni vea una película, ni pueda hablar por teléfono, ni recibir una visita, durante ocho días. También ha decidido que no pueda salir de mi casa si no es para mezclarme con la muchedumbre fervoroso-festiva e incorporarme a sus incontables procesiones, cada una de las cuales dura unas cinco horas. [...]

Lo que ocurre es que a las procesiones se les ha visto el gancho[4] tribal-folklórico. Como he asistido a un montón de ellas a pesar mío[5], sé de qué hablo. La mayor parte del público que las mira y sigue son guiris[6] de la peor especie con sus cámaras idiotas permanentemente alzadas. Contemplan el espectáculo –si es que a cosa tan aburrida y sórdida se la puede llamar así– de la misma manera que nosotros observaríamos una danza comanche o sioux alrededor de unos tótems. Ven a unos tipos flagelándose, andando de rodillas o descalzos, cargando cruces y demás, como nosotros veríamos a unos indios sometiéndose a la ceremonia de iniciación [...]. No nos causa rubor[7] ofrecernos en nuestra vertiente[8] más primitiva, más supersticiosa, más atrasada[9]. Es más, lo procuramos[10]: vean lo exóticos que somos, y qué brutos, y qué elementales. [...]

Javier Marías (autor español), 2009

1. un tamborilero : persona que toca el tambor
2. atronar : perturbar con ruido como de trueno (el trueno : *le tonnerre*)
3. cercado : *encerclé*
4. el gancho : *ici, le filon*
5. a pesar mío : *malgré moi*
6. un guiri (coloq.) : turista extranjero
7. causar rubor : causar vergüenza
8. la vertiente : el aspecto
9. atrasado : attardé
10. procurar : *s'efforcer de*

① **ANTES DE LEER.** Observa las tres fotografías de estas dos páginas e indica cuál de estas fotos te choca / te asusta / te intriga más.

② Explica tu elección (la atmósfera, la indumentaria, ...).

③ **LEE** el texto. ¿Cuál es el espectáculo evocado por el autor? ¿Quiénes son los actores y los espectadores?

④ Y el autor, ¿ve lo mismo que los demás espectadores?

⑤ Este espectáculo le... (da rabia) (despierta curiosidad) (da vergüenza) (da orgullo) (exalta el fervor religioso)

ESTRATEGIA: Dans un texte à la première personne, repère les indices grammaticaux (verbes conjugués, pronoms) : cela t'aidera à dissocier rapidement les éléments de récit de ceux qui expriment le point du vue du narrateur.

COMPRENSIÓN ORAL

Semana Santa en España

Reportaje de la Agencia EFE.

En Málaga, legionarios llevando a pulso al Cristo de la buena muerte.

ESCUCHA y responde en las casillas que se pueden rellenar, respetando el orden del documento:

ciudad / comunidad	descripción de la procesión	nombre de la imagen de la procesión	¿quién la lleva?

Según lo que acabas de ver en este reportaje, ¿qué aspecto de las procesiones de la Semana Santa española te gustaría resaltar?

el fervor / la diversidad / lo pintoresco

Estos dos documentos (texto p. 36 y reportaje) nos ofrecen una visión contrastada de la Semana Santa española. Demuéstralo.

TAREA Redacta un artículo para la *Guía Trotamundos*.

→ Rédiger un bref article.

Si debieras escribir un párrafo sobre la Semana Santa española en la *Guía Trotamundos* ¿Cómo lo harías?

Etapas:

1. Explica a los lectores qué es la Semana Santa, cuándo y dónde se celebra.
2. Describe el ritual de las procesiones y elabora un pequeño léxico de la Semana Santa.
3. Termina explicando a los viajeros por qué vale la pena asistir a esta celebración.

LENGUA

Vocabulario

representaciones primitivas

una horda, una tribu, un tótem, una danza comanche, una ceremonia de iniciación (ritos iniciáticos)

rituales religiosos

la procesión, la flagelación, andar de rodillas o descalzo, cargar cruces

Gramática

La phrase exclamative

¡Qué fuerte!
¡Qué celebración tan mística!
¡Qué espectáculo más deslumbrante!

▸ Gramática 40 p. 227 p. 227

+ EJERCICIOS www. nuevas-voces.com

INFÓRMATE

Creencias

SENTIDO, VALORES Y CREENCIAS EN LOS JÓVENES ESPAÑOLES

Al margen de que seas o no creyente y de la religión que practiques, ¿podrías decirme si crees en...?

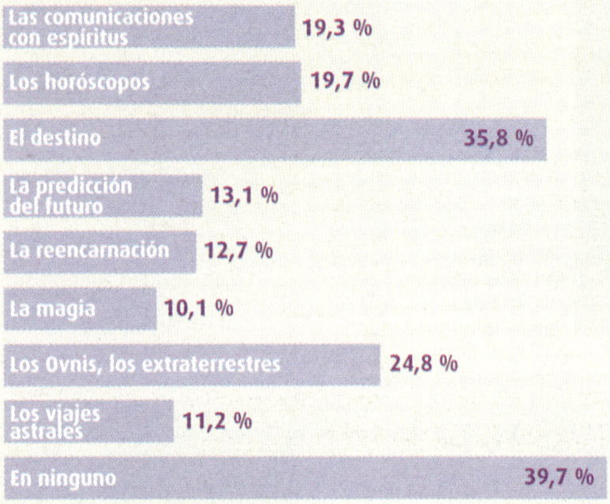

Sentido, valores y creencias en los jóvenes, Andrés Canteras Murillo, 2003, Injuve.

CIENCIA Y RELIGIÓN EN MÉXICO

El País, 29/03/2010

Observa los resultados de estas encuestas y comenta el porcentaje que te parezca:

más sorprendente | más divertido | más lógico

La ruta ufológica cautiva a miles de aventureros para visitar San Clemente en el centro sur de Chile.

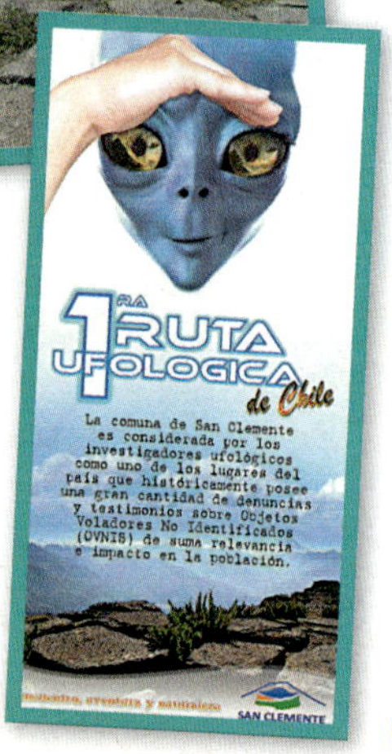

TURISMO UFÓLOGO

En los últimos años se ha desarrollado un nuevo tipo de turismo, denominado ufológico, cuya finalidad es visitar aquellas zonas de la Tierra donde se producen mayor número avistamientos.
Chile es el quinto país del mundo en número de detecciones de ovnis, y ufólogos de todo el mundo consideran la región de San Clemente como una “zona caliente” ya que concentra más de un centenar de avistamientos de ovnis desde el año 1995. De ahí que Sernatur (Servicio Nacional de Turismo) decidiera promover la primera ruta de turismo ufológico para atraer a turistas provenientes de distintas partes del mundo que estén interesados en este fenómeno.
No existen agencias especializadas, pero si deseas realizar una ruta ufológica, también puede ser en España: en Tenerife muchos son los testigos que afirman haber visto señales de vida extraterrestre, así como en Huelva, en Alicante, en Castellón o en Barcelona.

1. Explica lo que es el turismo ufológico.
2. ¿Qué idea se le ha ocurrido al Servicio Nacional de Turismo chileno para atraer a los turistas?

Prácticas religiosas

Yemayá, diosa del mar.

SINCRETISMO Y SANTERIA EN CUBA

La santería es la religión de los afrocubanos y se supone que al menos el 70 % de los cubanos creen en ella.
Como los esclavos africanos que llegaron a América no podían practicar libremente su religión, buscaron en los santos de la iglesia católica características afines con sus dioses africanos *(Orishas)*. Así, en la actualidad, la misma deidad africana puede ser llamada indistintamente por su nombre africano o católico: *Changó* = Santa Bárbara (Dueño del fuego y del rayo), *Obatalá* = Jesús o Nuestra Señora de las Mercedes (Rey de todos los santos), *Ochún* = Caridad del Cobre (Orisha del Amor y de las aguas dulces), *Yemayá* = Virgen de Regla (Diosa del mar).

Uno de los pasos del Viernes Santo en Valladolid.

SEMANA SANTA

La Semana Santa es un periodo sagrado para los cristianos. En estas fechas se rememora la Pasión, Muerte y Resurrección de Jesucristo.
La Semana Santa en España se celebra de una forma especial ya que constituye el festejo más importante en grandes ciudades como Sevilla, Málaga, Córdoba y Granada.
En las ciudades más importantes existen lo que se denominan cofradías que son agrupaciones de gente, devota por una imagen en particular, que representa a una Virgen o a Cristo.
En ocasiones, los más devotos realizan "ofrendas" o sacrificios, como el de asistir a las procesiones con los pies descalzos, o en algunas zonas más radicales, incluso revivir los momentos más duros, hiriéndose a sí mismos para sentir el mismo dolor que Cristo cuando acudía a la cruz.

http://www.semanasanta.info/

① Explica lo que es el **sincretismo**.
② ¿Qué representa la Semana Santa en España?
③ ¿Cómo se traduce la devoción de algunos españoles?

PISTE 9

ESCUCHA EN CASA

ESCUCHA a Janik hablarnos de las supersticiones. ¿Dirías que es supersticiosa?

NUEVAS TECNOLOGÍAS

▸ Para navegar, pp. 256-257

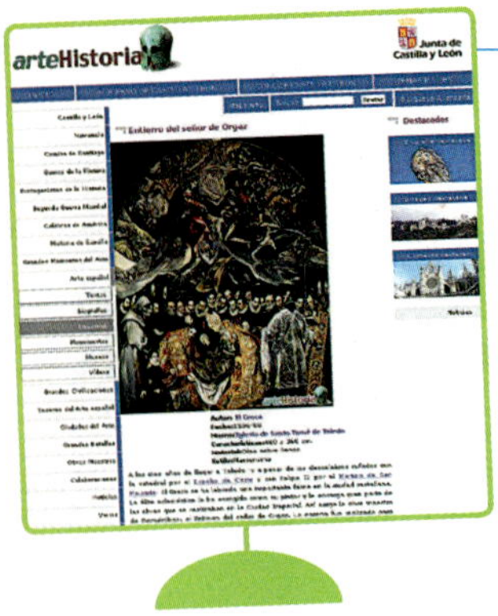

CIBERINVESTIGACIÓN

Estudia un cuadro de El Greco: *El entierro del Conde de Orgaz*

Si un día visitas la ciudad de Toledo, no te puedes perder este famosísimo cuadro. ¡Date una vuelta por la Iglesia de Santo Tomé para descubrirlo y entenderlo!

1. Busca estas informaciones en la web:

→ el verdadero nombre y apellido de El Greco y la explicación de su sobrenombre,

→ la fecha en que terminó esta obra,

→ la temática

→ la composición (personajes representados, colores dominantes),

→ la escena central del cuadro,

→ la representación de la muerte.

Páginas web de interés:
- *http://www.santotome.org/*
- *http://www.artehistoria.jcyl.es/artesp/obras/1699.htm*

2. Utiliza estos datos para presentar brevemente el cuadro a tus compañeros y di lo que te gustó, lo que te sorprendió, etc.

B2i **S'approprier un environnement informatique de travail** ✓ Je sais régler les principaux paramètres de fonctionnement selon mes besoins.

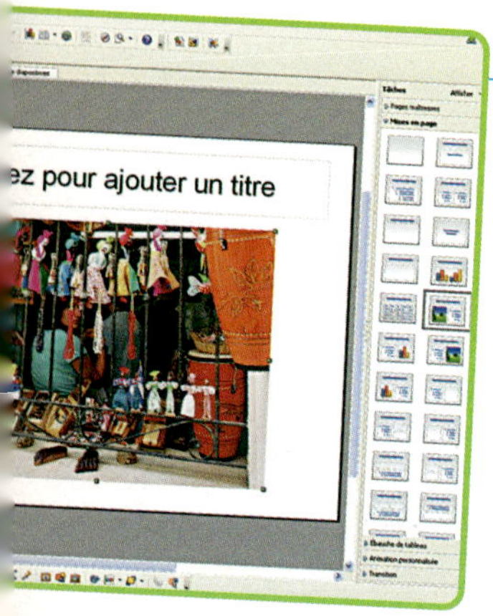

HAZ TU PROYECTO CON LAS TIC

Crea una presentación de diapositivas

Publica el resultado de la investigación (Proyecto, p. 41) en la página web de tu instituto para que otros alumnos puedan descubrir estas creencias. Utiliza el programa *OpenOffice Impress* que encontrarás en *nuevas-voces.com* (rúbrica "Programas informáticos").

Sugerencias

- No recargues demasiado las diapositivas (como máximo una o dos imágenes y algunas frases cortas).

PROYECTO

Etnólogos en acción. Da a conocer una creencia del mundo hispano.

Etapas

1. TIPO DE TRABAJO

Colectivo.

2. PREPARACIÓN

a) Cada equipo deberá investigar sobre una creencia en particular. Tendrás que ponerte de acuerdo con tus compañeros sobre las tareas y el papel que le corresponderá a cada uno durante la preparación y la presentación del trabajo.

b) Elige junto con tus compañeros de equipo, la creencia que os interese más:

- María Lionza (en Venezuela)
- El tío de la mina (en Bolivia)
- La Virgen de Guadalupe (en México)
- La Pachamama (en Perú)
- Quetzacoatl (en México)
- El Inti Raymi (en Perú)
- Yemanja (en Cuba)
- Santo niño de Atocha (en México)
- O cualquier otra creencia del mundo hispanohablante, ¡son muchísimas!

3. REALIZACIÓN

a) Busca información sobre el tema:

- el **origen** y el(los) **nombre**(s) de la creencia o rito,
- la **zona geográfica** donde se manifiesta,
- **desde cuándo** existe,
- su **representación** (foto y descripción) y sus características,
- qué **poderes** tiene, qué se le pide,
- los **rituales** de su culto, el día de su fiesta.

b) Cada equipo podrá publicar el resultado de su investigación en la página web del instituto.

Consejos útiles

- Cuida la presentación del trabajo: organiza la página creando títulos y subtítulos; plantéate el tamaño de las fotos, y redacta sus leyendas; reproduce un mapa de América Latina para situar el tema tratado, etc.

▸ Nuevas tecnologías, Haz tu proyecto con las TIC, p. 40

Chile: ciencia y superstición

El rescate de los mineros chilenos

Ilan Stavans, *El Diario NY*, 19/10/2010

Las aventuras de los 33 mineros chilenos atrapados en San José, Chile, terminaron exaltando la superstición, cuando en realidad la odisea fue un triunfo de la ciencia.

El derrumbe, el 5 de agosto, de 700.000 toneladas de piedra, dejó a los mineros atrapados en una cámara asilada a 2,258 pies bajo suelo. Puede que ellos y sus familias se comunicaran en rezos pero la voz, las caras, el afecto fueron transportados a través de mails, teléfonos, cámaras y micrófonos.

Mario Sepúlveda, uno de los primeros mineros rescatados, dijo, al salir de la cápsula metálica en la que viajó de abajo arriba, que por 69 días Dios y el diablo se enfrentaron y que al final Dios ganó la contienda. Lo cierto es que ni uno ni el otro abrieron el conducto a través del cual los mineros fueron extraídos de lo hondo de la tierra. El esfuerzo fue del gobierno del presidente Sebastián Piñera, que orquestó una sofisticada campaña donde saber, tecnología y creatividad juntaron fuerzas y cuya planificación requirió el apoyo de organismos como la NASA. Los ángeles no viajan en cohete.

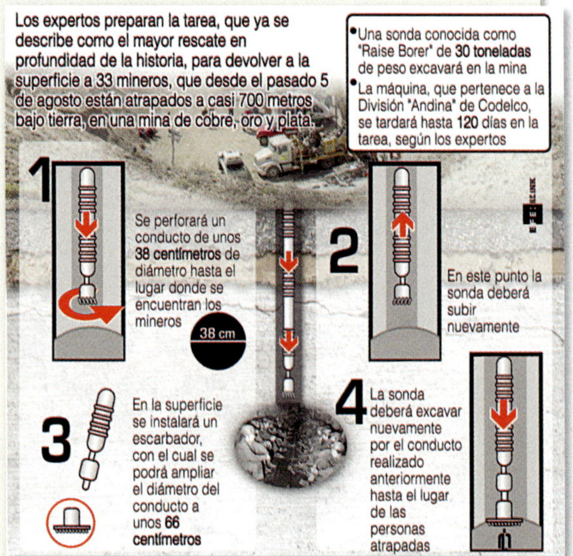

¿Pura coincidencia?

El número 33 quedará indisolublemente ligado a la experiencia de esos mineros chilenos. Son conocidos como «Los 33 de Atacama" porque eran 33. El mensaje que mandaron para decir que estaban bien constaba de siete palabras y 33 letras. La buena noticia se producía en la semana 33 del año. La perforadora estuvo cavando durante 33 días. Se afirma que los casi 2.000 periodistas presentes procedían de 33 países. Se logró contacto con los mineros el 22 del 08 del 2010 y el rescate terminó el 13 del 10 del 2010: sumando estos números da el esperado treinta y tres.

1. ¿Qué punto de vista se adopta en cada texto?: ¿Supremacía de la superstición o de la ciencia?
2. A los mineros, ¿qué les habrá sido más útil para soportar el encierro?

Santo

Sonia Romero y Julio Carrasco, artistas mexicanos del Estudio Zoveck, se dedican a crear conceptos multimedia, impresos, así como ilustración digital y animación. Su diseño está inspirado en los objetos cotidianos y en la cultura visual popular mexicana. El nombre de este estudio gráfico, es una referencia a un famoso actor mexicano de los años 60, el profesor Zovek, adepto de la lucha libre, la magia y la acrobacia. El dibujo también recuerda a otro personaje de una serie de televisión de la época. El protagonista de esa ficción, "El Santo" es un hombre rico, guapo y culto que decide convertirse en un Robin Hood moderno y defender a los débiles.

Sonia Romero y Julio Carrasco. Estudio Zoveck (México).

Lee el texto del documento; luego, fíjate bien en los objetos, símbolos y accesorios del personaje. ¿Esta creación permite hacerse una idea de algunos aspectos de la cultura mexicana?

- valores morales
- creencias
- religión

EVALUARse

CD CLASSE

COMPRENSIÓN ORAL Amuletos

Escucha este fragmento del *Reportaje Programa Babel (RTVE)* y:

1. Apunta los efectos de las semillas del huairuro.
2. ¿Cómo suelen llevarse?
3. ¿De qué país y de qué civilización antigua proceden estos amuletos?

Amuletos de huairuros

Mon bilan

- Je peux comprendre un extrait d'un document radiodiffusé sur un sujet qui m'est familier. **A2**
  → Par exemple, reconnaître l'essentiel du contenu de ces informations.
- Je peux aussi en extraire des informations plus précises. **B1**
  → Par exemple, caractériser un rite ou une croyance ancestrale.

COMPRENSIÓN LECTORA ¿Tú rezas?

1. La época del año tendrá algo que ver con la repentina preocupación de la autora?
2. A su amigo le sorprende la pregunta: ¿por qué será?
3. ¿Su amigo reza porque es muy creyente?

Otoño, pronto será noviembre. Todos los Santos[1]. [...]
He compartido almuerzo con un buen amigo, mientras nos repartimos un plato de *rossinyols amb llagostins* (setas amarillas y pequeñas con langostinos) le he hecho la pregunta siguiente:
–¿Tú rezas?
El otro que jamás me ha hablado de creencia alguna, me ha mirado estupefacto.
–¿Yo? ¡No! –pausa–. Muy poco.
Íbamos por el segundo plato –*steak tartar* bien picante– cuando ha salido de un breve ensimismamiento[2].
–Cuando se tienen hijos muy pequeños y se les acuesta –ha dicho– se reza, ya lo creo que se reza.
Le he mirado con atención, muy interesada.
–¿Por qué?
–Son tan frágiles, tienes tanto miedo por ellos, por lo que es este mundo... ¿Cómo no vas a rezar? ¿Cómo no vas a pedir que les guarden los angelitos? ¿Cómo no vas a intentar creer que existen los angelitos?

Maruja Torres, *El País semanal*, 10/10/2010

1. *La Toussaint*
2. *ici, méditation*

Mon bilan

- Je peux comprendre l'essentiel d'un texte court sur un sujet qui m'est familier. **A2**
  → Par exemple, identifier le sujet de la conversation entre deux interlocuteurs.
- Je peux aussi comprendre la description de sentiments. **B1**
  → Par exemple, la réaction de l'auteur.

EXPRESIÓN ORAL Realismo sagrado

① ¿Qué sentimientos exalta esta obra?

② ¿Cómo logra el artista dar vida y realismo a esta escultura?

Virgen de la Esperanza Macarena (Sevilla).

✓ Mon bilan

○ Je peux expliquer pourquoi j'aime ou je n'aime pas quelque chose. **A2**
→ Par exemple, réagir face à une sculpture religieuse.

○ Je peux effectuer une description en énumérant les différents points. **B1**
→ Par exemple, décrire une œuvre d'art.

EXPRESIÓN ESCRITA Guía turística

Como en una guía turística o en un blog, escribe un artículo que incite a conocer una de estas dos manifestaciones religiosas del mundo hispano:

- la Semana Santa (en España),
- la Santería (en Cuba).

✓ Mon bilan

○ Je peux rédiger une note ou un message courts et simples relatant un évènement entendu ou lu. **A2**
→ Par exemple, rédiger quelques phrases sur la Semana Santa ou la Santería.

○ Je peux rédiger sans difficulté un texte cohérent sur un thème familier. **B1**
→ Par exemple, rédiger un texte pour inciter à assister à une manifestation religieuse.

LECTURA EN CASA

La plata escondida en una media[1]

El autor, Jaime Bayly, al igual que el personaje del relato (Jaime Baylys) es presentador de televisión en Miami y Buenos Aires.

Es otoño en Buenos Aires. Grabo entrevistas para un canal de televisión. Me pagan en efectivo. Como no confío en los bancos, decido esconder el dinero en casa. A pesar de que no hace tanto frío, sigo usando cuatro pares de medias. No son medias comunes, son polares, de alta resistencia al frío. Tengo muchas medias, entre nuevas y usadas, desperdigadas en la habitación. Meto los billetes dentro de una media polar y la arrojo[2] de vuelta al piso. Pienso: un ladrón no buscaría nunca dentro de una media. Pienso: soy una persona astuta[3]. Luego sigo con mi vida y me olvido del asunto.

Con los días, la cantidad de ropa sucia resulta excesiva. Todas las medias están usadas, tiradas en el piso. Debo lavarlas. No tengo una lavadora en casa. Podría comprarla, pero la pereza me lo impide. Si no consigo reunir energías para ir al supermercado, menos podría ir a comprar una lavadora. Mientras tanto, llevo la ropa a un lavadero[4] cercano, el lavadero artesanal El Alquimista, de la calle 25 de Mayo.

El tipo del lavadero es gordo y hablantín. Lo que más le gusta contarme es el tiempo en que vivió en Italia. Se arrepiente de haber regresado a la Argentina. Dice que allí podría vivir bien, viajar de vez en cuando. Acá está podrido[5], no le alcanza la plata[6] para nada. Le dejo el bolso colorado[7] con la ropa sucia y espero a que me diga cuánto le debo. Más tarde, en casa, mirando algún programa de televisión en el que sólo se habla de fútbol, pensando que quiero ver el mundial en Buenos Aires, recuerdo angustiado, que dejé la plata escondida en una media.

Salgo agitado y camino a toda prisa. Pienso: No soy tan astuto, en realidad soy un imbécil. El tipo del lavadero se sorprende al verme. "Todavía no está lo tuyo, recién se está secando", me dice. Le pregunto si no encontró un fajo de dólares dentro de una media. Rascándose un brazo peludo me dice que no. "Los dólares están dentro de una media" le digo, "¿Podemos parar la secadora y mirar?". Me mira incrédulo y me pregunta si es mucha plata. Le digo el monto. Se lleva las manos a la cabeza. "Una fortuna", dice, mientras detiene la secadora. "Con esa plata me vuelvo a Italia".

El tipo me mira apenado y yo lo miro de vuelta, pensando que él se robó la plata para volver a Italia. Si me la robó, lo merezco por tonto, él sabrá usarla mejor pienso. "No importa", le digo. "Ya aparecerá y si no aparece, alguien sabrá gastarla mejor que yo." Sin preguntarme por qué diablos se me ocurrió meter tanto dinero en una media, me dice que no me dé por vencido[8], que siga buscando. Al salir, le digo: Si la encuentras de milagro, te dejo la mitad." Pero él me dice: "Estás loco, no te acepto nada, acá seguro que no está".

Camino abatido. Sabía que podía ser un tonto y ésta es la confirmación definitiva. Me duelen los pies. Me detengo en un salón de belleza y pregunto si pueden hacerme una *pedicure*. Me atienden enseguida. La chica se llama Rosa. Mientras calienta el agua y ordena sus utensilios, me quito los zapatos y, con dificultad, me despojo[9] de las medias polares que me ajustan tanto. Entonces, ante los ojos asombrados de Rosita, me saco una media más y caen todos los dólares perdidos y recuerdo que en algún momento de la madrugada desperté con pesadillas, los pies helados, y caminé aturdido por la habitación y recogí del piso unas medias sucias y me las puse y luego seguí durmiendo. Y Rosita se ríe cuando le cuento todo, no lo puede creer, me dice que estoy loco, y yo cierro los ojos, ella masajeándome los pies y pienso: Soy un idiota, pero tengo suerte. Después paso por el lavadero y le doy la buena noticia al tipo gordo y hablantín y él se alegra y yo le regalo un billete, quizá para expiar la culpa de haberlo creído un ladrón, y entonces él me dice que ya le falta poco para comprarse un televisor en el que verá el mundial de fútbol, y yo le pregunto cuánto le falta, y él me lo dice con timidez y como no es mucho, le paso dos billetes más, porque siento que esos billetes me los ha regalado alguien y no me pertenecen del todo.

Jaime Bayly (autor peruano), *El canalla sentimental*, 2010

1. un calcetín
2. arrojar, tirar al piso : *jeter par terre*
3. lista
4. *pressing*
5. (fam.) está cansado
6. no tiene suficiente dinero
7. *le sac rouge*
8. que insista
9. despojarse = quitarse

Comprender el texto

① Para reconstituir la anécdota, puedes decir por qué Jaime dice sucesivamente hablando de él mismo: "soy una persona astuta", "no soy tan astuto, en realidad soy un imbécil" y para terminar: "Soy un idiota, pero tengo suerte".

② ¿Hay motivos para sospechar del "tipo" del lavadero?

③ Se puede decir que Jaime tiene:
- manías: ...
- supersticiones: ...

④ ¿Cuáles son para ti sus cualidades y sus defectos?

⑤ ¿Quién será el "alguien" de la última frase?

Dibujo de Eneko.

¿Por qué algunos prefieren recordar y otros olvidar?

SECUENCIA 3

¿Olvidar o recordar?

DÉCOUVRIR et COMMUNIQUER

1 ¿Saben de historia?

Les connaissances historiques des élèves espagnols et français

- Comprendre un article d'opinion sur la question de la mémoire.
- TAREA ¿Qué mensaje dejarías en este foro?

2 Mantener vivo el recuerdo

Cinéma et littérature au service de la mémoire

- Comprendre un article contemporain sur un thème historique.
- TAREA ¿Literatura o cine?

3 La poesía contra el olvido

L'engagement des poètes dans leur vie et dans leur œuvre

- Comprendre un reportage sur la vie, l'engagement et l'œuvre d'un poète.
- Comprendre un poème.
- TAREA ¿Un poema contra el olvido?

4 ¿Enterarse o ignorar?

Les enfants de « disparus » des dictatures latino-américaines

- Comprendre un témoignage.
- TAREA Redacta argumentos.

UTILISER

Lexique

- La mémoire, l'histoire et les conflits
- La dictature et la justice
- L'opposition et la répression
- L'opinion et l'émotion

Grammaire

- L'expression de la condition
- La traduction de « on »
- Le gérondif
- Les démonstratifs
- Les adverbes de temps
- La concession

Orthographe

- L'enclise des pronoms au gérondif

Prononciation

- L'intonation pour donner son opinion

PROYECTO → p. 61

Debate: Para vivir el presente es mejor olvidarse del pasado.

ENFOQUE 1

¿Saben de Historia?

COMPRENSIÓN LECTORA

La ignorancia

El autor visitó en cinco días cinco ciudades francesas. En cada una, daba una charla en un *lycée* para un grupo de alumnos que habían leído con anticipación su libro.

Jordi Soler, 01/02/2008, *El País*

Alumnos en un instituto de secundaria.

El libro que iba presentando de ciudad en ciudad, es una novela sobre la Guerra Civil y el exilio en México, un tema que yo suponía ajeno[1] para los alumnos franceses, porque cuando he ido con este mismo libro por institutos de España, invariablemente he tenido que comenzar por explicarle a los alumnos, las generalidades de esa guerra en la que pelearon sus bisabuelos o abuelos [...]. Pero resulta que[2], para mi sorpresa, los alumnos de los cinco colegios franceses que visité conocían perfectamente la historia de la Guerra Civil porque sus profesores, como es natural, consideran que esta guerra nuestra es un episodio muy importante en la historia del siglo XX y, igual que hacen con la Edad Media o la Revolución rusa, la enseñan a sus alumnos.

¿Cómo es posible que un alumno francés, conozca mejor la Guerra Civil española que un alumno español? El vacío que hay en los programas de estudio, sobre este capítulo fundamental en la historia de España, comienza a dar vergüenza. Sin este conocimiento crucial, ¿cómo van a entender los españoles del futuro a este país? Los años pasan y los protagonistas, y los testigos, de la guerra se van muriendo; pronto no habrá nadie que tenga un padre, o un abuelo, o un bisabuelo que haya estado ahí y, sin ese referente familiar, el tema quedará a los cuatro vientos. [...]

[...] Quien ignora la Guerra Civil, no entiende del todo las claves de la España contemporánea: [...] si un alumno aprende en el colegio que medio millón de compatriotas suyos, al perder la guerra, tuvieron que irse de España, huyendo de la represión del general Franco, y que estos compatriotas, después de pasar las de Caín[3] en los campos de concentración franceses, se convirtieron en emigrantes españoles en Francia, en México, en Argentina y en muchos otros países; la mirada de este muchacho sobre la inmigración actual, tendría cierto matiz[4].

Al final lo que no podemos permitir es que, más allá de quién ganó y quién ha perdido, nos acabe derrotando[5] a todos la ignorancia.

1. ajeno = desconocido - **2.** resulta que : *il s'avère que* - **3.** pasar las de Caín = pasarlo muy mal - **4.** un matiz : *une nuance* - **5.** derrotar : *vaincre*

ESTRATEGIA: Quand tu lis la première fois un texte long, cherche l'idée importante de chaque paragraphe, sans rester bloqué sur le « mot à mot ».

① **ANTES DE LEER.** A partir de la foto y los títulos de la página y el texto ¿serías capaz de anticipar el tema del texto?

② **LEE** el texto y di si el propósito del autor es hablar de:

la guerra | el aprendizaje de la Historia | la inmigración

Justifica tu elección.

③ Identifica las expresiones que traducen:
- la sorpresa del autor
- lo que puede pasar cuando se ignora la Historia

Y TÚ, ¿cómo has aprendido lo que sabes de Historia? ¿Sólo en el colegio o también por otros medios? Da ejemplos.

TAREA ¿Qué mensaje dejarías en este foro?

→ Exprimer un point de vue personnel et l'argumenter.

¿Deberíamos tener más memoria histórica?

#1 Me gusta | No me gusta | Denunciar

Carlos003

Quizás se debería enseñar en los colegios que la democracia y la libertad se ha conseguido en España después de mucho esfuerzo y sacrificio de muchas personas.

#2 Me gusta | No me gusta | Denunciar

2ñ2

Deberíamos aprender de la Historia, sí, pero de una manera objetiva, sin manipular los datos y sucesos.

#3 Me gusta | No me gusta | Denunciar

bufonloco

Eso es algo que se ha perdido, no sólo en España, sino en el resto del mundo.

#4 Me gusta | No me gusta | Denunciar

blancaluna

Lo que la gente quiere es infraestructuras, trabajo, vivienda y prosperidad. Eso, y no otra cosa es el objetivo de los que vivimos en el presente.

En este foro varias personas responden a la pregunta:
¿Deberíamos tener más memoria histórica?

Etapas:

1. Elige la respuesta con la que estás más de acuerdo.
2. Escribe el mensaje que dejarías para expresar tu opinión, da argumentos y cita ejemplos. (Responde en unas cinco líneas.)

LENGUA

Vocabulario

la memoria

olvidar, el olvido, recordar, el recuerdo

la Historia

los sucesos = los acontecimientos = los hechos, los datos históricos, la época

los conflictos

la guerra ≠ la paz
la victoria ≠ la derrota
los vencedores ≠ los derrotados

Gramática

Le conditionnel

deberíamos, podríamos

▸ Gramática 30 p. 216 p. 217

La traduction de "on"

se debería, deberíamos, deberían

▸ Gramática 20 p. 208 p. 208

***Acabar* + gérondif**

« finir par »
Que nos acabe derrotando la ignorancia.

▸ Gramática 28 p. 214 p. 214

+ EJERCICIOS
www.nuevas-voces.com

ENFOQUE 2

Mantener vivo el recuerdo

COMPRENSIÓN LECTORA

La corta vida de trece rosas

Lola Huete Machado, 11/12/2005, *El País*

Fue uno de los episodios más crueles de la represión franquista. El 5 de agosto de 1939, trece mujeres, la mitad menores, fueron ejecutadas ante las tapias[1] del cementerio del Este. Su historia sigue viva hoy en forma de libros, teatro, documentales y cine.

"Madre, madrecita, me voy a reunir con mi hermana y papá al otro mundo, pero ten presente que muero por persona honrada[2]. Adiós, madre querida, adiós para siempre. Tu hija que ya jamás te podrá besar ni abrazar... Que no me lloréis. Que mi nombre no se borre de la historia." Fueron éstas las últimas palabras que dirigiría a su familia una muchacha de 19 años llamada Julia Conesa. Corría la noche del 4 de agosto de 1939. Hacía cuatro meses que había terminado la Guerra Civil. Madrid, destruida y vencida tras tres años de acoso[3], de bombardeos y resistencia ante el ejército sublevado, intentaba adaptarse al nuevo orden impuesto por el general Franco, un régimen que iba a durar cuatro décadas.

En el ambiente de ese verano de posguerra –tristísimo para unos y glorioso para otros–, se mezclaban las ruinas de los edificios y la pobreza de sus pobladores con las dolorosas secuelas físicas y psicológicas de la contienda[4]. Y, sobre todo, abundaban ya la propaganda y la represión. El día a día de la capital estaba marcado por las denuncias constantes de vecinos, amigos y familiares; por la delación, los procesos de depuración en la Administración, en la Universidad y en las empresas; por las redadas[5], los espías infiltrados en todas partes, las detenciones y las ejecuciones sumarias. En junio habían comenzado, incluso, los fusilamientos de mujeres. *"Españoles, alerta. España sigue en pie de guerra contra todo enemigo del interior o del exterior, perpetuamente fiel a sus caídos. España, con el favor de Dios, sigue en marcha, una, grande, libre, hacia su irrenunciable destino..."*, voceaban las radios de Madrid. *"Juro aplastar[6] y hundir[7] al que se interponga en nuestro camino"*, advertía Franco en sus discursos.

Sería aquella la última carta de Julia Conesa. Y ella lo sabía. Porque, junto a otras catorce presas de la madrileña cárcel de Ventas, había sido juzgada el día anterior en el tribunal de las Salesas. [...] Y apenas 24 horas más tarde, 13 de aquellas mujeres y 43 hombres fueron ejecutados ante las tapias del cementerio del Este. [...]

Por su juventud, a estas mujeres se las comenzó a llamar "las trece rosas", y su historia se convirtió pronto en una de las más conmovedoras de aquel tiempo de odio fratricida y fascismo. [...]

Eran modistas, pianistas, sastras, amas de casa, militantes todas, menos Brisac, de la Juventud Socialista Unificada JSU.

1. la tapia = el muro
2. honrado : *honnête, honorable*
3. el acoso : *le harcèlement*
4. la contienda = la guerra
5. las redadas : *les rafles*
6. aplastar : *écraser*
7. hundir = vencer, derrotar

① Identifica los siguientes mensajes indicando: quién lo emite, a quién se dirige y con qué propósito.

- línea 9: "Madre, madrecita..."
- línea 42: "Españoles, alerta..."
- línea 47: "Juro aplastar..."

② Sitúa los acontecimientos
a) En el tiempo:
- época en que se desarrollan los hechos
- fecha en la que son evocados
b) En el espacio (lugares evocados):
- lo que sucedió en cada lugar

③ La periodista evoca un hecho trágico, resume en una frase cuál fue.

④ Qué informaciones aporta el texto sobre:
- la ciudad de Madrid en la época evocada
- el ambiente que reinaba
- los dos bandos de la Guerra Civil: los vencedores / los vencidos

ESTRATEGIA: Pour bien comprendre le contexte historique d'un texte et la succession des événements, relève les mentions des dates, des lieux, des noms, des acteurs, de l'époque, et les articulations temporelles qui structurent le récit.

TU OPINIÓN: Este episodio me conmueve por:
el heroísmo | la injusticia | la inocencia | la juventud | el dramatismo
Escoge uno de estos aspectos y explica.

TAREA ¿Literatura o cine?

→ Argumenter et nuancer son propos.

Cartel de la película de Emilio Martínez-Lázaro, 2007

¿Literatura o cine? Para que este tipo de hechos históricos se conozcan mejor, ¿cuál de estos dos medios te parece más eficaz?

Etapas:

1. Tomando en cuenta las características de una novela y de una película, analiza las ventajas e inconvenientes de cada una con respecto al objetivo que se persigue.

2. Para matizar, considera si no dependerá de las temáticas y de los gustos personales.

LENGUA

Vocabulario

la dictadura

la represión, la delación = la denuncia, las redadas, la depuración

la justicia

el culpable, la culpabilidad, un inocente, la inocencia, un juez, el procesado, el abogado, condenar, el condenado

Gramática

L'expression de la condition

*Si el tribunal **hubiera/hubiese** sido imparcial...*

▸ Gramática 33 p. 219 p. 219 y 35 p. 221

Ortografía

Le pluriel des adjectifs

Les adjectifs se terminant par un *-z* ont un pluriel en *-ces* : *eficaz, eficaces*.

▸ Gramática 10 p. 196

Pronunciación

PISTE 10 **Emplea el tono adecuado para dar tu opinión. Escucha y entrénate.**

A mí me parece que...
Yo diría que...
Yo considero que...

+ EJERCICIOS www.nuevas-voces.com

ENFOQUE 3

La poesía contra el olvido

COMPRENSIÓN ORAL

PISTE 11

La tragedia de Miguel Hernández

Lucía Izquierdo nos habla de M. Hernández en el programa *Hispanorama* de RNE.

El poeta Miguel Hernández, alistado como voluntario en el bando republicano, leía poesía y animaba a las tropas.

la nuera : *la belle-fille* - la cebolla : *l'oignon* - una lechera : *un pot à lait*

1 **ESCUCHA.** Lucía Izquierdo ha sido invitada para hablar de Miguel, Josefina y Manuel Miguel. ¿Quiénes son esas cuatro personas y qué relación existe entre ellas?

2 **COMPLETA** esta ficha con informaciones sobre el poeta Miguel Hernández:

- Vida privada:
Casado con ..., padre de ...
Al nacer su hijo, se encuentra ...
Al ver su fotografía se siente ...
Le sorprende ... porque ...
- Compromiso político:
Bando: ... ¿En qué consistía su acción?: ...
¿A qué corresponden estos datos?:
18 de enero de 1940: ... / 30 años y un día: ...
- Obra poética:
Circunstancias en las que escribió: *La canción del esposo soldado: ... / Nanas de la cebolla: ...*

ESTRATEGIA: Pour reconstituer l'histoire intime d'une famille, relève les mots qui indiquent des liens de parenté et associe les avec les noms des personnes citées.

3 ¿De qué manera Miguel y Josefina lucharon contra el olvido?

TU OPINIÓN. ¿La poesía puede ayudar en situaciones extremas?

¿LO SABÍAS?

Nanas de la cebolla, poema de M. Hernández (Orihuela, 1910 - Valencia, 1942), compuesto en septiembre de 1939 al recibir en la cárcel de Torrijos (Madrid) una carta de su mujer en la que le comunicaba que sólo podía alimentarse de pan y cebolla, durante la lactancia de su segundo hijo.

Guerra Civil y Franquismo
→ INFÓRMATE p. 58

COMPRENSIÓN LECTORA

Nanas de la cebolla

PISTE 12

[…]
En la cuna[1] del hambre
mi niño estaba.
Con sangre de cebolla[2]
se amamantaba[3].
Pero tu sangre,
escarchada de azúcar,
cebolla y hambre.
[…]
Una mujer morena
resuelta en luna
se derrama[4] hilo a hilo
sobre la cuna.
Ríete, niño,
que te traigo la luna
cuando es preciso.

[…]
Tu risa me hace libre,
me pone alas.
Soledades[5] me quita,
cárcel me arranca.
Boca que vuela,
corazón que en tus labios
relampaguea[6].
[…]
Vuela niño en la doble
luna del pecho:
él, triste de cebolla,
tú, satisfecho.
No te derrumbes[7].
No sepas lo que pasa
ni lo que ocurre.

Miguel Hernández, 1939, *Nanas*[8] *de la cebolla*

1. la cuna : *le berceau* - **2.** la cebolla : *l'oignon* - **3.** amamantar : *allaiter* - **4.** derramar = verter, esparcir cosas líquidas - **5.** la soledad : *la solitude* - **6.** relampaguear : *étinceler* - **7.** derrumbarse : *s'écrouler, s'effondrer* - **8.** nana = canción de cuna

Interpreta el lenguaje poético e identifica:

a) la situación evocada por el poeta (personajes, lugar, momento),

b) lo esencial del mensaje dedicado a su hijo.

TU OPINIÓN. ¿A los niños, se les debe ocultar o enseñar los horrores de la guerra?

TAREA ¿Un poema contra el olvido?

→ Émettre un avis personnel sur une œuvre poétique.

Escribe la historia de este poema.

Etapas:

1. Recopilando todos los datos útiles acerca de *Nanas de cebolla*, redacta la crónica de este poema tan especial: su creación, su contenido, su propósito.

2. ¿Te parece que se puede considerar como una "poesía contra el olvido"? Explica y justifica.

LENGUA

Vocabulario

la oposición

luchar, la lucha, oponerse, expresarse, defender

la represión

la cárcel, encarcelar, la soledad, reprimir

Gramática

Le gérondif

estar + gérondif : subordonnée circonstancielle de temps
***Estando** Miguel en la cárcel (cuando estaba)*

▸ Gramática 28 p. 214 p. 214

Les démonstratifs

***este** poeta, **aquella** mujer*

▸ Gramática 16 p. 201 p. 202

Ortografía

L'enclise des pronoms au gérondif

*Miguel Hernández comunicó con su hijo escribiéndo**le** poemas.*

▸ Gramática 19 E p. 206 p. 207

+ EJERCICIOS www.nuevas-voces.com

¿Enterarse o ignorar?

COMPRENSIÓN LECTORA

Macarena Gelman

"Fui un regalo robado"

Gabriela Cañas, 10/08/2008, *El País*

Los padres biológicos de Macarena Gelman fueron secuestrados en Buenos Aires, en agosto de 1976, llevados a Uruguay en el marco de la Operación Cóndor, y asesinados. Ella, recién nacida, fue depositada ante la puerta de sus padres adoptivos. Sólo 23 años más tarde la nieta de Juan Gelman conocería su verdadera identidad.

–¿Cómo le dieron la noticia de que usted era hija de otros?

–Me lo dijo mi mamá (madre adoptiva), me dijo que mi abuelo estaba buscándome. En realidad, toda mi familia biológica me estaba buscando. Mis papás biológicos tenían 19 y 20 años. Eran argentinos. Vivían en Buenos Aires. Los secuestran el 24 de agosto de 1976, los llevan a un centro clandestino de detención. Allí permanecen. A mi papá lo matan en el año 1976 mismo, a finales de septiembre u octubre. Y a mi mamá la trasladan a Uruguay dentro de la operación que se llamaba Plan Cóndor. Estaba embarazada de siete meses y medio cuando la secuestran. [...]

–¿Nunca sospechó usted nada, ningún indicio de que sus padres no fueran realmente sus padres?

–No, absolutamente nada.

–¿Le molestó la noticia? ¿Se enfadó con su madre?

Tanto en ese momento como después, siempre pensé que la verdad era mejor que cualquier otra cosa. Como le decía, a mi mamá la trasladan acá a Montevideo. [...] Después, ya no se sabe nada hasta el 14 de enero, día en que me dejan en la puerta de la casa de mis papás. Según ellos, una noche tocaron el timbre, abrieron la puerta y había una canastita con un bebé y un cartelito. Era yo.

Un regalito que habían robado de algún lado. De mi mamá no se supo nunca más nada. [...]

–¿Se resistió en algún momento a conocer la verdad?

–No, nunca. [...]

–¿Tenía miedo de toda esta nueva situación en su vida?

–Sí, bastante. Mucho. Conocí a mi abuelo y quedamos en hacerme la prueba del ADN. [...] Los análisis despejaron todas las dudas: en un 99,99% de probabilidades era yo. Durante el tiempo de espera del resultado me relacioné mucho con mi abuelo.

–Antes dijo que a raíz de todo esto se relacionó mucho con su abuelo. ¿Le gustó?

–Sí. Yo iba con un miedo terrible la primera vez, y él me imagino que tendría un montón de dudas. Pero a partir de ahí todo fue una avalancha. Había decisiones que tomar en un momento histórico y político en el que todavía se negaba la existencia de niños robados en Uruguay. El tema de los desaparecidos siempre se dejaba de lado. Aquí se negaban la mayoría de las cosas. [...]

Hay que luchar por la verdad para que esto no vuelva a pasar.

¿LO SABÍAS?

Plan Cóndor fue un operativo coordinado, en los años 70, entre la CIA y las dictaduras militares que ejercían el poder en ciertos países del sur de América Latina.
Su acción represiva convirtió a los gobernantes implicados en su implantación, en ejecutores del "terrorismo de estado".

La memoria y el olvido
→ INFÓRMATE p. 59

① Apunta los elementos que se refieren a la familia de Macarena Gelman:
- sus padres biológicos: ...
- sus padres adoptivos: ...

② Reconstituye la cronología de los acontecimientos. ¿A qué corresponden estas fechas?

24/08/76: ...
Finales de septiembre u octubre de 1976: ...
14/01/77: ...

③ Estudia las emociones de Macarena a lo largo del proceso:

¿miedo? ¿entusiasmo? ¿tristeza? ¿duda?

Asócialas con pasajes del texto y justifica.

TU OPINIÓN. ¿Por qué sería tan importante este encuentro para Macarena y para su abuelo?

¿LO SABÍAS?

Juan Gelman (Buenos Aires, 1930; premio Cervantes 2007) es el abuelo de Macarena Gelman: poeta, traductor y periodista.
Por su actividad periodística y política vive en el exilio entre 1975 y 1988.
La Junta luz es un poemario escrito mientras se ejecutaba el crimen de la junta militar en su país y dedicado "a las madres de Plaza de Mayo".

[...] yo te reclamo /
Golpeo cada jueves las botas del dictador con tu nombre /
Me pongo en la cabeza un pañuelito blanco como vos /
El dictador no ve mis lágrimas, nunca verá mis lágrimas de vos /
Yo golpeo con mi furia de vos / [...]

Juan Gelman, *La Junta Luz*, 1982

TAREA Redacta argumentos.

→ Se préparer à débattre.

▸ Siempre es mejor *conocer* la verdad.
▸ A veces es mejor *no conocer* la verdad.
Busca argumentos.

Etapas:

1. Escribe 3 argumentos para defender cada uno de estos dos puntos de vista.
2. Di con cuál estás de acuerdo.
3. Recuerda que puedes utilizar las siguientes expresiones:
- *(No) estoy a favor / en contra de ...*
- *(No) estoy de acuerdo con ...*
- *(No) estoy de acuerdo con que ...*

LENGUA

Vocabulario

la opinión
opinar, pensar, parecerle a uno, creer

el conocimiento
conocer ≠ desconocer, ignorar
la verdad ≠ la mentira, averiguar, indagar
⚠ *Apprendre une nouvelle :* enterarse de algo

Gramática

Les adverbes de temps
nunca, siempre, todavía/aún
__Nunca__ se resistió a conocer la verdad.
Este tema __siempre__ se dejaba de lado.
__Aún/Todavía__ hay que luchar.

▸ Gramática 37 B p. 225 p. 226

La concession
Es mejor conocer la verdad __aunque__ duela.

▸ Gramática 35 p. 221 p. 221

+ EJERCICIOS www.nuevas-voces.com

Guerra civil y Franquismo

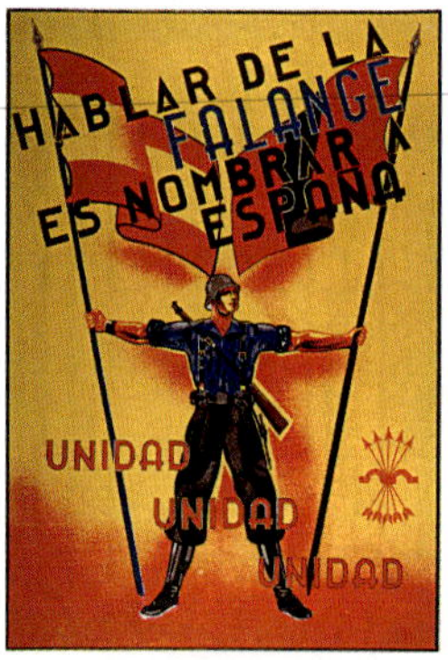

1931	Proclamación de la II República: el rey Alfonso XIII abandona España.
Octubre de 1933	Fundación del partido fascista Falange Española.
Febrero de 1936	Victoria electoral del Frente Popular (coalición de organizaciones izquierdistas). Las conspiraciones antirrepublicanas se incrementan.
Julio de 1936	Comienza al mando de Franco la rebelión militar que da lugar a la Guerra Civil. Al mismo tiempo, continúan los avances sociales del gobierno republicano.
Septiembre de 1936	27 países (entre los cuales Francia) crean el llamado Comité de No Intervención con el objeto de mantenerse al margen del conflicto español.
Septiembre de 1936	Franco (el Caudillo) es designado por los sublevados generalísimo y jefe del gobierno.
Octubre de 1936	Hitler crea la Legión Cóndor para ayudar a los franquistas. La URSS envía sus primeros equipos de ayuda a los republicanos. Llegan los primeros miembros de las Brigadas Internacionales.
Febrero de 1939	Miles de refugiados y el propio gobierno republicano cruzan la frontera francesa.
Abril de 1939	El general Franco hace público el último parte bélico el día 1: la guerra ha terminado con la victoria de quienes se habían sublevado tres años antes.
1939-1975	El triunfo militar permite a Franco gobernar España por medio de una dictadura hasta su fallecimiento, el 20 de noviembre de 1975.

Relaciona cada una de estas imágenes con la fecha que le corresponde en la cronología. Explica en qué te has basado para asociarlas.

La memoria y el olvido

Viñeta de Eneko, dibujante de opinión comprometido.

EN ESPAÑA

El 26 de diciembre del 2007 las Cortes Generales aprobaron la Ley de Memoria Histórica.
¿Qué es la Ley de Memoria Histórica? 26 de diciembre de 2007 "La ley por la que se reconocen y se establecen medidas en favor de quienes padecieron persecución o violencia durante la Guerra Civil y la dictadura." (BOE n° 310)

EN CHILE

Hace unos años, la ex-presidenta de Chile, Michelle Bachelet, se propuso construir un Museo de la Memoria y los Derechos Humanos (MMDH) que se inauguró en Santiago. Con ello se pretende contener en el recuerdo, contra todo riesgo de olvido, el historial de sangre que comportó la dictadura del general Augusto Pinochet – entre 1973 y 1990 –, con más de 3.000 personas asesinadas o desaparecidas (3.195, el padre de Bachelet incluido) y en torno a 28.000 torturadas, entre las que hay que contar a la propia presidenta.

Félix Población, www.diariodelaire.com, 12/01/2010

LAS LEYES DE PUNTO FINAL

En algunos países latinoamericanos (Argentina, Chile, Uruguay) ha habido fuertes polémicas entorno a estas leyes que pretendían establecer la paralización de los procesos judiciales contra los imputados como autores responsables de desapariciones forzadas de personas durante las dictaduras militares de los años 1970-80. En Argentina y en Uruguay, estas leyes también llamadas "leyes de impunidad" por sus detractores, han sido votadas en 1986 y anuladas unos veinte años después.

① El dibujo de Eneko está relacionado con los hechos históricos acontecidos durante el franquismo. Explica por qué.

② Según las informaciones anteriores, ¿las leyes siempre han defendido a las víctimas de las dictaduras?

ESCUCHA EN CASA

PISTE 13

ESCUCHA, memoriza y recita el fragmento del poema *Nanas de la cebolla* de Miguel Hernández, p. 55.

▸ Para navegar, pp. 256-257

CIBERINVESTIGACIÓN

Presenta un cartel de propaganda de la Guerra Civil española

1. Elige un cartel republicano o franquista.

Además de estos dos carteles, en la página web del Ministerio de Cultura: *http://pares.mcu.es/cartelesGC/AdminControlServlet?COP=6&page=1*, encontrarás muchos más.

2. Preséntalo a tus compañeros a partir de los elementos siguientes:
- protagonistas
- objetos y símbolos
- colores
- texto
- intenciones del cartelista

3. Explica por qué has elegido este cartel.

B2i **S'informer, se documenter** ✓ Je sais interroger les bases documentaires à ma disposition.

HAZ TU PROYECTO CON LAS TIC

¡Rodando!

Filma el debate y monta las imágenes de los mejores momentos: utiliza un programa de montaje y concepción de vídeos como, por ejemplo, *Windows movie maker*.

Escoge las escenas y momentos que mejor ilustran la tonalidad del debate.

Sugerencias

- Puedes intercalar títulos para anunciar las fases del debate y música adicional en la introducción y los créditos.

PROYECTO

Contertulios en acción. Participa en el debate siguiente: "Para convivir es mejor olvidarse del pasado".

Etapas

1. TIPO DE TRABAJO

Colectivo; alumnos con diferentes misiones.

2. PREPARACIÓN

a) **2 Equipos** de cuatro o cinco participantes:
- elige un punto de vista (a favor o en contra) e integra un equipo,
- prepara los argumentos y los ejemplos que permitan ilustrarlos,
- intenta establecer una jerarquía entre los argumentos preparados,
- anticipa las respuestas del otro equipo *(Si digo esto, contestarán que...)*.

b) **Presentador:** prepara una introducción para presentar el tema del debate.

c) **Jurado:** se prepara como los miembros del equipo para poder observar, analizar, valorar el debate y dar su opinión al final.

d) **Secretarios:** se prepara como los miembros del equipo para poder comprender y apuntar los argumentos y ejemplos de ambos equipos.

3. REALIZACIÓN

▸ **Equipos:** durante el debate se enfrentarán 2 equipos, uno a favor, otro en contra.

▸ **Presentador / Moderador:** un alumno presentará el debate y podrá intervenir para facilitar la comunicación.

▸ **Jurado:** se nombrará un jurado que decidirá qué equipo ha sido más convincente (para ello, se utilizará la tabla de evaluación → *www.editions-didier.com*, Guide pédagogique).

▸ **Secretarios:** los otros alumnos serán los secretarios que apuntarán los argumentos de cada equipo (secretarios "a favor" y secretarios "en contra").

Consejos útiles

- Consulta tus apuntes pero no leas frases redactadas.
- Ten en cuenta los argumentos del otro equipo pero ¡convéncelos! No esperes que tus adversarios impongan sus temas favoritos.

▸ Nuevas tecnologías, Haz tu proyecto con las TIC, p. 60

OTRA MIRADA

Desapariciones

PISTE 14

Que alguien me diga si ha visto a mi esposo / preguntaba la doña[1],
se llama Ernesto X, tiene cuarenta años / trabaja de celador, en un negocio de carros[2].
Llevaba camisa oscura y pantalón claro. / Salió anteanoche y no ha regresado.
Y no sé ya qué pensar. / Pues esto, antes no me había pasado.

Llevo tres días buscando a mi hermana, / se llama Altagracia, igual que la abuela.
Salió del trabajo pa'[3] la escuela. / Llevaba unos jeans y una camisa blanca.
No ha sido el novio. El tipo está en su casa. / No saben de ella en la PSN[4], ni en el hospital.

Que alguien me diga si ha visto a mi hijo. / Es estudiante de pre-medicina.
Se llama Agustín y es un buen muchacho. / A veces es terco[5] cuando opina.
Lo han detenido. No sé qué fuerza. / Pantalón claro, camisa a rayas. / Pasó anteayer.

A dónde van los desaparecidos / busca en el agua y en los matorrales[6]
y por qué es que se desaparecen, / por qué no todos somos iguales,
y cuándo vuelve el desaparecido, / cada vez que lo trae el pensamiento,
cómo se le habla al desaparecido, / con la emoción apretando por dentro.

Clara, Clara, Clara Quiñones se llama mi madre.
Ella es un alma de Dios, / no se mete con nadie[7].
Y se la han llevado de testigo, / por un asunto[8] que es nada más conmigo.
Y fui a entregarme[9] hoy por la tarde / y ahora dicen no saben quién la llevó del cuartel.

Anoche escuche varias explosiones. / Tiros de escopeta y de revólver.
Carros acelerados, frenos, gritos. / Eco de botas en la calle.
Toque de puertas, quejas[10], por dioses[11], platos rotos.
Estaban dando la telenovela, / por eso nadie miró pa' fuera.

Rubén Blades

1. la señora **2.** coches **3.** «pa'» : para **4.** policía secreta nacional **5.** obstinado **6.** *broussailles* **7.** no tiene problemas con **8.** *une affaire* **9.** *me rendre* **10.** *des plaintes* **11.** plural de ¡por Dios!

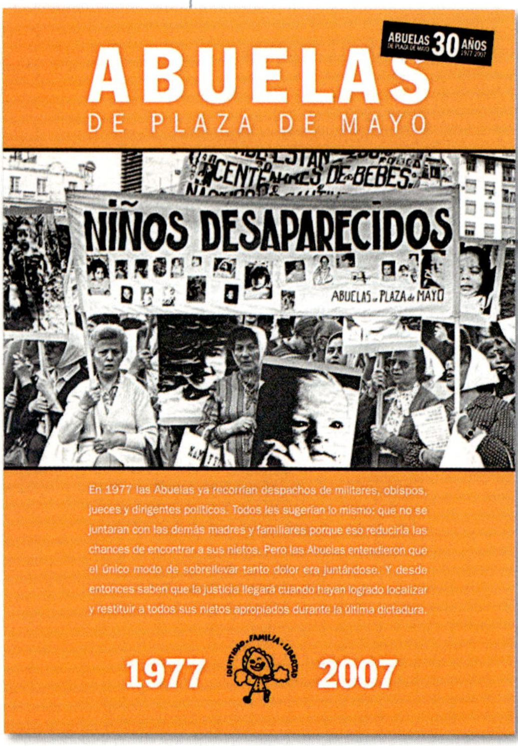

Abuelas de Plaza de Mayo es una ONG dedicada a localizar y restituir a sus legítimas familias los niños desaparecidos.

① ¿Quiénes son los afectados por esta desgracia?

personas desaparecidas | familiares que intentan localizarlas

② ¿Por qué esto puede ocurrir sin que nadie reaccione?

③ **TU OPINIÓN.** ¿Es algo que sólo puede suceder a los demás?

Guernica

La ciudad de Guernica después del bombardeo del 26/04/1937.

"Ayer por la tarde, Guernica, la ciudad más antigua de las provincias vascas, fue totalmente destruida por un ataque aéreo de los rebeldes. El bombardeo de la ciudad, situada lejos del frente y sin defensa aérea, duró exactamente tres cuartos de hora. Durante este tiempo, una numerosa escuadra de aviones de origen alemán –bombarderos Junkers así como cazas Heinkel– arrojó ininterrumpidamente bombas de hasta 500 kilos. Al mismo tiempo, los cazas, volando a baja altura, ametrallaron a los habitantes que salían huyendo hacia las afueras de la ciudad. En pocos momentos toda Guernica quedó envuelta en llamas."*

Times, George Steer, Londres, 27/04/1937

* *avions de chasse*

▲ Pablo Ruiz Picasso, *Guernica*, 1937, (349,3 x 766,6 cm) Museo Nacional Centro de Arte Reina Sofía, Madrid.

● La interpretación de los hechos que propone Picasso en el *Guernica* ¿refleja con exactitud los acontecimientos narrados en este reportaje? ¿Qué efecto quiso crear el pintor?

EVALUARse

CD CLASSE

COMPRENSIÓN ORAL El testimonio de Nelly

1. ¿Los criminales de la dictadura chilena se ensañaron *(s'acharnèrent)* particularmente con la familia de Nelly?
2. ¿Qué violencia sufrió ella misma de cerca?
3. ¿Qué le resultará más difícil de aceptar hasta el día de hoy?

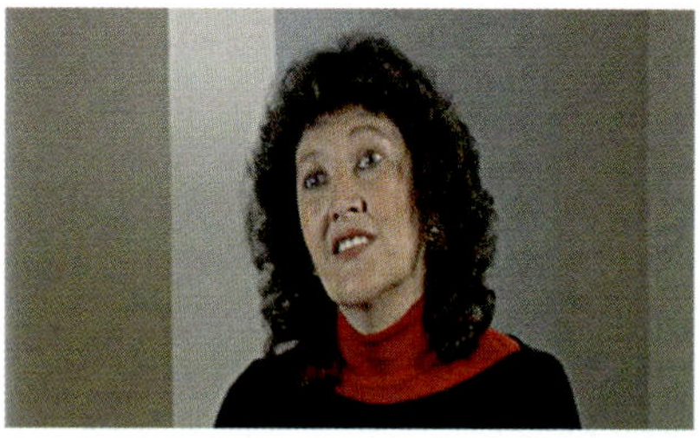

Fotograma de la película *El caso Pinochet*, de Patricio Guzmán.

Mon bilan

○ Je peux comprendre un témoignage présenté assez lentement et clairement même si je ne comprends pas tous les détails.. **A2**
→ Par exemple, lorsque quelqu'un évoque un événement marquant de sa vie.

○ Je peux comprendre un témoignage en reconnaissant les messages généraux et les points de détail. **B1**
→ Par exemple, les dates, les faits et les conséquences d'un événement.

COMPRENSIÓN LECTORA Un adolescente de los años 50

1. ¿Qué época es evocada en este relato?:
   a. la Guerra civil
   b. la dictadura franquista
   c. las dos épocas
2. ¿La familia del narrador era republicana o franquista? Cita la frase que lo demuestra.
3. "Los crímenes franquistas estaban entonces envueltos en el silencio": ¿Por qué sería?

De niño, en casa había oído mil veces a los mayores comentar los desmanes[1] que se cometieron en el bando rojo. La retahíla[2] era siempre la misma. La iglesia del pueblo fue asaltada y convertida en bar, [...]; un miliciano regaló a su novia unos pendientes que había arrebatado a las orejas de la Virgen del Carmen; [...] un grupo de jornaleros jugó al fútbol con la cabeza del Agnus Dei, [...] al cura párroco lo sacaron de casa mientras se estaba afeitando y lo balearon[3] en una cuneta con media cara enjabonada. [...] En cambio, [...] nadie me había contado la represión que funcionó al acabar la guerra como una máquina metódica e implacable de represalia, con decenas de miles de fusilados republicanos contra las tapias de los cementerios, miles que agonizaron en las cárceles, miles que fueron aventados al destierro[4]. A los diecisiete años ni siquiera sabía que García Lorca había sido pasado por las armas en un barranco de Granada y que Miguel Hernández había muerto en un penal. Los crímenes franquistas estaban entonces envueltos en el silencio.

Manuel Vicent, *Ojos de león verde*, 2008

1. los desmanes = los abusos
2. la retahíla = la enumeración
3. lo balearon = lo fusilaron
4. el destierro = el exilio

Mon bilan

○ Je peux suivre le déroulement d'un récit. **A2**
→ Par exemple, reconnaître à quels personnages ou à quels lieux renvoie le narrateur.

○ Je peux aussi comprendre l'essentiel d'un texte littéraire contemporain qui parle du passé. **B1**
→ Par exemple, distinguer l'histoire personnelle de l'auteur des faits historiques qu'il raconte.

EXPRESIÓN ORAL La guerra

Pablo R. Picasso, *La guerra*, 1952.
Óleo sobre madera, 102 x 420 cm.
Temple de la Paix, capilla del castillo-museo de Vallauris.

① Observa este cuadro y di cómo interpretas la escena. Justifica tu explicación.

② Es una obra : a. abstracta b. simbólica c. realista
Explica por qué.

✓ Mon bilan

○ Je peux faire un exposé simple dans lequel les points importants sont développés avec précision. **A2**
→ Par exemple, présenter un tableau et en proposer une interprétation.

○ Je peux faire une présentation en insistant sur les éléments significatifs et en illustrant mes propos par des exemples pertinents. **B1**
→ Par exemple, présenter un tableau et le comparer avec une œuvre connue.

EXPRESIÓN ESCRITA ¿Reconciliación?

¿Los verdugos y sus víctimas pueden reconciliarse? Defiende dos puntos de vista opuestos apoyándote en argumentos y ejemplos sacados de la secuencia, así como en otros conocimientos personales.

✓ Mon bilan

○ Je peux écrire à propos d'une question d'actualité. **A2**
→ Par exemple, sur un sujet polémique en lien avec la mémoire historique.

○ Je peux exprimer un point de vue personnel ou une opinion. **B1**
→ Par exemple, sur la question de la réconciliation.

LECTURA EN CASA

Una doble vida

El autor evoca recuerdos de su infancia transcurrida en la España de los años 50.

Un chico de mi calle tenía una enfermedad del corazón que le impedía[1] ir al colegio. Durante los meses en los que el buen tiempo lo permitía, el Vitaminas –así le llamábamos, ironizando sobre su delicado aspecto– permanecía sentado a la puerta del establecimiento de su padre (una tienda de ultramarinos[2] anexa al bar también regentado por él) con una bicicleta de carreras al lado. Nunca montó en ella, pero a veces decía que de mayor sería ciclista.

Su deseo, si tenemos en cuenta que se ahogaba al menor esfuerzo, resultaba un poco trágico. Pese a la crueldad del mote, el Vitaminas gozaba del respeto, cuando no[3] de la indiferencia, de los chicos de la calle: sabíamos que cualquier alteración podía matarle. [...]

Según mi madre, las personas que sufrían la enfermedad del Vitaminas morían al hacer el desarrollo[4]. Dado su horizonte vital, no valía la pena hacer ninguna inversión[5] en él, por eso no iba al colegio. [...]

El Vitaminas tenía un paño[6] con el que repasaba los cromados de la bicicleta.

Yo me detenía a veces junto a él, sin decir nada, pues había observado que el hecho de tener espectadores le hacía sentirse importante. Poco a poco me fui dando cuenta de que se trataba de una bicicleta de carreras falsa, construida a base de recortes[7]. Pero no dije nada, ni siquiera le mencioné la incongruencia de que llevara timbre[8] y espejo retrovisor, como las bicicletas de paseo.

El Vitaminas tenía también un cuaderno en el que apuntaba los movimientos de los vecinos. Un día, tras hacerme jurar que le guardaría el secreto, me confió que la tienda de ultramarinos servía de tapadera para ocultar la verdadera identidad de su padre, que era agente de la Interpol. [...]

El padre del Vitaminas llevaba siempre una bata[9] gris, muy limpia, con una camisa blanca debajo. Tenía un bigote fino, de actor americano, que recortaba de manera asimétrica, para producir (me diría su hijo) la impresión de que sonreía con un lado de la cara. De este modo, por lo visto, la gente se le confiaba. Y era cierto que la gente se le confiaba, pues había en aquel rostro[10], pese a la acusada calvicie del cráneo, una

expresión muy seductora. [...] Tuve claro[11] en seguida que quería ser como él, lo que significaba llevar una vida aparente y otra real. [...]

Como el Vitaminas no podía ayudar a su padre en la tienda, le echaba una mano[12] anotando las costumbres de la gente. "El fontanero"[13], escribía en su cuaderno, "pasó a las once de la noche con un bidé en el sidecar de la moto". O bien: "Paca salió del portal de su casa a las cuatro y miró hacia los dos lados de la calle. Luego vino hacia aquí, pero en la esquina se detuvo un momento para hablar con Remedios, que le dio un papel con unas indicaciones". [...]

Todas las anotaciones eran claras, sintéticas, sin opiniones. No escribía jamás un "creo" ni un "me parece" ni un "quizá". Tales expresiones, le había dicho su padre, estaban prohibidas en los informes de los espías[14]. Los espías sólo describían hechos. Las interpretaciones las hacían los superiores.

El objetivo de las notas, que cada noche leía con atención el padre del Vitaminas, era descubrir si había en el barrio alguien que llevara una doble vida, es decir, alguien cuya apariencia fuera la de cualquiera de nosotros, pero que en realidad fuera comunista.

Juan José Millás (autor español), *El Mundo*, 2009

1. no le permitía
2. *épicerie*
3. *ici : ou à défaut*
4. la pubertad
5. *investissement*
6. *un chiffon*
7. *morceaux*
8. *sonnette*
9. *blouse*
10. aquella cara
11. comprendí
12. le ayudaba
13. *le plombier*
14. espions

Comprender el texto

1. Algunas historias salen de la imaginación de los dos niños (el narrador y el Vitaminas). ¿A qué corresponden en realidad?
2. ¿Cómo se refleja en el texto el clima de los años 50 en España?
3. Tomando en cuenta la época, ¿Qué objetivo tendría el vendedor del ultramarinos además de vender sus productos?

Exposición de Carlos Cruz Díez (Caracas 1923, máximo representante del arte cinético venezolano), Maison de l'Amérique Latine, París, 2007.

¿Cambia el mundo o cambia nuestra mirada?

SECUENCIA 4

Cambia, todo cambia

DÉCOUVRIR et COMMUNIQUER

1 ¡Cada vez más rápido!
Agir sur le temps et l'espace
- Comprendre les ressorts d'une publicité télévisée.
- Comprendre un point de vue sur la croissance urbaine.
- TAREA A favor del cambio.

2 Cultura y tradición
La tauromachie en question
- Exprimer une opinion sur une tradition populaire.
- Commenter le parallèle entre sport et tauromachie.
- TAREA ¿Qué opinas de las corridas de toros?

3 ¿Avances o retrocesos?
Regards sur une réalité sociale
- Comprendre l'impact d'un licenciement.
- Donner son opinion sur l'éthique d'une publicité.
- TAREA Los jóvenes y el trabajo.

4 Roles y modelos
L'évolution des rôles au sein de la famille
- Comparer deux modèles familiaux.
- Comprendre l'évolution du rôle des parents.
- TAREA Debate: Los padres de hoy son más permisivos que los de antes.

UTILISER

Lexique
- Les défis et la croissance urbaine
- La tauromachie, la violence, l'art
- Le travail et l'entreprise
- L'autorité et la confiance

Grammaire
- La réitération
- L'impératif
- Le vouvoiement
- Les tournures affectives
- La subordonnée de condition
- Le passé-composé
- L'imparfait
- L'opposition

Orthographe
- La dérivation
- L'accent écrit
- Lettres doublées ou non dans les sigles

Prononciation
- L'intonation pour exprimer l'accord et le désaccord

PROYECTO → p. 81

60 segundos para cambiar el mundo.

ENFOQUE 1

¡Cada vez más rápido!

COMPRENSIÓN ORAL

Compartiendo amistad

Anuncio de la RENFE (red nacional de ferrocarriles españoles)

① **ANTES DE MIRAR** el vídeo, observa este fotograma del anuncio.
¿En qué estarán pensando estos señores al ver pasar este tren tan moderno?

② **MIRA** ahora el vídeo e identifica:
- dos épocas separadas por el túnel,
- las profesiones de las personas presentes o nombradas en el vídeo: Antonio, su padre, su abuelo, su hijo y su nieto; Ricardo, su padre y su abuelo.

maquinista | fogonero | piloto

③ Completa:
- *En la primera parte Antonio le anuncia a Ricardo una mala noticia: ...*
Se siente ... porque ...
¿Su amigo comparte el mismo sentimiento?
- *En la segunda parte le anuncia otra noticia: ...*
¿Cómo se siente esta vez? ¿Por qué?

④ ¿El tiempo le dio la razón a Ricardo o a Antonio?

⑤ ¿Cómo calificarías el tono de este anuncio?

nostálgico | divertido | emocionante

TU OPINIÓN. ¿En general, ir "cada vez más rápido" sólo tiene ventajas o también inconvenientes?

ESTRATEGIA: Si un document vidéo comporte plusieurs parties, les traiter séparément peut t'aider à mieux les comprendre et à mieux les relier.

¿LO SABÍAS?

Con la inauguración de la línea del AVE Madrid-Valencia en diciembre del 2010, España se ha convertido en el país del mundo con más kilómetros de alta velocidad, aproximadamente unos 2.600.

COMPRENSIÓN LECTORA

El desafío de la convivencia

Anatxu Zabalbeascoa, *El País semanal*, 02/05/2010

No hay vuelta atrás. Ya hay más gente viviendo en ciudades que en el campo, según Naciones Unidas. Y en 40 años, el 70% de la población mundial será urbana. Esta imparable tendencia marcará el futuro de la humanidad y del planeta.
La ciudad es el sitio donde muchos hemos ido para encontrar otra vida. En las ciudades indias la gente viaja en autobuses parecidos a los de Londres. Allí coinciden el *gopi*, la persona que lava los pies, y el prestamista[1]. Provienen de estratos sociales distintos. En un pueblo jamás llegarían a hablar. Pero en el autobús urbano se tienen que sentar uno al lado del otro. Eso es lo maravilloso de las ciudades.
Vivimos en un mundo urbano. Con más de la mitad de la población del planeta asentada[2] ya en áreas metropolitanas, nada parece poner freno al crecimiento de las ciudades. Para 2050 se espera que el 70% de la población mundial sea urbana y que sólo el 14% de los habitantes de los países desarrollados viva en el campo. La mitad de la riqueza universal se acumula hoy en 25 ciudades. Hasta la riqueza del campo parece haber dejado de brotar de la tierra y proviene ahora de los envíos urbanos que llegan desde esas megalópolis.
El crecimiento de las ciudades aumenta los asentamientos ilegales. Hoy, más de 1.000 millones de personas viven en suburbios con infraviviendas. [...]
Las ciudades son creaciones humanas diseñadas y construidas para servir nuestras necesidades, intereses y deseos. Reflejan tanto nuestras grandezas como nuestras mezquindades.

1. que presta dinero - **2.** instalada

1. Según lo expuesto, la vida urbana tiene aspectos positivos y negativos: ¿Cuáles?
2. ¿Por qué a pesar de esos inconvenientes las ciudades siguen siendo atractivas?
3. Los fenómenos descritos por la autora son cambios:

¿irreversibles? ¿pasajeros? ¿involuntarios? ¿programados?

Justifica tu respuesta citando el texto.

TU OPINIÓN. ¿Hay soluciones para mejorar las ciudades en las que nos tocará vivir?

TAREA A favor del cambio

→ Rédiger un discours pour convaincre.

Escribe una declaración en la que afirmarás que se vivirá mejor en el futuro.

Etapas:

1. Busca un título que enganche.
2. Argumenta y da ejemplos concretos (nuevos espacios, medios de transporte).
3. Conecta los párrafos: *Por consiguiente..., De tal manera..., Por eso...*

Vocabulario

el crecimiento

crecer, el aumento, la grandeza, el desarrollo

la ciudad

las urbes / urbano, las metrópolis, metropolitano, las megalópolis, los suburbios, las afueras, los barrios

la convivencia

la población, los ciudadanos, los transportes, la vivienda, la comunicación

Gramática

La réitération

volver a + infinitif

El tren ***vuelve a*** *ser noticia.*

▸ Gramática 41 C p. 228

L'impératif et le vouvoiement

venga, mire

▸ Gramática 31 p. 217 p. 217

Ortografía

La dérivation

grande → grandeza / puro → pureza / bello → belleza / limpio → limpieza

+ EJERCICIOS
www. nuevas-voces.com

ENFOQUE 2

Cultura y tradición

EXPRESIÓN ORAL

Pablo Picasso, *La muerte del torero*, 1933

¿LO SABÍAS?

Las corridas de toros son una de las tradiciones españolas más conocidas en todo el mundo y al mismo tiempo la más polémica. Ya en la Biblia encontramos referencias al sacrificio de toros bravos, símbolos de fortaleza, fiereza y agresividad.

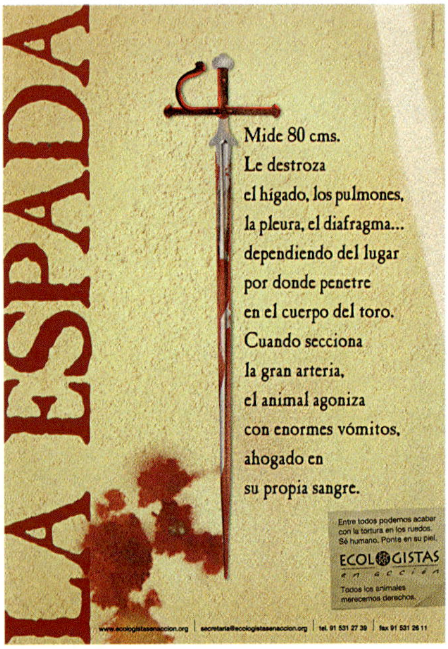

Campaña de Ecologistas en acción, 2006

① **ANALIZA** y compara estos dos documentos tomando en cuenta: los colores | el movimiento | el tratamiento del tema

② ¿Qué reacciones / sentimientos / sensaciones provoca cada uno de ellos?

③ ¿Han sido creados con el mismo objetivo?

TU OPINIÓN. ¿En estas imágenes se refleja alguna transformación de la sociedad española? (Fíjate en la fecha en que fueron realizadas.)

ESTRATEGIA: Pour comparer deux documents d'époques différentes, mets en valeur l'idée de transformation en utilisant des expressions pour :
- situer dans le temps ***(antes, hoy, ...)***
- opposer des faits et des idées ***(mientras que, en cambio, ...)***

COMPRENSIÓN ORAL

PISTE 15

Agresividad y coraje

por Javier Hernández, en Radio 3 de RNE.

albero: ruedo de la plaza de toros - embestir: atacar - montera: gorro de dos picos

① **ANTES DE ESCUCHAR.** ¿Te parece que estas fotos tienen algo en común?

② **ESCUCHA** la grabación y apunta los elementos que se refieren: al deporte: ... / a la tauromaquia: ...

③ Según lo que has escuchado, di cuáles son sus semejanzas y diferencias.

④ ¿Qué sustantivo resume mejor el punto de vista del locutor sobre las corridas de toros? el miedo / el respeto / la indiferencia / el asco

TU OPINIÓN. ¿Piensas como Nietzsche que "lo que no mata fortalece"?

TAREA ¿Qué opinas de las corridas de toros?

→ Exprimer un point de vue personnel sur une question de société.

No me gustan los toros. Eso sí, tengo claro que cuando los prohíban, se extinguirán. Si no fuera por las corridas, no existirían los toros de lidia.

María
06/02/11, 10:02 h. # | Me gusta (1) | Marcar como ofensivo | Responder

La verdad es que, sinceramente, yo me he alegrado. El hombre no puede ser un seleccionador natural de las especies al estilo de Darwin.

Nacho
06/02/11, 10:28 h. # | Me gusta (1) | Marcar como ofensivo | Responder

A mí es que lo de los toros me gusta mucho que quieres que te diga.

Perico
06/02/11, 10:45 h. # | Me gusta (1) | Marcar como ofensivo | Responder

Publica, tú también, en este blog.

Etapas:

1. Lee estas opiniones y hazte una opinión personal sobre el tema.
2. Busca un argumento para defenderla.
3. Redacta el mensaje que te gustaría dejar, utilizando expresiones como: *Estoy convencido de que..., Es evidente que..., No hay duda..., Es cierto que...*

LENGUA

Vocabulario

la violencia

morir / la muerte,
matar / la matanza,
la sangre / sangriento,
jugarse la vida, arriesgarse

la corrida

los toros, el torero, el matador,
la faena, el capote, la muleta,
la plaza, el ruedo

el arte

los pases, la afición, los aficionados,
los colores

el activismo

la militancia,
un activista / un militante,
militar

Gramática

Tournures affectives

gustar, apasionar, dar asco,
impresionar, horrorizar, poner triste.
Me da asco ver tanta sangre.

► Gramática 19 F p. 206

Ortografía

L'accent écrit permettant de distinguer certains mots

- ***si*** *(Si se prohibiera...)* ou ***sí*** *(Eso sí.)*.
- ***mi*** *(Mi opinión es que la corrida es un arte.)* ou ***mí*** *(Para mí, hay que prohibir las corridas.)*.

► Gramática 3 p. 193

+ EJERCICIOS
www.nuevas-voces.com

ENFOQUE 3

¿Avances o retrocesos?

COMPRENSIÓN LECTORA

En la oficina

El lunes veintinueve de noviembre, a las ocho y media de la mañana, encontró sobre su mesa un sobre con su nombre y [...] tuvo que leer dos veces la carta duplicada que este contenía [...]. El breve texto era el siguiente: "Muy señora nuestra: El próximo día catorce de diciembre finalizará el contrato de trabajo suscrito con usted, y cuyos datos se reseñan al pie[1]. En cumplimiento de las normas vigentes sobre contratación de personal, se le comunica que a partir de esa fecha quedará rescindida[2] [...] su relación con la Empresa. Lo que se le comunica en Las Rozas, Madrid, etcétera...". Leticia conocía la firma, que iba respaldada[3] por el sello[4] de la compañía, que ella misma había manejado muchas veces.

Volvió a doblar ambas cartas y las guardó en el sobre. Respiró profundamente. Sus compañeros se desplazaban por la oficina, alarmados y ruidosos como siempre, pero no los veía. Se recogió un tirabuzón[5] y lo retuvo detrás de la oreja izquierda, varias veces perforada. Justo en ese instante consiguió enunciar la síntesis verdadera de toda la desolación y de toda la angustia: "¿Cómo vamos a pagar la hipoteca?[6]" [...]

Se levantó bruscamente de la silla y empezó a caminar en dirección al cuarto de baño. [...] Avanzó varios metros dándose cuenta que algunas conversaciones bajaban de tono cuando ella pasaba, pero siguió sin detenerse. Únicamente la hizo girarse la voz de Juan, que la llamaba desde su mesa de ejecutivo en ciernes[7].

–¿Y tú Leticia? –le oyó decir mientras se aproximaba-. ¿Estás dentro o estás fuera?

–Estoy fuera –le contestó ella después de pensarlo.

–Increíble –dijo al cabo de un rato–. Yo también estoy fuera. La verdad es que no me lo esperaba; pensaba que echarían de la oficina a los caros o a los inútiles. Pero sólo nos han mandado a la calle a los jóvenes. [...]

Leticia lo miró con los ojos azules muy abiertos sin decir nada.

–¿Te das cuenta? Sólo los jóvenes. Sólo menores de treinta. Es una reestructuración salvaje y a la vez tímida.

–Quizás el lunes próximo echen a los de cuarenta –dijo Leticia, que seguía con los ojos muy abiertos–. O a los gordos, o a los de Capricornio.

Irene Jiménez (autora española), "En la oficina", *Pequeñas Resistencias 5*, 2010

1. sont *indiqués en bas de page*
2. anulada, invalidada
3. *ici, cautionnée*
4. *le tampon*
5. *mèche de cheveux*
6. *les traites de la maison*
7. *cadre en herbe*

① **LEE** el texto e identifica detalladamente a los protagonistas, al lugar y fecha de los hechos narrados.

② Indica quiénes son el remitente y el destinatario, y cuáles son la fecha y el contenido de la carta a la que se hace referencia en el texto.

③ Apunta las expresiones que muestran la preocupación de Leticia.

Y TÚ, ¿qué piensas de la gestión de recursos humanos de esta empresa? ¿Ficción o realidad?

EXPRESIÓN ORAL

nómina : *bulletin de salaire*

① **OBSERVA Y LEE** este anuncio:
- Identifica quién emite el mensaje y a quién se dirige.
- Indica a qué realidad socioeconómica hace referencia.

② ¿Qué piensas de:
- su estética?
(elegante) (atractiva) (vulgar)
- su contenido?
(cínico) (humorístico) (ético)

TU OPINIÓN. ¿A ti te hace gracia este anuncio?

¿LO SABÍAS?

Un ***mileurista*** es un joven licenciado que no gana más de mil euros.

La generación de los mil euros
→ INFÓRMATE p. 79

TAREA Los jóvenes y el trabajo

→ Écrire un bref article sur les jeunes et le travail.

A partir de los documentos y de los datos proporcionados, escribe un artículo sobre los jóvenes y el trabajo.

Etapas:

1. Imagina un título.
2. Redacta la información.
3. Utiliza las estadísticas siguientes:
   - *La tasa de desempleo de los jóvenes es entre dos y tres veces superior a la de los adultos.*
   - *66 millones de jóvenes son desempleados. (Fuente: OIT)*
4. Comenta esta información.

LENGUA

Vocabulario

el trabajo
trabajar, el trabajador, el mundo laboral, una labor, la tarea, el salario

la empresa
el patrón, el jefe, el empleado, contratar, el contrato

el desempleo
el paro, despedir, la oficina de empleo

reivindicar
manifestarse, un sindicato, movilizarse, los manifestantes, un eslogan, las banderolas

Gramática

Le passé composé

*Hoy **han bajado** a la calle miles de manifestantes.*

▸ Gramática 23 p. 210 p. 211

Ortografía

Lettres doublées dans les sigles qui se réfèrent à des noms pluriels (Comisiones obreras: CCOO / Comunidades autónomas: CCAA) ou non doublées (UGT: Unión General de Trabajadores)

+ EJERCICIOS
www. nuevas-voces.com

ENFOQUE 4

Roles y modelos

EXPRESIÓN ORAL

Herman Braun Vega, *La famille Thuault*, 1980, 1,68m x 1,40m

Almuerzo en casa de una familia bonaerense, 2008

① **OBSERVA** estos retratos fijándote en:
- la composición de ambas familias,
- las posturas, miradas y ropa de las personas,
- la decoración de la casa,
- el ambiente de la reunión familiar.

② Qué sugieren acerca de:
- el estilo de vida de cada una,
- el papel y comportamiento de sus integrantes.

TU OPINIÓN. ¿Por cuál de estas dos familias te gustaría ser invitado?

¿LO SABÍAS?

Desde el 2011, los hombres pueden gozar de cuatro semanas de baja por paternidad. Con esta medida se pretende conciliar la vida familiar y profesional y, también, favorecer la corresponsabilidad de los hombres y las mujeres en la educación de los hijos.

La estructura familiar
→ INFÓRMATE p. 78

COMPRENSIÓN ORAL

PISTE 16

El tiempo pasa

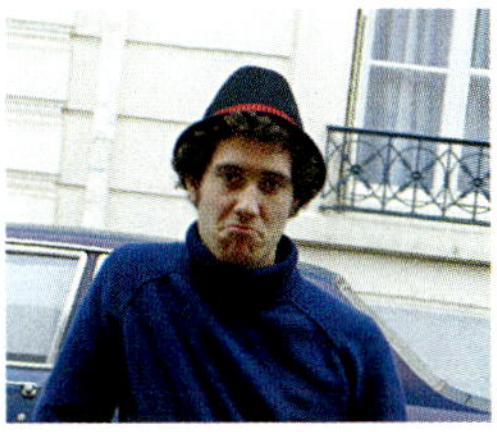

Daniel y Macarena nos hablan de sus familias.

① **ESCUCHA** y precisa el tema de la charla y las palabras que permiten afirmarlo.

② Apunta los diferentes cambios relacionados con la vida familiar:
- en la relación padres-hijos:
Antes .... mientras que hoy ...
- en el matrimonio:
Antes las parejas no ...; en cambio, hoy el 90% ...
- en la concepción de la familia:
Antes era ... al contrario hoy día ...
- en el papel de la mujer:
Hoy la mujer ha cobrado ...

ESTRATEGIA: Repère les indices qui permettent de situer dans le temps les faits ou phénomènes cités : les connecteurs temporels et les temps verbaux.
Dans ce cas précis cela te permettra d'identifier plus facilement de quels changements on parle.

TU OPINIÓN. ¿Esta evolución, te parece positiva?

TAREA ¿Padres más permisivos?

→ Exprimer son point de vue sur des transformations sociales.

Mini debate: ¿Los padres de hoy son más permisivos que los de antes?

Etapas:

1. Piensa en los principales cambios que han afectado a las familias: composición, papeles del hombre y de la mujer, relación padres e hijos.

2. Haz el balance de los argumentos en pro y en contra.

3. Para ser más convincente, ilustra cada argumento con ejemplos.

LENGUA

Vocabulario

la autoridad

imponer, ordenar, mandar, censurar, el respeto, el miedo

la confianza

confiar en, contar con, el diálogo, llevarse bien

Gramática

L'imparfait de l'indicatif

Antes los padres eran más estrictos.

▸ Gramática 24 p. 211 p. 212

L'opposition

mientras que / cuando

▸ Gramática 34 p. 220

Pronunciación

PISTE 17 **Emplea el tono adecuado para indicar que no estás de acuerdo. Escucha y entrénate.**

(Intonation descendante :)
No creo que tengas razón.
No estoy de acuerdo contigo.

(Intonation ascendante :)
¿Estás seguro de lo que dices?

EJERCICIOS
www. nuevas-voces.com

INFÓRMATE

La estructura familiar

TIPOS DE FAMILIA

La familia clásica española es la nuclear, compuesta por un hombre y una mujer casados y con voluntad de tener hijos, sigue siendo el modelo mayoritario, pero ya no es el único. Surgen otros tipos de familia que antes no existían:

Familia nuclear clásica. Se consideran una familia "clásica de hoy". "Familia es un hombre y una mujer. No sé justificarlo con argumentos, pero así lo siento".

Familia reconstituida
"Esta casa es un lío, sí, pero la vida es compleja y somos felices."

Familia homoparental
"Una familia son las vivencias, vivir y crecer juntos. Nos queremos, nos hacemos bien. Quizá no reproduzcamos el modelo familiar tradicional, pero la base es ésa."

Familia extensa 'evolucionada'
Su hija mayor, casada joven, se separó pronto y volvió a casarse. Su nieta Adda, a la que casi criaron, vive con su novio sin papeles de matrimonio civil o religioso. Unos hijos se casaron por la Iglesia; otros, no. Unos nietos están bautizados, otros no.

Familia biológica/adoptiva
Tres hijos. Los dos mayores, biológicos. La pequeña fue adoptada en China.

Familia mestiza
"Viviremos un año en África, antes de que me pida el niño la play, para que vea que hay niños como él que juegan con el barro".

Familia monoparental
"Tengo papá", aclara la niña, "pero no se sabe quién es y él tampoco sabe que soy su hija, sólo dio su semillita. Mi familia somos mamá y yo."

El País, 9/10/2005

EL CENSO DEL 2001 EN ESPAÑA

Más de un millón de personas viven –vivían en 2001– en pareja sin estar casados, un 155% más que en 1991. Uno de cada cinco bebés nace fuera del matrimonio, el doble que en 1991. Hay casi medio millón de hogares encabezados por una persona (mujer, en un 87%) divorciada con sus hijos a cargo, el doble que una década atrás. Casi tres millones de españoles viven solos. Y, por primera vez en la historia de la demografía española, 10.500 hombres y mujeres declaraban libremente que son homosexuales y que conviven con sus parejas afectivas del mismo sexo. Ésta era, en 2001, la realidad de la familia española. El retrato seguramente se ha quedado viejo. En cualquier caso, es el último.

¿España ha vivido una "revolución familiar" o son sólo cambios superficiales? Argumenta tu respuesta comentando los datos e informaciones anteriores.

Jóvenes y adolescentes

Los ninis, jóvenes que ni estudian, ni trabajan.

LA GENERACIÓN DE LOS MIL EUROS (ESPAÑA)

"El *mileurista* es aquel joven licenciado, con idiomas, posgrados, masters y cursillos [...] que no gana más de 1.000 euros. Gasta más de un tercio de su sueldo en alquiler, porque le gusta la ciudad. No ahorra, no tiene casa, no tiene coche, no tiene hijos, vive al día...". La autora de esta definición es Carolina Alguacil, de 27 años, reside en el centro de Barcelona y trabaja en una agencia de publicidad. Inventó el término –mileurista– después de pasar unos días en Alemania y comparar cómo vivían sus amigos berlineses y cómo vivían ella y sus amigos españoles.

El País, 23/10/2005

LA GENERACIÓN DE LOS NI-NI (MÉXICO)

En España han denominado generación "ni-ni" a la de jóvenes de hoy que –por las condiciones económicas y sociales del país– ni estudian ni trabajan. En México también se podría hablar de una generación con varios "ni", pues, a diferencia de España, algunos jóvenes ni trabajan ni estudian ni, además, tienen seguro de desempleo ni seguridad social ni, por supuesto, ahorro.

eluniversal.com, 18/08/2009

JÓVENES OPTIMISTAS, AUNQUE CON DUDAS (ARGENTINA)

Los adolescentes señalan al plano laboral y a la situación económica como las dos grandes inquietudes cuando miran hacia adelante. A pesar de eso, demuestran un fuerte optimismo en la esfera económica cuando se comparan con sus padres.

No encontrar trabajo es señalada como la mayor causa de la preocupación por el porvenir (20%), seguido por la situación económica (14%), el futuro educativo (12%), la inseguridad (10%), la familia y el medio ambiente (ambos con 5%).

La mayoría de los jóvenes (65%) visualiza un futuro económico mucho o bastante mejor que el de sus padres. El 19% opina que será igual y solamente el 3% dice que será bastante o mucho peor.

lanacion.com
Encuesta de TNS Gallup Argentina, 01/06/2008

Lee estas informaciones e indica:

- en qué coinciden las preocupaciones de los jóvenes de estos tres países.
- cuáles compartes tú personalmente con ellos.

ESCUCHA EN CASA

PISTE 18

ESCUCHA a Macarena y a Daniel, ¿de qué cambios hablan? ¿Estás de acuerdo con ellos?

NUEVAS TECNOLOGÍAS

▸ Para navegar, pp. 256-257

CIBERINVESTIGACIÓN

La Ciudad de las Artes y las Ciencias

1. Visita la Ciudad de las Artes y las Ciencias *(http://www.cac.es/home/conoce/)*.

> **Páginas web de interés:**
> - *http://www.cac.es/home/conoce/*
> - *http://www.estaciudadesotromundo.es*

a) Explica:

- quién impulsó este proyecto,
- quién lo construyó,
- cuándo se construyó,
- con qué objetivos se hizo.

b) Completa diciendo de qué elementos se compone esta Ciudad, explica la especificidad de cada uno. ¿Cuál te interesa más?

2. Luego date una vuelta por esta "ciudad": *http://www.estaciudadesotromundo.es*. **Mira el vídeo y pincha en las diferentes imágenes para saber más sobre cada actividad.**

a) Apunta, por temas, las diferentes actividades que se pueden hacer.

TEMAS	ACTIVIDADES
Tiempo	
Espacio	
Física	
Naturaleza	

b) Di si este lugar es para ti "otro mundo" de verdad.

B2i **S'informer, se documenter** ✓ Je sais interroger les bases documentaires à ma disposition.

HAZ TU PROYECTO CON LAS TIC

¡Graba tu voz!

Graba el mensaje de tu proyecto. Utiliza tu móvil o el de un compañero y graba las ideas que se te ocurran para cambiar el mundo.
Envía tu mensaje a tus amigos para poner en marcha este proyecto.

Sugerencias

- Como en la tele de verdad: dale un nombre al programa, preséntalo ("Hola, bienvenidos a..."), ponle música para ambientar, introducir, concluir, etc.

PROYECTO

60 segundos para cambiar el mundo:
Piensa en un proyecto innovador y ¡dalo a conocer!

Etapas

1. TIPO DE TRABAJO

Individual o colectivo.

2. PREPARACIÓN

a) Elige un campo que podrá verse afectado por el cambio que propones:

cultura

educación y trabajo

familia

urbanización

b) ¿Se te ocurre alguna idea innovadora para renovar el sector?
Prepárate para poder:

- ▸ explicar en qué consiste (sector / personas / lugares / objetos que se verán afectados por el cambio, ...),
- ▸ decir por qué te parece necesario este cambio,
- ▸ indicar cuáles serán sus ventajas y sus consecuencias.

Entrevista a algunas personas para saber lo que piensan de tu propuesta.

3. REALIZACIÓN

En un minuto explica cuál es tu proyecto vanguardista y convence a todos de su valor.

- Prepara bien lo que vas a decir.
- Fíjate en tu reloj y verifica que no sobrepasas el tiempo impartido.

Consejos útiles

- Respeta las etapas previstas sin leer tus apuntes.
- ¡Habla claro y con convicción para captar la atención del público!

▸ Nuevas tecnologías, Haz tu proyecto con las TIC, p. 80

La otra cara del cambio

Fabricados para no durar

Anuncio en la revista "Madrid científico", 1911

Una bombilla[1] en el origen de la obsolescencia[2] programada.

Baterías que se "mueren" a los 18 meses de ser estrenadas, impresoras que se bloquean al llegar a un número determinado de impresiones, bombillas que se funden a las mil horas... ¿Por qué, pese a los avances tecnológicos, los productos de consumo duran cada vez menos? Edison puso a la venta su primera bombilla en 1881. Duraba 1500 horas. En 1911 un anuncio en prensa española destacaba las bondades de una marca de bombillas con una duración certificada de 2500 horas. Pero, en 1924 un cártel[3] que agrupaba a los principales fabricantes de Europa y Estados Unidos pactó limitar la vida útil de las bombillas eléctricas a 1000 horas. Este cártel se llamó Phoebus y oficialmente nunca existió.

1. *une ampoule*
2. obsolescencia: del adj. obsoleto (anticuado, desusado)
3. asociación de varias empresas para conseguir un objetivo común.

Chip instalado en una impresora, diseñado para registrar el número de impresiones y enviar una señal de error al usuario al llegar a un número determinado.

Comprar, tirar, comprar

① Basándote en el texto, las ilustraciones y la secuencia del documental de TVE explica en qué consiste la obsolescencia programada.

② ¿Quiénes se benefician de esta economía de crecimiento? ¿Quiénes son sus víctimas?

③ Esta realidad te parece

positiva | negativa | reversible | irreversible

Caballero español

▶ Eduardo Arroyo, *Caballero español*, 1970. Óleo sobre lienzo, 162x130 cm. Centre Georges Pompidou, París.

Caballero: Se aplica a un hombre que se comporta a la vez con distinción, con dignidad y con cortesía. = Señor. *(Diccionario María Moliner)*

Eduardo Arroyo (pintor, escritor, escenógrafo, ceramista y amante del boxeo) nació en Madrid en 1937 donde cursó estudios de periodismo. En 1958 se marchó a París, quería escribir pero se encontró con el mundo del arte en Montparnasse y empezó a pintar. Autodidacta, no pasó por una escuela de Bellas Artes. Hizo una exposición personal en París a los 22 años y desde entonces no ha parado. En el 1973 fue expulsado de España por antifranquista. Cuando volvió en el 77 sintió que no se podía quedar y se perdió la transición, período que considera lo más interesante de la época.
Confiesa que la idea que tiene de España es la de alguien "que se ha perdido la mitad de la película" y que ha vivido la España de afuera y no la de adentro. En realidad descubrió España más tarde, a partir del 83, momento en el que expresó que se sentiría integrado en su país cuando hubiera pintado allí su primer cuadro. Actualmente reside en Madrid.

● Observa detenidamente la composición (personaje, objetos, símbolos, colores...) de este cuadro pintado en París.
¿La biografía del autor nos permite comprender mejor la visión que da del "caballero español"?

¿crítica social?

¿sátira?

¿provocación?

EVALUARse

CD CLASSE

COMPRENSIÓN ORAL Modelos de familia

1. Identifica al locutor.
2. Presenta:
   a. una publicidad
   b. un programa de radio
   c. un debate
3. El tema es: ...
4. Según las Naciones Unidas, una familia es ...
5. El locutor evoca cinco tipos de familias diferentes: cítalas precisando su composición.

✓ Mon bilan

○ Je peux suivre globalement un extrait d'émission de radio. **A2**
➜ Par exemple, identifier le type d'émission dont il s'agit.

○ Je peux comprendre des informations spécifiques simples. **B1**
➜ Par exemple, comprendre une classification proposée dans un reportage.

COMPRENSIÓN LECTORA Recursos humanos

1. Identifica:
   - quién es el narrador,
   - en qué lugar y en qué época se desarrolla la acción.
2. ¿En qué difiere el narrador de los otros empleados?
3. ¿Qué reacción provocó la propuesta de creación de un sindicato?
4. ¿Cómo calificarías al narrador?
   a. rebelde
   b. miedoso
   c. valiente

Durante un tiempo, yo trabajé en una oficina. Mis compañeros entraban a trabajar a las nueve de la mañana y salían a las diez de la noche. Yo me negaba a pasar la vida ahí encerrado y salía a las seis o siete, lo cual se consideraba como una señal de falta de compromiso y ociosidad. Yo defendía que jornada de ocho horas era un derecho. Pero ellos ni siquiera se quejaban del exceso de trabajo o de explotación. Al contrario, se enorgullecían. Competían por ver quién trabajaba más. [...]
Algunos chicos trataron de organizar a la gente en un sindicato, pero muchos otros tenían miedo de sufrir represalias del gerente. Decían:
-Hay miles de personas sin trabajo afuera. A la menor provocación me echan, y cubrirán mi puesto en cinco minutos.
En esa época, circulaba la idea de que "el país necesitaba trabajo duro" y eso era bueno para la economía. Pero era mentira, porque la economía necesitaba consumo. Y en ese momento nadie consumía: los desempleados no tenían dinero y los empleados no tenían tiempo.

Santiago Roncagliolo (peruano), *Jet Lag*, 2007

✓ Mon bilan

○ Je peux reconnaître de quoi parle un texte quand il s'agit d'un sujet que je connais. **A2**
➜ Par exemple, reconnaitre les mots se rapportant au thème du travail.

○ Je peux aussi distinguer l'idée essentielle des détails. **B1**
➜ Par exemple, dans un texte court traitant d'un domaine professionnel qui m'est connu.

EXPRESIÓN ORAL ¡Algún día todo será igual!

1. Presenta el cartel (tema, autor, destinatario, relación imagen/texto) aclarando su objetivo.
2. ¿Estás de acuerdo con esta afirmación? Justifica tu respuesta.

Mon bilan

- ○ Je peux justifier très simplement mes opinions. **A2**
  → Par exemple, lorsque j'évoque des perspectives d'avenir.
- ○ Je peux donner des explications sur mes opinions. **B1**
  → Par exemple, en illustrant mes arguments au moyen d'exemples pertinents.

EXPRESIÓN ESCRITA ¿Progresista o conservador?

En unas diez líneas di si estás a favor de la continuidad o del cambio en uno de los ámbitos estudiados a lo largo de la secuencia:

- en la familia
- en la educación
- en la arquitectura
- en la alimentación

Sea cual sea el punto de vista que has adoptado, cita sus ventajas e inconvenientes.

Mon bilan

- ○ Je peux écrire un texte simple dans lequel j'exprime un avis sur un sujet familier. **B1**
  → Par exemple, sur un thème étudié au cours de la séquence.
- ○ Je peux exprimer un point de vue personnel sur un sujet d'ordre général. **B2**
  → Par exemple, ma préférence pour le changement ou le statu quo.

LECTURA EN CASA

Cleopatra

Mis hermanos tenían muchos amigos, entre ellos Dionisio y Juanjo, que eran simpáticos y me trataban con cariño, como si yo fuese una hermanita menor. Pero también estaba Renato, que me molestaba todo lo que podía. [...] Yo lo odiaba y tenía consciencia de que mi odio era correspondido.

Cuando me convertí en una muchacha, mis padres me dejaban ir a fiestas y bailes, pero siempre y cuando[1] me acompañaran mis hermanos. Ellos cumplían con su misión cancerbera[2] con liberalidad, ya que una vez introducidos ellos y yo en el jolgorio[3], cada uno disfrutaba por su cuenta y sólo nos volvíamos a ver cuando venían a buscarme para la vuelta a casa.

Sus amigos a veces venían con nosotros, y también las muchachas con las que estaban más o menos enredados[4]. Yo también tenía mis amigos, pero en el fondo hubiera preferido que Dionisio, y sobre todo Juanjo, que me parecía guapísimo, me sacaran a bailar y hasta me hiciera alguna "proposición deshonesta". Sin embargo, para ellos yo seguía siendo la chiquilina de siempre. [...]

Renato concurría poco a esas reuniones, y, cuando lo hacía, ni nos mirábamos. La animadversión[5] seguía siendo mutua.

En el carnaval de 1958 nos disfrazamos todos con esmero[6], gracias a la espontánea colaboración de mamá y sobre todo de la tía Ramona que era modista. Así, mis hermanos fueron, por orden de edades: un mosquetero, un pirata, un cura párroco, un marciano y un esgrimista. Yo era Cleopatra y [...] llevaba una serpiente de plástico que me rodeaba el cuello. [...] Mamá estaba un poco escandalizada porque se me veía el ombligo, pero uno de mis hermanos la tranquilizó: No te preocupes, vieja[7], nadie se va a sentir tentado por ese ombliguito de recién nacido. [...]

Nos pusimos caretas o antifaces[8]. Yo llevaba un antifaz dorado, para no desentonar con la pechera aurea de Cleopatra. Cuando ingresamos en el baile hubo murmullos de asombro[9], y hasta aplausos. Parecíamos un desfile de modelos. Como siempre nos separamos y yo me divertí de lo lindo[10]. Bailé con un arlequín, un domador, un paje, un payaso y un marqués. De pronto, cuando estaba en plena rumba con un chimpancé, un cacique piel roja, de buena estampa[11], me arrancó de los peludos brazos del primate y ya no me dejó en toda la noche. Bailamos tangos, más rumbas, boleros, milongas, y fuimos sacudidos por el recién estrenado[12] *rock-and-roll.* Mi pareja llevaba una careta muy pintarrajeada, como correspondía a su apelativo de Cara Rayada.

Aunque forzaba una voz de máscara que evidentemente no era la suya, desde el primer momento estuve segura de que se trataba de Juanjo y mi corazón empezó a saltar al compás de ritmos tan variados. [...] Cuando le llegó el turno al bolero, el cacique me dijo: Esto es muy cursi[13], me tomó la mano y me llevó al jardín. [...] Creo que ya era hora que nos encontráramos así, Mercedes, la verdad es que te has convertido en una mujercita. Me besó sin pedir permiso y a mí me pareció la gloria. Le devolví el beso. Me enlazó por la cintura y yo rodeé su cuello con mis brazos de Cleopatra.

Nos besamos y nos besamos y él murmuraba cosas lindas en mi oído [...] cuando escuché la voz de uno de mis hermanos: había llegado la hora del regreso.

Mejor te hubieras disfrazado de la Cenicienta, dijo Cara Rayada con un tonito de despecho[14], Cleopatra no regresaba a casa tan temprano. Lo dijo recuperando su verdadera voz y al mismo tiempo se quitó la careta.

Recuerdo ese momento como el más desgraciado de mi juventud. Tal vez ustedes lo hayan adivinado: no era Juanjo sino Renato. Renato, que despojado ya de su careta de fabuloso cacique, se había puesto la otra máscara, la de su rostro real, ésa que yo siempre había odiado y seguí por mucho tiempo odiando.
Todavía hoy, a treinta años de aquellos carnavales, siento que todavía sobrevive en mí una casi imperceptible hebra[15] de aquel odio. Todavía hoy, aunque sea mi marido.

Mario Benedetti (autor uruguayo), "A imagen y semejanza",
Antología de cuentos, 2010

1. *à condition que*
2. de guardianes
3. la fiesta
4. estar liado con = relacionado
5. antipatía
6. con aplicación
7. *ici,* mamá *(affectueux)*
8. máscaras
9. sorpresa
10. mucho
11. elegante
12. *flambant neuf*
13. de mal gusto
14. resentimiento, rencor
15. *un fil*

Comprender el texto

① ¿La vida de los adolescentes de la época de este relato era muy diferente a la actual? (relaciones con los padres / con los hermanos mayores, menores / con amigos / relaciones amorosas)

② Te parece que la protagonista era una chica más bien:
tímida | extravertida | decidida | acomplejada

③ ¿Por qué resulta sorprendente la revelación final?

④ ¿En qué año cuenta los hechos la narradora? Imagina a quién se los estará contando y con qué intención.

Santiago Sierra, *No*, galería Helga de Alvear en Arco (Madrid), 2011.

Rechazar, negar, contradecir... o sencillamente decir no, ¿será un arte?

SECUENCIA 5

¿Es fácil decir "no"?

DÉCOUVRIR et COMMUNIQUER

1 ¿Programados para decir sí?

Dire non, comment et pourquoi

- Comprendre les mécanismes qui nous empêchent de refuser.
- Donner une touche personnelle à un récit.
- TAREA ¿Sabes decir no?

2 El cuarto poder

Le pouvoir des moyens de communication

- Comprendre un article sur les nouveaux médias.
- Participer à un mini-débat sur l'importance de la télévision.
- TAREA Un día sin medios de comunicación.

3 Consumo, luego existo

La société de consommation

- Analyser et expliquer le fonctionnement d'une publicité.
- Déchiffrer l'implicite dans une scène de film.
- TAREA Crea tu campaña anticonsumo.

4 Exhibición cibernética

Les dangers de la diffusion d'informations personnelles

- Se positionner par rapport à un point de vue critique.
- Décrire et interpréter une affiche de prévention.
- TAREA Por un uso seguro de la web.

UTILISER

Lexique

- La compétence et le refus
- La censure, l'expression, la rébellion, la domination
- La publicité et la consommation
- La surveillance, la discrétion, convaincre

Grammaire

- La concession
- La traduction de réussir
- *Ir* + gérondif
- Les traductions de « devenir »
- La traduction de « on » par *se*

Orthographe

- *z* ou *c* (*capacidad* / *capaz*)
- *r* ou *rr*
- L'accord des quantitatifs

Prononciation

- L'intonation pour faire des propositions
- L'intonation pour intéresser un auditoire lors d'un récit

PROYECTO → p. 101

Haz una revista de prensa.

ENFOQUE 1

¿Programados para decir "sí"?

COMPRENSIÓN LECTORA

El arte de decir no

Maite Rius, *La vanguardia*, 10/10/2009

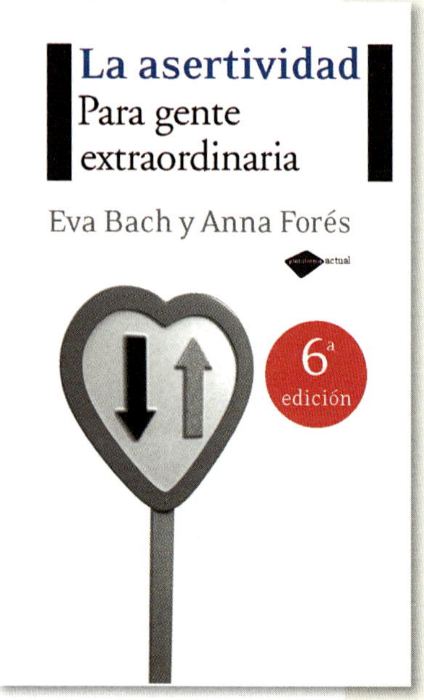

Ante cualquier pregunta o solicitud, tan legítimo es decir sí como decir no. En cambio, el primero está mejor considerado, y muchas veces acabamos dando un sí cuando queremos decir no. ¿Por qué?

El jefe te encarga una tarea que no te compete y, además, diez minutos antes de que finalice tu jornada. ¡Hoy que habías quedado al salir del trabajo...! Pero en lugar de explicarle que no puedes, aceptas la tarea. Ayer fue tu madre quien te llamó diciendo que se pasaría a última hora por tu casa para enseñarte unas fotos y cenar contigo y, aunque tenías otros planes, quedaste con ella. Anteayer, un amigo te pidió un favor. Era el quinto en el mismo mes, pero volviste a decir que sí. Y el sábado fuiste incapaz de decir que no a tu pareja cuando te propuso salir a cenar y a bailar aunque lo que realmente deseabas era quedarte en casa leyendo. ¿Por qué anteponemos las necesidades y deseos de los otros a los nuestros?

"Por miedo a ser rechazados, responde Anna Forés, profesora de la Universitat de Barcelona y coautora, con Eva Bach, del libro La asertividad (Plataforma). Y es que, aunque tengamos tanto derecho a responder sí como no, el sí está mucho más prestigiado. Desde pequeños nos plantean las preguntas esperando que digamos sí: ¿Hiciste lo que te mandé? ¿Quieres a la abuelita?; y nos transmiten que el no está mal considerado: "Tienes un no para todo", "Siempre dices no, eres un negativo". Todo ello va calando y uno acaba por considerar que hay que decir sí para complacer a los demás y que dar un no por respuesta es contrariarlos y provoca rechazo. Este convencimiento se intensifica en la adolescencia por ser una etapa donde la identidad está muy vinculada a la socialización, al grupo, y se va reafirmando de adultos, de manera que, con mucha frecuencia, cuando uno quiere decir no, acabe diciendo sí o que se sienta mal diciendo no.

① **ANTES DE LEER.** ¿Crees que decir no puede ser un "arte"?

② **LEE** el texto e indica en qué situaciones a la gente le cuesta decir no.
A veces cuando...
¿Podrías citar otros ejemplos de tu vida diaria?

③ Según el texto, evitamos decir no:
- para ser bien aceptados: ...
- porque está mal visto socialmente: ...
- para satisfacer a los demás: ...

Identifica las expresiones que lo indican.

④ Estamos convencidos de que no se debe decir no. ¿Cómo lo aprendimos? ¿Cómo evoluciona esa convicción?

Y TÚ, ¿dices siempre sí o sabes decir no?

EXPRESIÓN ESCRITA

Mafalda, viñeta de Quino
© Joaquín S. Lavado (QUINO), *Mafalda 5*, Ed. Lumen

ESCRIBE un microrrelato que termine así: *...y al final Mafalda le gritó ¡NO!*
No te olvides de:

- situar la escena,
- presentar brevemente a los personajes,
- imaginar lo que provocó el *no* de Mafalda,
- contar la historia en pasado,
- conectar tus ideas empleando nexos lógicos:
  porque / pero / sin embargo / además / incluso / pues / ...
  y temporales:
  al principio / en un principio / cuando / de este modo / primero / al final / ...

ESTRATEGIA: Utilise des adverbes de temps et de conséquence pour introduire des faits nouveaux et donner du rythme à ton récit ***(De repente... / De pronto... / Fue entonces... / Sorprendentemente...)***.

TAREA ¿Sabes decir no?

→ Relater un événement, ses causes et ses conséquences.

Seguro que alguna vez has dicho no a algo o a alguien: cuéntalo.

Etapas:

1. Piensa en alguna experiencia vivida.
2. Recuerda en qué circunstancias ocurrió (época, lugar, hechos, protagonistas,...) y si te costó decir no.
3. Explica después si te sentiste...
   (orgulloso) (avergonzado) (arrepentido) (...)
   y por qué.

LENGUA

Vocabulario

la habilidad

la capacidad, ser capaz de,
la destreza, tener habilidad para ≠
la torpeza, ser torpe

el rechazo

rechazar, negarse a, negar rotundamente algo, oponerse a

Gramática

La concession

***Aunque** / **Aún si** mis padres siempre me han dicho...*

▸ Gramática 35 p. 221 p. 221

La simultanéité

Al + infinitif

***Al** escuchar el grito la señora se asustó.*

▸ Gramática 42 H p. 229

Ortografía

"z" ou "c"

la capacidad / ser capaz
la tenacidad / ser tenaz

+ EJERCICIOS www.nuevas-voces.com

ENFOQUE 2

El cuarto poder

COMPRENSIÓN LECTORA

La bloguera cubana, Yoani Sánchez, autora del blog *Generación Y*.

Revolución digital

Maite Rico, *elpais.com*, 03/01/2010

Una nueva revolución se abre camino en Cuba. Discreta pero imparable. Escurridiza e irreverente. Se llama *blogosfera alternativa* [...]. Sus armas son el ordenador y las memorias portátiles. Y a pesar de todas las trabas[1], están logrando tejer[2] una red de rebeldía que empieza a trasladarse del ciberespacio a las calles. [...]

El presidente cubano, Raúl Castro, no podía imaginar que impulsaría el fenómeno bloguero cuando, en 2008, autorizó la venta de ordenadores y la entrada de los cubanos a los hoteles reservados a turistas. [...] El acceso privado a Internet está restringido a residentes extranjeros, altos cargos y funcionarios autorizados por el Gobierno. Y en los lugares públicos (hoteles y cibercafés), una hora de conexión a Internet ronda los cuatro euros, un tercio del salario medio.

Acostumbrados a aguzar el ingenio[3], los blogueros van sorteando los obstáculos. "Recurrimos al apoyo de los amigos que viven fuera del país", explica Claudia Cadelo, de 26 años, autora del *blog* El Octavo Cerco. "Les enviamos por correo los textos y ellos los suben a la red. Parece que estamos *on line* a menudo, pero no es así. Yo me suelo conectar cada 15 días". La navegación también está restringida. El Ministerio de Informática y Comunicaciones se encarga de vetar el acceso a sitios "contrarios al interés social, la moral y las buenas costumbres" o que "afecten la seguridad del Estado". [...]

Los integrantes de la blogosfera alternativa nacieron después de la revolución [...] Derrochan[4] humor e ironía. No tienen miedo. O sí, pero da igual [...] Casi todos encontraron en el blog un altavoz para expresarse libremente y "reafirmar al individuo entre tanta masa", dice Yoani. Ella lo llama "catarsis on line". Y ese mosaico de reflexiones intimistas y de anécdotas que envían al ciberespacio es una bitácora de la vida cotidiana en la isla. Son, a su manera, cronistas de la realidad. "Y la realidad en Cuba", puntualiza la autora de *Generación Y*, "es profundamente contestataria".

1. una traba : *une entrave*
2. tejer : *tisser*
3. aguzar el ingenio : *se creuser la tête*
4. derrochar : *déborder de*

① **ANTES DE LEER**, anticipa el contenido de este artículo a partir del título, de la foto y de la ilustración.

② **LEE** el texto y apunta:

País	Presidente	Protagonistas	Año decisivo, ¿por qué?

③ ¿Con qué problemas se enfrentan los cubanos cuando quieren acceder a Internet?

④ Explica las tácticas empleadas por los blogueros para no ser censurados.

⑤ Esos blogs cumplen una función muy importante. Busca en el artículo lo que representan.

TU OPINIÓN. ¿Qué piensas de esos blogueros? Son...
(irresponsables) (desconfiados) (valientes) (resignados) (...)

¿LO SABÍAS?

La organización **Reporteros Sin Fronteras** (RSF) ha establecido el 12 de Marzo como el **Día mundial contra la censura en Internet**. El objetivo de ese día es movilizar a cada ciudadano para que apoye una Web única, libre y accesible para todos.

EXPRESIÓN ORAL

Viñeta de El Roto, 01/04/2009

① **OBSERVA** la viñeta. Deberás:

- caracterizar a este personaje (aspecto físico, vestimenta),
- decir a quién se dirige,
- que impresión se desprende de esta viñeta.

② **MINI DEBATE.** ¿Estás de acuerdo con lo que afirma el personaje de la viñeta?

Durante el debate recuerda que puedes utilizar :

- ▶ para expresar conformidad: *Tienes razón. / Vale.*
- ▶ para negar: *¡Qué va! / ¡En absoluto!*
- ▶ para matizar: *Es verdad pero… / Sí, pero… / Por otro lado… / Lo cierto es que…*
- ▶ para oponerse: *No estoy de acuerdo con lo que acabas de decir.*
- ▶ para dar ejemplos: *Por ejemplo…*
- ▶ para hacer tiempo: *Bueno… / Pues…*

TAREA Un día sin medios de comunicación.

→ Intéresser un auditoire en racontant un récit imaginaire.

Imagina que te despiertas una mañana y te encuentras con que internet, la televisión y el móvil han desaparecido. Cuenta tu jornada, ¿qué haces?

Etapas:

1. ¿Cuáles serían tus primeras reacciones?
2. Piensa en los inconvenientes y en las ventajas.
3. ¿A qué actividades te dedicarías?
4. Escribe el relato en unas diez líneas.

LENGUA

Vocabulario

la rebelión

la revolución, la rebeldía, un arma, el ansia de libertad, un altavoz

expresarse

ser irreverente, ser espontáneo, ser contestatario, plantar cara, la indignación

la censura

una traba, restringir, vetar, romper el cerco, sortear los obstáculos

Gramática

La traduction de "réussir"

*Están **logrando** tejer una red de rebeldía*

▸ Gramática 42 p. 228

***Ir* + gérondif**

*Los blogueros **van sorteando** los obstáculos.*

▸ Gramática 28 p. 214 p. 214

Ortografía

¿r ou rr?

red, rebeldía, trasladarse escurridiza, irreverente

▸ Gramática 2 p. 192

Pronunciación

PISTE 19 **Emplea el tono adecuado durante el relato. Escucha y entrénate.**

¡No sabéis lo que he soñado!
Resulta que…
Me entendéis ¿no?
Y bueno, al final…

+ EJERCICIOS www. nuevas-voces.com

ENFOQUE 3

Consumo, luego existo

EXPRESIÓN ORAL

Diego Velázquez, *Las Meninas*, 1656, Museo del Prado, Madrid

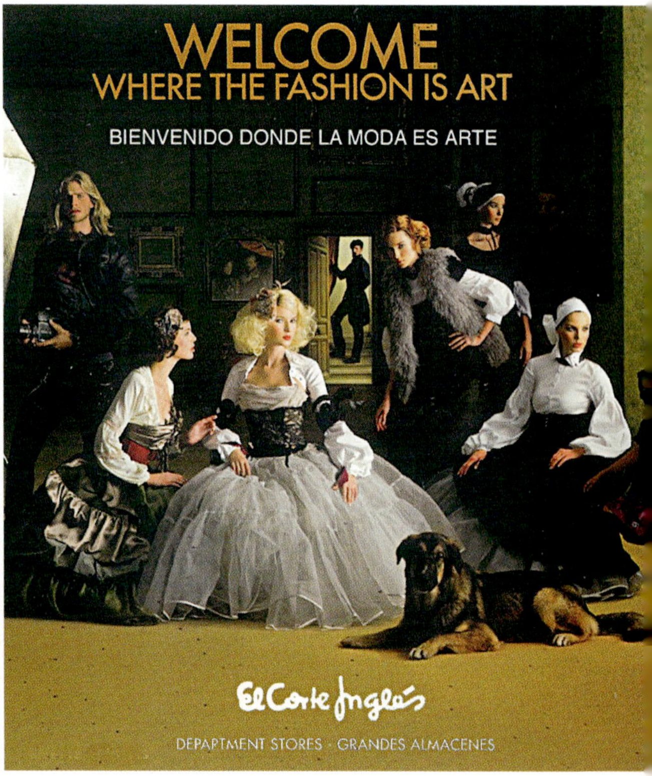

¿LO SABÍAS?

El Corte Inglés es la empresa con más empleados de España. Fundado en 1890, comenzó siendo una tienda de ropa para niños y se ha convertido en el primer grupo de distribución español.

1. Señala las semejanzas y las diferencias entre el cuadro y el anuncio.
   actitudes | colores | indumentaria
2. ¿Has visto ya otras publicidades inspiradas de obras maestras?
3. ¿Qué palabras convienen mejor para designar el propósito de...
   - una obra de arte,
   - un anuncio?

   vender | atraer turistas | describir una época | marcar tendencias
4. ¿Se puede hablar de arte tratándose de moda?
   Sí, creo que ...
   No, no me parece que ...
5. ¿Por qué el eslogan estará escrito primero en inglés?

TU OPINIÓN. ¿Te choca que el arte sea utilizado para vender?

COMPRENSIÓN ORAL

El crimen ferpecto

Sinopsis: Rafael es un tipo seductor y ambicioso. Le gustan las mujeres guapas, la ropa elegante y el ambiente selecto. Trabaja en unos grandes almacenes. Nació para vender. Lo lleva en la sangre.
Para él, todo tiene que ser FERPECTO.

Fotograma de la película *El crimen ferpecto*, de Alex de la Iglesia (2004)

① **ANTES DE VER** la secuencia, lee la sinopsis y responde: ¿será una película policíaca?

② **MIRA** la secuencia y di lo que más te llama la atención.

③ Escucha atentamente ahora lo que dice Rafael: fíjate en sus gustos, sus ambiciones y su ideología.
¿Te parece que tiene un perfil de buen vendedor?

TU OPINIÓN. ¿Tu mundo perfecto es el mismo que el de este señor?

TAREA Crea una campaña anticonsumo.

→ Rédiger un slogan à visée (anti)consommation.

Crea el eslogan y redacta el texto de una campaña anticonsumo.

Etapas:

1. Escoge una de estas imágenes.
2. Redacta un eslogan: una fórmula que deberá ser corta, original e impactante.
3. Utiliza recursos estilísticos: onomatopeyas, rimas, juegos de palabras, etc.

LENGUA

Vocabulario

la sociedad de consumo

comprar, la compra
vender, la venta
consumir, el consumismo, el consumidor

la publicidad

un eslogan, un lema, el patrocinador, la marca, promocionar algo, patrocinar

Gramática

Traductions de « devenir »

hacerse, volverse, convertirse en...
*El arte **se ha convertido** en un argumento de venta / **se ha vuelto** comercial.*
*Con este cuadro **se hizo** famoso.*

▸ Gramática 42 D p. 228 p. 229

La cause

- *gracias a...*
  Gracias al comercio justo la cooperativa ha salido adelante.
- *por culpa de...*
  Por culpa del cultivo intensivo, se ha empobrecido la tierra.
- *a fuerza de...*
- *de tanto...* + verbe à l'infinitif
  De tanto comer mal se ha enfermado.

▸ Gramática 35 p. 221 y 36 O p. 223

La finalité

- *para* + infinitif
- *para que* + verbe au subjontif

▸ Gramática 36 N p. 223

+ EJERCICIOS www. nuevas-voces.com

ENFOQUE 4

Exhibición cibernética

COMPRENSIÓN LECTORA

La fórmula Miranda

Javier Marías, *El País*, 03/10/2010

Hace poco se descubrió que en Alemania había empresas que fisgaban[1] en Facebook y en otras redes sociales para decidir la contratación o el despido de alguien. Los propios interesados, que deberían mantener en privado u ocultas algunas características de su personalidad, sus creencias, sus simpatías políticas, sus opiniones, aficiones o "vicios", estaban aireándolas[2], tal vez con la idea ingenua de que sólo sus amistades tendrían acceso a su perfil internético, cuando ya nadie ignora que en la Red no hay discreción ni secretismo posibles, y que ni siquiera la CIA o el Pentágono se resisten a las intrusiones de un hábil *hacker*.

[...] Para quienes contamos cierta edad, una de las escasísimas[3] ventajas de haber vivido años bajo una dictadura es que aprendimos muy pronto el riesgo de que se supiera mucho de nosotros, y a no dejar algunos rastros. Hoy vivimos en un régimen supuestamente democrático, pero demasiada gente no se ha percatado[4] aún de que nuestras actuales democracias se asemejan cada vez más a los Estados totalitarios, que se meten en todo y lo controlan y averiguan y espían todo, y no vacilan en aprovecharse de ello y en utilizarlo, eso sí, con más o menos disimulo e hipocresía. La célebre *fórmula Miranda*, que hemos visto recitar centenares de veces en las películas americanas cuando se detiene a alguien ("Tiene derecho a guardar silencio. Cualquier cosa que diga podrá ser utilizada ante un tribunal en contra suya."), acabará por carecer de sentido si los ciudadanos siguen proclamando a los cuatro vientos todo lo habido y por haber sobre sus personas, costumbres y actividades, espontáneamente y de antemano, como verdaderos pardillos[4].

1. fisgar : *fouiner* - **2.** airear : difundir - **3.** escaso : poco - **4.** percatarse de algo = tomar conciencia de algo - **5.** un pardillo : dicho de una persona incauta, que se deja estafar fácilmente *(ici, une poire)*

① **LEE** el texto y relaciona los adjetivos que convienen mejor para calificar a:

Los usuarios de redes sociales / Algunas empresas y países

ingenuos · dictatoriales · entrometidos · inconscientes · exhibicionistas

② Según el autor, por lo menos algo se aprende de una dictadura: ¿qué?

③ Explica con tus propias palabras qué es la Fórmula Miranda.

④ Inspírate en la verdadera Fórmula Miranda para crear la Fórmula Miranda de las redes sociales.

TU OPINIÓN. ¿El autor tiene razón de preocuparse tanto?

¿LO SABÍAS?

El 28 de enero es el **Día europeo de la protección de datos**. El principal objetivo de ese día es que los ciudadanos europeos sepan cuáles son sus derechos y responsabilidades en materia de protección de datos.

EXPRESIÓN ORAL

ESTRATEGIA: Pour te lancer à l'oral, pense à te servir du vocabulaire spécifique fourni par ces deux documents.

1. **OBSERVA** el cartel y fíjate en los elementos que lo componen:
   - ¿A quién se dirige?
   - ¿Quién es el autor del mensaje?
   - ¿Dónde fue publicado?
2. Relaciona la foto y el mensaje. Explica lo que le pasa a esta chica.
3. ¿Cuál es el objetivo de este cartel?

vender | promocionar | concienciar | fomentar | divertir

TU OPINIÓN. ¿Te parece que este cartel puede influenciar el comportamiento de los jóvenes?

TAREA Por un uso seguro de la web.

→ Formuler des propositions pour apporter des solutions.

Propón soluciones para usar saludablemente la web y compártelas con tus compañeros.

Etapas:

1. Integra un equipo (4 o 5 alumnos).
2. Busca ejemplos de ciberacoso o de intrusiones en la vida privada.
3. ¿Qué se te ocurre para evitar estos peligros?
4. Intercambia opiniones con tus compañeros.
5. Ponte de acuerdo con ellos para que un portavoz del grupo presente oralmente el resultado de vuestra charla.

LENGUA

Vocabulario

la vigilancia

una intrusión, meterse en todo, controlar, averiguar, espiar, entrometerse

la discreción

no dejar rastro, el secreto, la privacidad, la intimidad, publicar, divulgar, airear, proclamar

convencer

persuadir, influenciar, el impacto / impactar / impactante

Gramática

La traduction de "on"

se descubrió
cuando se detiene a alguien
el riesgo de que se supiera mucho de nosotros

▸ Gramática 20 p. 208 p. 208

Le futur et le conditionnel

podrá, acabará, deberían, tendrían

▸ Gramática 27 p. 213 p. 213
y 30 p. 216 p. 217

Ortografía

L'accord des quantitatifs

(mucho, poco, demasiado, bastante)
hace poco, el riesgo de que se supiera mucho de nosotros, demasiada gente

▸ Gramática 18 p. 204 p. 205

Pronunciación

PISTE 20 **Expresa tus propuestas empleando el tono adecuado. Escucha y entrénate.**

Para mí sería importante...
Es indispensable que...
Espero que se tomen medidas que...

+ EJERCICIOS www.nuevas-voces.com

INFÓRMATE

Medios alternativos

CONFIANZA Y CREDIBILIDAD

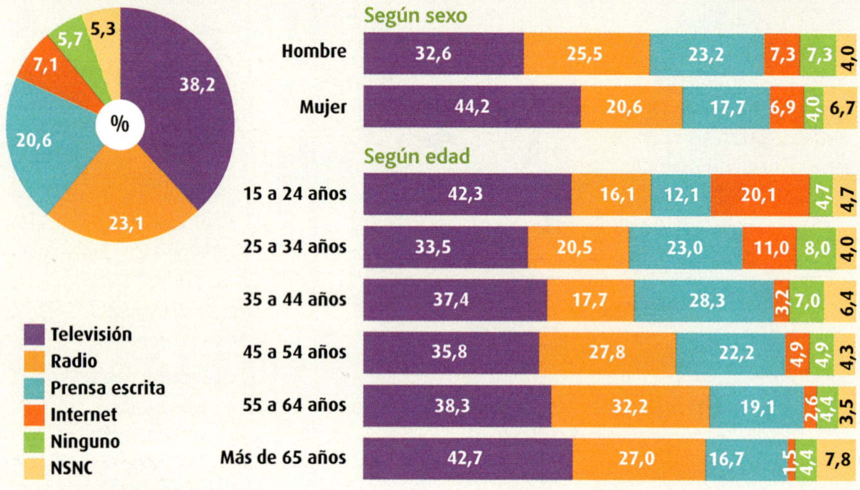

Junio 2008 «Medios de communicación»

Observa los resultados de esta encuesta y coméntalos.

① ¿Cuál de estos medios genera más confianza en la población?

② Después de clasificarlos por orden de confianza generada (de mayor a menor) y según las edades, intenta explicar el resultado:

- adolescentes y jóvenes (15 a 24 años)
- jóvenes adultos (25 a 44 años)
- mayores (45 a 64 años)
- más de 65 años

FUENTES ALTERNATIVAS

Medios de comunicación alternativos hay muchísimos, con una amplísima variedad en formatos, estilos, recursos y grados de incidencia. ¿Qué elemento común tienen una radio comunitaria que transmite en lengua suahili para algunas aldeas de Tanzania y una página electrónica como *Rebelión*, donde escriben intelectuales? ¿Qué une a un periódico comunitario de una barriada pobre de Bombay con un canal televisivo como *Catia TVe*, de Caracas, cuya consigna es *"no mire televisión: ¡hágala!"*? El trabajar por una transformación social desde un espíritu solidario [...], el hacer jugar a la población no el papel de consumidor pasivo sino el de sujeto activo en el proceso de comunicación.

Marcelo Colussi, 25/04/2006, www.voltairenet.org

Compara estas nuevas fuentes de información con los medios tradicionales tomando en cuenta:
la independencia | la rentabilidad | la objetividad | la participación de los usuarios

Consumo justo

LOS BANCOS DE TIEMPO

¿Tienes tiempo y quieres aprovecharlo? Comparte tu tiempo, ayuda a los demás y benefíciate de ello.

En Banco del Tiempo la unidad de pago es la hora. Si dispones de tiempo y estás dispuesto a realizar cualquier actividad que se te ocurra, que pueda ayudar a otros, estarás en situación de demandar cualquier otro tipo de actividad que no puedas realizar por ti mismo.

"Si eres peluquero y puedes ofrecer tus servicios de forma gratuita durante una hora, puede haber un fontanero que te arregle una avería en casa también de forma gratuita." ¿Tienes tiempo?

http://www.bancodeltiempo.sanjavier.es/

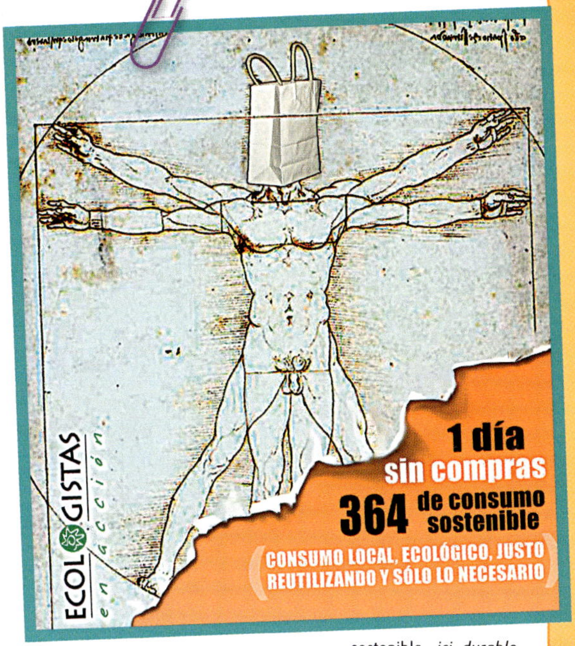

sostenible : *ici, durable*

EL DÍA SIN COMPRA

El día sin compra es algo parecido a un día de huelga del consumidor, una operación de boicot no contra un producto en sí o una empresa en particular, sino contra la sociedad de consumo en general.

Fomenta en la población una reflexión que anima a cambiar los hábitos de consumo.

1. ¿Qué ventajas proporcionan los "bancos de tiempo" con respecto a un intercambio comercial?
2. Qué hábitos de consumo podemos cambiar fijándonos en:
   - el origen de los productos
   - el respeto del medio ambiente
   - la equidad de la transacción
   - el reciclaje

ESCUCHA EN CASA

PISTE 21

ESCUCHA lo que nos cuenta Begoña. ¿Qué tipo de consumidora es?

▸ Para navegar, pp. 256-257

CIBERINVESTIGACIÓN

¿Cómo se crea un periódico?

1. Conéctate a: *http://www.estudiantes.elpais.com/* (consulta en particular las secciones "Ayudas" y "Conócenos en 5 minutos").

2. Busca estas informaciones:
   - ➜ cómo se llama la primera página de un periódico: ...
   - ➜ las diferentes secciones que lo pueden componer: ...
   - ➜ los diferentes géneros periodísticos que existen: ...

3. Completa la tabla siguiente:

profesión	actividad
	maquetar las páginas
	escribir los artículos
	aportar los contenidos gráficos
	revisar la ortografía y la gramática

B2i **S'informer, se documenter** ✓ Je sais interroger les bases documentaires à ma disposition.

HAZ TU PROYECTO CON LAS TIC

¡Graba tu voz!

Para presentar el proyecto de la página 101, puedes grabar tu revista de prensa con *Audacity* como si fuera un programa de radio. En *nuevas-voces.com* (rúbrica "Programas informáticos: ¿Cómo utilizarlos?"), se te explica cómo manejar *Audacity*.

PROYECTO

Editorialistas en acción: tu revista de prensa.
Ponte en la piel de un periodista de radio y haz la revista de prensa del día.

Etapas

1. TIPO DE TRABAJO

Individual o colectivo.

2. PREPARACIÓN

a) **Elige 3 periódicos** españoles o latinoamericanos entre los títulos siguientes:
El Mundo, El País, La Vanguardia, La Nación, El Periódico, Clarín, La Razón, ABC, Público...

EL MUNDO.es
La mujer de Ben Ali sacó del banco 1,5 toneladas de oro antes de huir del país

EL PAÍS.com
El Ejército se refuerza en Túnez a la espera de un nuevo Gobierno

lanacion.com

b) **Observa las portadas** de estos tres diarios y compara:
- La compaginación: texto, imagen, colores, publicidad...
- Los titulares: orden de importancia.
- Los temas de los artículos: economía, política, cultura, deportes...

c) **Escoge una noticia** publicada en los tres periódicos (cultura, deportes, economía...).

d) **Lee los tres artículos** fijándote en los siguientes aspectos:
- Extensión: número de párrafos.
- Tratamiento del tema:
  - objetivo: 3ª persona, descripción de los hechos,...
  - subjetivo: 1ª persona, comentarios del periodista,...
- Ilustraciones: viñetas, fotografías,...; tipo de imágenes: en color, en blanco y negro, sensacionalista,...

3. REALIZACIÓN

a) **Haz una presentación**: saluda a los oyentes, da la fecha del día y comenta cómo cada periódico trata la información que has seleccionado.

b) **Da tu opinión** al respecto.

Consejos útiles

- Vas a expresarte oralmente, no se trata de leer un texto escrito previamente: no leas tus apuntes, consúltalos únicamente si los necesitas.

▸ Nuevas tecnologías, Haz tu proyecto con las TIC, p. 100

OTRA MIRADA

¿Decir sí a las mutaciones?

Transgénicos

Desde 1998 Europa permite la siembra de un maíz transgénico de la multinacional Monsanto. Pero solamente España lo tolera a gran escala. Gobiernos [...] como Francia o Alemania han prohibido su cultivo debido a los peligros del denominado MON 810[1]. En estos años la sociedad civil ha denunciado los efectos sociales, ambientales y económicos del maíz transgénico. La alimentación y la agricultura se encuentran en una situación de indefensión[2] total. [...] Desde Greenpeace creemos que hoy ha cobrado aún más sentido[3] [...] una agricultura y una alimentación libres de transgénicos.

Juan-Felipe Carrasco (responsable de transgénicos de Greenpeace)

1. tipo de maíz transgénico
2. desprotección
3. cobrar más sentido: justificarse más

① Estas mutaciones que afectan a la agricultura, la alimentación y los recursos energéticos te parecen:

¿vanguardistas? ¿peligrosas? ¿inquietantes? ¿imprescindibles?

② ¿Los carteles y el texto expresan mensajes similares?, ¿utilizan los mismos recursos para hacerlo?

③ Haz la lista de todo aquello a lo que te apetece decir sí o no después de leer y observar estos documentos.

TU OPINIÓN. ¿Sólo se puede decir sí o no a los cambios e innovaciones?

El Partenón de los libros prohibidos por la dictadura

Objetivo de la obra (instalación): Celebrar el retorno de la democracia.

Materiales: Libros, bolsas de plástico, esqueleto metálico.

Dimensiones: 12 metros de alto, 17 de ancho y 35 de largo.

País: Argentina

Año: 1983.

Duración: Tres semanas. Al terminar, una tercera parte de los libros fue donada a bibliotecas y el resto fue retirado por la gente.

▶ Marta Minujín, *El Partenón*, 1983, Avenida 9 de Julio y Avenida Santa Fe, Buenos Aires (Argentina).

Obra concebida como un monumento a la democracia y a la educación por el arte, el Partenón de Libros constaba de una estructura metálica, réplica del Partenón, recubierta con libros prohibidos durante la dictadura militar.

● ¿Los artistas también pueden "decir no"? ¿A qué? ¿En qué circunstancias? ¿De qué manera?

EVALUARse

CD CLASSE

COMPRENSIÓN ORAL Un chico precavido

① ¿A qué pregunta responde Hugo?

② Apunta el nombre de las dos redes sociales de las que Hugo es usuario.

③ Cita las razones por las que Hugo se inscribió en estas redes.

④ ¿Qué tipo de informaciones no comparte en la red?

Mon bilan

○ Je peux comprendre lorsque quelqu'un répond à une question de société. **A2**
→ Par exemple, sur son usage des nouvelles technologies.

○ Je peux aussi en extraire des informations plus précises, comme le point de vue d'un locuteur. **B1**
→ Par exemple, sur l'impact des nouvelles technologies sur la vie privée.

COMPRENSIÓN LECTORA ¿Por qué lo hacen si no se lo creen?

Es Navidad. Dos maniquíes en un escaparate conversan.
¿Cómo llaman a esto, papá? Bueno, le dicen Navidad y consiste en celebrar algo en lo que muchos de los que ahora ves ahí delante, en sentido estricto, no creen. ¿Y por qué lo hacen si no se lo creen? Forma parte del juego, imagino. Si los escucharas cuando pasan estas fechas te darías cuenta. Están hartos de ella, pero no saben decir no. En verdad todos están deseando desaparecer de estos días, no seguir alimentando la costumbre. ¿Y por qué no lo hacen, papá? Imagino que sus reglas están hechas de ese modo e intentar escapar a ellas los convierte en algo incómodo para los demás. Pero en cualquier caso, no te pierdas los detalles, hijo. Tú míralos. ¿Por qué nos miran ellos a nosotros tanto, papá? Nosotros tenemos algo que ellos quieren, pequeño. ¿Y qué es? Pueden ser los zapatos, puede ser tu chaqueta, podrían ser mis pantalones, incluso alguno habrá que lo que más desee sea el silencio en el que creen que estamos... Tonterías, ya ves. ¿Y por qué lo quieren todo a la vez? Forma parte de su cultura.

Antonio Lucas, 12/2009, *El Mundo*

① Identifica quién hace las preguntas, quién responde, y a quién representa la tercera persona del plural.

② Apunta por qué la mayoría de la gente celebra la Navidad.

③ Explica lo que se critica en las últimas líneas.

Mon bilan

○ Je peux identifier le narrateur et les personnages dans un texte de fiction. **B1**
→ Par exemple, savoir à qui renvoient les pronoms et les adjectifs possessifs.

○ Je peux aussi comprendre dans un texte ce qui est dit des raisons qui poussent les personnages à agir. **B2**
→ Par exemple, pourquoi ils se plient aux traditions.

EXPRESIÓN ORAL Internet seguro

1. Presenta este cartel aclarando su objetivo.
2. ¿Qué opinas de este tipo de campañas?
3. ¿Pueden cambiar tus costumbres?

✓ Mon bilan

- ○ Je peux justifier très simplement mes opinions. **A2**
  → Par exemple, à propos d'une campagne institutionnelle.
- ○ Je peux donner des explications sur mes opinions. **B1**
  → Par exemple, à propos des dangers liés à internet.

EXPRESIÓN ESCRITA ¿Decir sí o decir no?

Cuenta lo que harías en una de las situaciones siguientes:

- Te invitan a cenar y la comida no te gusta.
- Un chico o una chica que te cae mal te invita al cine/a salir.
- Te vas de viaje con unos amigos pero no te gusta el destino que han elegido.
- Te encargan un trabajo de grupo pero no quieres hacerlo con tu compañero.

✓ Mon bilan

- ○ Je peux expliquer en quoi une chose me plaît ou me déplaît. **A2**
  → Par exemple, pour accepter ou refuser une proposition.
- ○ Je peux faire le compte rendu d'expériences en décrivant mes sentiments et mes réactions. **B1**
  → Par exemple, dans une situation imaginaire de la vie quotidienne.

LECTURA EN CASA

Día de la secretaria o cómo matar dos pájaros de un tiro

Se acercaba el día de la secretaria y el señor Bermúdez que por primera vez había oído hablar de tal día [...] se preguntaba qué regalo hacerle a Rosa, la fiel Rosa que durante casi cuarenta años había dado trámite[1] inmediato y eficiente a todos sus deseos y disposiciones, ya fuesen de carácter laboral[2] o personal, como arreglar citas[3] con el dentista, organizar los encuentros anuales de ex alumnos de su antiguo colegio, [...] o ir a buscar a alguno de sus hijos a la clase de musculación o de karaoke.

¿Qué regalarle?, ¿ropa? No; Bermúdez se sentía incapaz de adivinar qué tipo de prendas[4] podían ser del agrado de esa mujer. [...] Además, su forma de vestir fuera de la oficina, o del trabajo en general, era una incógnita para Bermúdez. [...] Rosa nunca hablaba de lo que se ponía en su tiempo libre, ni de lo que hacía o adónde iba.

Lo único que Bermúdez sabía de su vida privada [...] era que la superlativa[5] fidelidad y eficacia que Rosa imprimía a su trabajo y su constante disposición a quedarse en la oficina después de la hora sin jamás reclamar un sobrepago[6], se originaba en el hecho de vivir con un marido borracho y haragán[7]. [...]

Pero Rosa nunca traía al trabajo sus problemas domésticos. [...]

¿Qué regalarle?, ¿Un disco compacto? No sabía qué tipo de música le podía gustar, ni si tenía un equipo[8] donde escucharla. [...]

¿Y un libro? No. Los únicos libros que Bermúdez conocía eran los de autoayuda[9], que a él no le habían dado resultado. [...] Cuando llegó la fecha y después de dar a su secretaria las instrucciones de rigor sobre las tareas del día, se le sentó enfrente con un paquetito y se lo entregó acompañado de las fórmulas más amables que era capaz de pronunciar.

Ella se mostró sorprendida, pero su sorpresa fue aún mayor cuando abrió el paquete y vio el revólver que contenía. Bermúdez, bruscamente, se inclinó sobre ella y le sujetó las manos.

–No lo toque –dijo–. Sí, Rosa, es un revólver, y está cargado. Tiene mis huellas digitales. Lo que quiero regalarle en este día, que es SU DÍA, es la oportunidad de matarme gratuitamente. En estos días me di cuenta de que me comporté como un canalla, explotándola a usted sin compasión [...] y sin pagarle las horas extras. [...]

–Señor Bermúdez –dijo Rosa–. Yo tal vez podría decidirme a hacerle eso a usted, pero jamás se lo haría a su esposa y a sus hijos.

–Mi esposa no se va a dar cuenta, y a mis hijos les va a venir bien porque les va a dar algo en qué pensar además de la moda. [...]

–Bueno, yo también necesito pensar, señor Bermúdez –dijo Rosa, agradeciendo el regalo– [...] y el resto de la jornada transcurrió con entera normalidad, sin más referencias al tema.

A la mañana siguiente, Bermúdez fue detenido por la policía, acusado del asesinato del marido de Rosa. Sus huellas digitales estaban en el arma homicida. Fue condenado enseguida.

Durante un tiempo Rosa disfrutó plenamente la supresión de las dos principales molestias de su vida pero ahora, los días de visita, suele ir a la cárcel para escribir los memórandums[10] que Bermúdez le dicta, o para hacerle recordar qué día de la semana le toca limpiar los baños.

Leo Maslíah (autor uruguayo), www. leomasliah.com, *El cuento uruguayo,* 2002

1. ejecutado, gestionado
2. profesional
3. *prendre RDV*
4. ropa
5. enorme
6. *paye extraordinaire*
7. alcohólico y perezoso
8. *chaîne stéréo*
9. *développement personnel*
10. notas

Comprender el texto

① Rosa y Bermúdez son el prototipo de la secretaria y el jefe. ¿Cuáles son los detalles que lo ilustran?

② ¿Rosa era tan eficiente porque le apasionaba su trabajo o por otras razones?

③ ¿Qué te parece a ti la manera en que Bermúdez decide pagar por todo el daño que le ha hecho a Rosa? ¿Y a ella?

④ ¿En qué momento se puede pensar que Rosa por fin se ha rebelado contra el destino?

⑤ Al final, nos damos cuenta de que su personalidad no ha cambiado tanto. ¿Por qué?

Manifestación de estudiantes venezolanos, enero de 2010.

¿Unidos, jamás vencidos?

SECUENCIA 6

Banderas en alto

DÉCOUVRIR et COMMUNIQUER

1 ¡Vivan los estudiantes!

Les mobilisations étudiantes en Amérique Latine

- Relater les détails essentiels d'un événement à partir d'une affiche.
- Comprendre le point de vue d'un auteur.
- TAREA ¿A qué deben dedicarse los estudiantes?

2 Un día de cólera

Les événements du 2 et 3 mai 1808 à Madrid

- Comprendre une vision subjective de l'histoire.
- Formuler une appréciation sur une façon de raconter une histoire.
- TAREA ¿Qué titulares para el 3 de mayo?

3 ¿Pasado vivo?

Les bicentenaires des indépendances latino-américaines

- Comprendre l'objectif d'une campagne institutionnelle.
- Donner un avis sur une affiche commémorative officielle.
- TAREA ¿Cuáles serían sus motivaciones?

4 ¡Viva México!

Les zapatistes d'hier et d'aujourd'hui

- Comprendre une démarche artistique engagée.
- Dire quelle image on retient d'une personnalité médiatique.
- TAREA Redacta una tarjeta de invitación.

UTILISER

Lexique
- La protestation et le courage
- La guerre et le pouvoir
- Le souvenir et le portrait
- La patrie

Grammaire
- La construction exclamative *que* + subjonctif ou subjonctif seul
- *Por / para*
- Les irrégularités au passé simple
- Le futur hypothétique

Orthographe
- L'emploi des majuscules
- Les nombres ordinaux
- Les modifications orthographiques au pluriel
- La lettre *x*

Prononciation
- L'accent argentin : *el yeísmo*
- L'intonation pour demander l'avis de quelqu'un

PROYECTO → p. 121

¡Descubre protagonistas de las independencias!

ENFOQUE 1

¡Vivan los estudiantes!

EXPRESIÓN ORAL

Convocatoria para una protesta en la ciudad de Buenos Aires, septiembre de 2010.

el presupuesto : *le budget* - tomada : *occupée*

> **ESTRATEGIA:** Pour bien comprendre le message de cette affiche, mets en relation les différents éléments qui la composent.

1. **OBSERVA** el cartel. ¿Con qué motivo se han reunido estas personas?
2. ¿Quién convoca, a qué tipo de acto, con qué finalidad?
3. Observa atentamente los textos de las banderolas:
   - ¿Quién apoya a los estudiantes?
   - Además de la protesta ¿qué hicieron los estudiantes para llamar la atención?
4. ¿Este cartel refleja una preocupación exclusivamente argentina?

TU OPINIÓN. Piensas que este tipo de manifestaciones son:
útiles | necesarias | ineficaces | importantes

¿LO SABÍAS?

"La Noche de los lápices": el 16 de septiembre de 1976, estudiantes argentinos fueron secuestrados durante la dictadura militar.

La Noche de los Lápices
→ INFÓRMATE p. 119

COMPRENSIÓN LECTORA

Me gustan los estudiantes

¡Que vivan los estudiantes,
jardín de las alegrías!
Son aves[1] que no se asustan
de animal ni policía
y no le asustan las balas
ni el ladrar de la jauría[2].
Caramba y zamba la cosa[3],
¡que viva la astronomía!

¡Que vivan los estudiantes
que rugen como los vientos
cuando les meten al oído
sotanas o regimientos.
Pajarillos libertarios,
igual que los elementos.
Caramba y zamba la cosa
¡vivan los experimentos!

[...]

Me gustan los estudiantes
que marchan sobre las ruinas.
Con las banderas en alto
va toda la estudiantina:
son químicos y doctores,
cirujanos y dentistas.
Caramba y zamba la cosa
¡vivan los especialistas!

[...]

Me gustan los estudiantes
que con muy clara elocuencia
a la bolsa negra sacra[4]
le bajó las indulgencias.
Porque, ¿hasta cuándo nos dura
señores, la penitencia?
Caramba y zamba la cosa
¡Qué viva toda la ciencia!

[...]

Violeta Parra (1960-1963)

1. un ave = un pájaro - **2.** el ladrar : *les aboiements*, la jauría : *la meute* - **3.** caramba y zamba la cosa : *expression d'encouragement* - **4.** referencia a la iglesia

① **LEE** la letra de la canción. ¿Con qué expresiones la autora evoca (la rebeldía) (el coraje) (la irreverencia) de los estudiantes?
¿Frente a qué se rebelan? (instituciones) (actitudes)

② Apunta las carreras universitarias que cita la canción.

③ Al citar todas estas especialidades, ¿qué habrá querido demostrar la autora?

④ ¿Cómo se refleja el cariño y el entusiasmo que siente la autora?

TU OPINIÓN. ¿Te gustan las canciones con temas sociales?

TAREA ¿A qué deben dedicarse los estudiantes?

→ Exprimer son opinion, son accord ou son désaccord.

¿Te parece que los jóvenes deben dedicarse exclusivamente a estudiar?

Etapas:

1. Prepárate: haz una lista de argumentos y ejemplos.
2. Luego intercambia tu punto de vista con el de tus compañeros y reacciona.
3. Puedes utilizar: *Para mí, En mi opinión, Me parece que, No me parece que, (No) estoy de acuerdo, (No) comparto el punto de vista de...*

LENGUA

Vocabulario

la protesta

manifestar, ocupar, tomar, reivindicar, quejarse, rechazar, denunciar, rebelarse

el valor

ser valiente, enfrentar, la audacia, el coraje, la osadía, la intrepidez, la entereza, el atrevimiento

Gramática

La construction exclamative *que* + subjonctif ou subjonctif seul

"¡Que vivan los estudiantes! / ¡que viva la astronomía! / ¡vivan los experimentos! / ¡viva la literatura! / ¡vivan los especialistas! / ¡Que viva toda la ciencia!"

▸ Gramática 29 p. 215 p. 216

Pronunciación

PISTE 22 **Empleando el tono adecuado invita a que estén de acuerdo contigo. Escucha y entrénate.**

¿No os parece?
No creéis que...

+ EJERCICIOS www.nuevas-voces.com

Un día de cólera

COMPRENSIÓN LECTORA

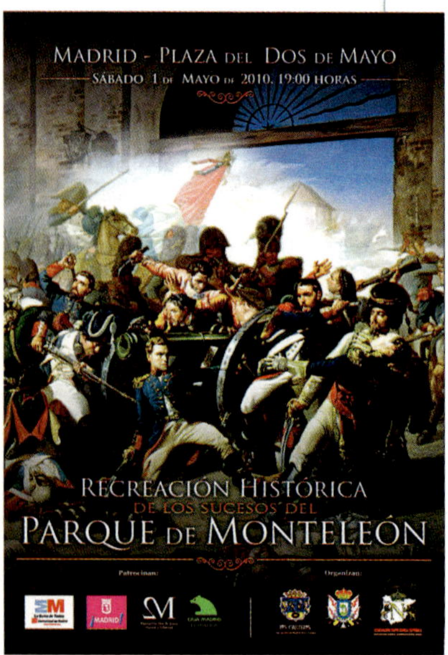

Hacer frente a los franceses

En la Puerta del Sol hay reunidas diez mil personas, y el gentío[1] se extiende hacia las calles cercanas, [...] mientras grupos armados con trabucos, garrotes y cuchillos[2] patrullan los alrededores, alertando de toda presencia francesa. Desde el ventanal de su casa, en el número 15 de la calle de Valverde, esquina Desengaño, Francisco de Goya y Lucientes, aragonés de sesenta y dos años de edad, miembro de la Academia de San Fernando y pintor de la Real Casa con cincuenta mil reales de renta, lo mira todo con expresión adusta[3]. Dos veces ha rechazado a su mujer, Josefa Bayeu, al solicitarle ésta que baje la persiana y se retire al interior. [...]

El pintor vivo más famoso de España permanece asomado[4], tozudo[5], observando el espectáculo callejero. De las voces del gentío y los disparos sueltos[6], lejanos, apenas llegan a sus oídos –sordos desde que una enfermedad los maltrató hace años- algunos ruidos amortiguados que se confunden con los rumores de su cerebro siempre atormentado, tenso y despierto. Goya está en el balcón desde que, hace poco más de una hora, el joven de dieciocho años León Ortega y Villa, discípulo suyo, vino desde su casa desde la calle Cantarranas a pedirle permiso para no ir al estudio. "A lo mejor tenemos que hacer frente a los franceses", le dijo al pintor, [...] antes de marcharse con una sonrisa juvenil y heroica, propia de sus pocos años, sin atender los ruegos de Josefa Bayeu, que le recriminaba correr riesgos sin preocuparse de la angustia de su familia.

–Tienes madre, León.

–Y vergüenza torera, doña Josefa.

Arturo Pérez Reverte (autor español), *Un día de cólera*, 2007

1. el gentío : gran afluencia de personas
2. trabucos, garrotes y cuchillos : *type d'arme à feu, gourdins et couteaux*
3. adusto : *austère*
4. asomarse : *ici, se pencher à la fenêtre*
5. tozudo : *têtu*
6. disparos sueltos : *tirs isolés*

① **ANTES DE LEER.** Observa el cartel: te ayudará a entender el tema del texto y el lugar donde se desarrollan los hechos evocados.

② **LEE** el texto. En la calle el ambiente es: (festivo) (tenso) (triste)

③ ¿Quién es el enemigo?

④ Entresaca todos los elementos relacionados con los protagonistas.

	¿Quién es?	¿Cómo es?	¿Qué hace/quiere?
Goya			
Josefa Bayeu			
León Ortega y Villa			
el gentío			

⑤ Al hablar de "vergüenza torera", el joven León se referiría a:

(el orgullo) (el honor) (el heroísmo)

¿LO SABÍAS?

Durante la invasión francesa, José Bonaparte, hermano del emperador Napoleón I Bonaparte, nunca fue del agrado del pueblo español que llegó incluso a llamarle despectivamente "Pepe Botella", aunque no era aficionado a la bebida.

El 2 de mayo → INFÓRMATE p. 118

COMPRENSIÓN ORAL

Los invasores

RTVE: *Expedición 1808 - Madrid, España. Los invasores,* 29/11/2010

① **ANTES DE VER** el vídeo, observa la foto y el título. ¿De qué tratará el reportaje?

② **MIRA** el vídeo entero: ¿qué tipo de información se da? Apunta la fecha y los protagonistas mencionados.

③ **ESCUCHA BIEN.** En el reportaje se evocan varias traiciones. ¿Quién traicionó a quién? ¿Para qué?

④ ¿Cómo llegó José Bonaparte a ser rey de España?

⑤ Explica cuándo y por qué se levantó el pueblo madrileño (fecha, motivo, consecuencia).

TU OPINIÓN: Esta forma de contar la historia te ha parecido:

divertida | inapropiada | ridícula | eficaz

TAREA ¿Qué titulares para el 3 de mayo?

→ Rédiger des messages courts contenant des informations essentielles.

Redacta los titulares y las entradillas de un periódico que hubiera podido ser publicado tras el alzamiento popular del 2 de mayo de 1808 contra el Ejército de Napoleón.

Etapas:

1. El título es una síntesis de la noticia, debe ser lo más breve posible, destacar lo que ha pasado y ser atractivo.
2. La entradilla amplía la idea central o la contextualiza. Son una o dos frases que se encuentran después del título y que lo complementan, pero cada uno debe poder leerse por separado.
3. Puedes utilizar expresiones y vocabulario sacados de los dos documentos que acabas de estudiar.

Vocabulario

la guerra
un motín, un aliado, las tropas, la ocupación, el levantamiento, la masacre, invadir, resistir, defender

el poder político
un emperador, un rey, el trono, la corona, un heredero, un monarca, un gobernante

la actitud
la determinación, la impaciencia, el ansia, la vergüenza, la debilidad

Gramática

Por / para

*"la lucha **por** la libertad" / "mercenarios egipcios contratados **por** las fuerzas invasoras" / "traicionado **por** Napoleón" / "les quitó la corona a los dos **para** dársela a su hermano" / "el detonante **para** las independencias"*

▸ Gramática 36 p. 223 p. 224

EJERCICIOS www.nuevas-voces.com

ENFOQUE 3

¿Pasado vivo?

COMPRENSIÓN ORAL

Pero este tipo, ¿quién es?

Fuimos capaces, somos capaces, vídeo realizado para el Bicentenario de Argentina por la Presidencia de la Nación.

ESTRATEGIA: Lors de la première écoute, ne sois pas découragé par la rapidité du débit. Mets en relation les mots que tu reconnais pour te faire une idée du sujet.

1. **MIRA Y ESCUCHA** atentamente este vídeo. Apunta e intercambia informaciones para completar todo lo relacionado con:
   - el protagonista: ...
   - su itinerario: ...
   - sus luchas: ...
   - sus compañeros: ...
2. ¿Qué imagen se quiere dar de este hombre?
   negativa | heroica | tierna
3. ¿Qué celebró Argentina en el 2010?
4. Apunta el eslogan y explica el objetivo de este spot.

TU OPINIÓN. Para ti, ¿todos los personajes históricos son heroicos?

EXPRESIÓN ORAL

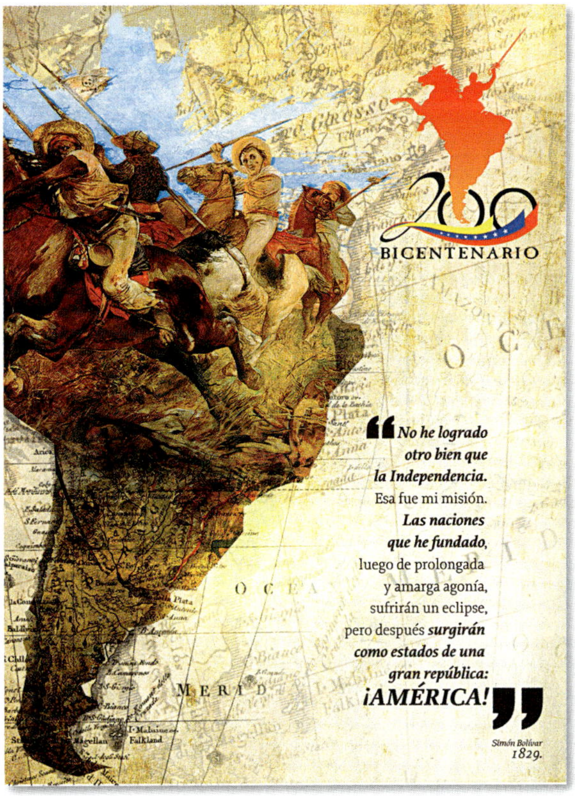

Cartel para conmemorar el bicentenario de la independencia.

① **OBSERVA** el cartel. Varios elementos te permiten adivinar qué país celebra el bicentenario de su independencia, ¿cuáles?

② ¿Qué detalles representan la idea de lucha?

③ Lee el párrafo y di para qué luchó Simón Bolívar y cuál era su sueño.

TU OPINIÓN. ¿Te parece que este cartel está bien hecho? Explica por qué.

¿LO SABÍAS?

José San Martín y Simón Bolívar, conocidos como los Libertadores de América, han dejado muchas huellas en Francia.

Independencias
→ INFÓRMATE p. 118

TAREA ¿Cuáles serían sus motivaciones?

→ Donner des raisons et explications relatives à ses opinions.

¿Piensas que los libertadores lucharon por una causa, por convicción o porque eran aventureros?

Etapas:

1. Piensa en lo que podía motivarles: viajar, pelear, ganar dinero, pasar a la posteridad...
2. Organiza tus ideas por escrito pero no redactes mucho: se trata de hablar, no de leer.
3. Recuerda, se trata de acontecimientos históricos: emplea los tiempos del pasado.

Vocabulario

la batalla

al mando de, capturar, apoderarse de, salvar, liberar, pactar, pelear

el recuerdo

recordar, conmemorar, revivir, rendir homenaje
memorable, inolvidable

Gramática

Les passés simples irréguliers

*fuimos capaces, se **vino** para el Río de la Plata, le **dio**, **estuvimos***

▸ Gramática 25 p. 212 p. 212

Pronunciación

PISTE 23 **Escucha e identifica sonidos característicos de un tipo de acento: Río de la Plata.**

*Cayó justo para la revolución
de mayo.
La junta le dio la ciudadanía
y se hizo argentino.
En doscientos años estuvimos
llenos de héroes.
Fuimos capaces, somos capaces.*

+ EJERCICIOS
www. nuevas-voces.com

ENFOQUE 4

¡Viva México!

COMPRENSIÓN LECTORA

Boletín de prensa de *Terra Nostra Films*, La Otra mirada

En este año 2010, México celebra los 200 años de su Independencia y los 100 años de su Revolución. Esta gira[1] de proyecciones y muestra[2] fotográfica quiere participar en esta celebración con un enfoque[3] distinto: mostrar un retrato colectivo del pueblo mexicano y celebrar su capacidad intacta de lucha llena de humor rebelde. Queremos contribuir a develar el rostro olvidado del México profundo, rindiendo un homenaje a los herederos de Zapata, a la gente que lucha por su tierra y su dignidad hoy en día a 100 años de la Revolución Mexicana. Los nietos y bisnietos de Zapata enfrentan hoy una patria que los trata a menudo como indeseables. Sus tierras, recuperadas antaño por sus ancestros a precio de sangre, hoy son objeto de una liquidación ya en marcha.

¿El zapatismo habrá muerto definitivamente, tiene un último resuello[4] de orgullo o prepara su mañana? ¿Qué es amar la tierra? ¿Qué es habitar un país? ¿Qué es la patria? A estas preguntas la película no pretende dar respuestas definitivas, sino acompañar esta lucha por la dignidad, protagonizada por héroes cotidianos que dibujan con sus palabras y actos valientes el rostro olvidado de un país. [...]

Tenemos que llevar la historia y el retrato nosotros mismos a la gente, de ciudad en ciudad, esperando que otros y otras lo lleven a sus pueblos, a sus colonias, a sus escuelas, a sus casas, a sus espacios de vida y de trabajo para compartirlo.

Construiremos nuestro camino, esperando al caminar, encontrar a compañeros y compañeras.

1. una gira : *une tournée* - **2.** una muestra : *une exposition* - **3.** un enfoque : *un point de vue* - **4.** el resuello : *le souffle*

¿LO SABÍAS?

El 1º de Enero de 1994, en el Estado de Chiapas, en las montañas del sureste mexicano, **el EZLN (Ejército Zapatista de Liberación Nacional)** se levantó en armas al mando del Subcomandante Marcos siguiendo las consignas dictadas hacía medio siglo por Emiliano Zapata: Tierra y Libertad.

Los zapatistas
→ INFÓRMATE p. 119

① **ANTES DE LEER.** Observa el cartel e identifica:
- el evento promocionado: ...
- las informaciones útiles: ...

② **LEE** el boletín de prensa. Busca:
- el nombre de un personaje histórico mexicano: ...
- el momento histórico con el que se relaciona: ...

③ En México, según los autores, pasado y presente son indisociables. Demuéstralo clasificando los elementos del texto.

Pasado	Presente

④ El objetivo del documental y de la gira es...

provocar | informar | alertar | homenajear | denunciar | asustar | hacer reflexionar

TU OPINIÓN. Y para ti, ¿qué es amar la tierra? ¿Qué es habitar un país? ¿Qué es la patria?

EXPRESIÓN ORAL

EFE, México, 19/07/2007

"El subcomandante Marcos, la voz del anticapitalista e indigenista Ejército Zapatista de Liberación Nacional (EZLN), cumple 50 años, convertido en una especie de "mito en crisis". La mejor arma del líder encapuchado de los zapatistas, cuyo nombre es Rafael Sebastián Guillén Vicente, sigue siendo la "fuerza retórica" de sus palabras."

El subcomandante Marcos (1957, Tampico, México): líder guerrillero, licenciado en Filosofía y letras.

Guerrilleros del EZLN en Chiapas.

Hijos de guerrilleros del EZLN en una manifestación.

① **OBSERVA** las fotos y descríbelas fijándote en particular en las similitudes, diferencias y actitudes.

② Indica cuál de estas fotos te sorprende / choca / intriga más.

③ ¿Te parece que las fotos confirman la idea de "mito en crisis" evocada en el texto?

TU OPINIÓN. ¿Cuál es para ti la información más relevante sobre Marcos?

TAREA Redacta una tarjeta de invitación.

→ Restituer des informations par écrit

Si tuvieras que redactar una tarjeta de invitación para asistir al estreno del documental ¡Viva México! ...

Etapas:

1. Primero, vuelve a leer el boletín de prensa de la p. 116 para entresacar las informaciones más relevantes.

2. Luego, redacta unas cinco líneas basándote en estas informaciones.

3. Indica brevemente cuál es el tema del documental.

4. Termina con una frase para animar a la gente a que concurra.

LENGUA

Vocabulario

el retrato

la cara, el rostro, el semblante, la apariencia, la expresión, el aspecto

el camuflaje

disimular, esconder(se), camuflar, ocultar, encapuchado, un pasamontañas

la patria

el pueblo, la sangre, el orgullo, la tierra, el territorio

Gramática

La probabilité

*¿**Será** verdad?*
*¿El zapatismo **habrá** muerto definitivamente?*

▸ Gramática 27 p. 213 p. 213

Ortografía

La letra *x* en las palabras mexicanas se pronuncia como una "j"

México, mexicano, Oaxaca...

EJERCICIOS www.nuevas-voces.com

Por la independencia

ESPAÑA: EL 2 DE MAYO DE 1808

Un levantamiento popular contra el ejército napoleónico instalado en la capital inicia la guerra contra Francia. La resistencia termina por ser aplastada, pero estos enfrentamientos desembocarán en la Guerra de la Independencia Española.

Gonzalo de las Heras / El Correo

INDEPENDENCIAS DE LOS PAÍSES HISPANOAMERICANOS

1809	1810	1816	1821	1825
ECUADOR Presidencia de la Audiencia	COLOMBIA Simón Bolívar VENEZUELA Simón Bolívar MÉXICO Miguel Hidalgo	ARGENTINA José San Martín	PERÚ José San Martín COSTA RICA Pedro Molina EL SALVADOR Pedro Barriere GUATEMALA José Cecilio del Valle HONDURAS Dionisio de Herrera NICARAGUA Miguel Larreynaga PANAMÁ Simón Bolívar	URUGUAY José Gervasio Artigas

Simón Bolívar

(1783, Caracas, Venezuela – 1830, Santa Marta, Colombia). Conocido como El Libertador, contribuyó de manera decisiva a la independencia de las actuales Bolivia, Colombia, Ecuador, Panamá, Perú y Venezuela. Soñaba con una gran confederación que uniera a todas las antiguas colonias españolas de América, inspirada en el modelo de Estados Unidos.

José de San Martín

(1778, Yapeyú, Argentina – 1850, Boulogne-sur-Mer, Francia). Libertó del imperio español a la actual Argentina, Chile y Perú, después de una gesta heroica de batallas que incluyó el cruce con su ejército de la cordillera de los Andes, a lomo de mulas y caballos. Murió desterrado sin ver su sueño cumplido de una América unida.

1. Observa en el gráfico las características del enfrentamiento del 2 de mayo de 1808. ¿El desenlace (la independencia de España) era previsible?
2. ¿Qué ideales compartían San Martín y Bolívar?
3. ¿Existirá alguna relación entre los sucesos de mayo de 1808 (en España) y las independencias hispanoamericanas?

Por los ideales

ARGENTINA: LA NOCHE DE LOS LÁPICES

El 16 de septiembre de 1976, un grupo de estudiantes secundarios de La Plata sufrió el secuestro y la tortura en centros clandestinos creados por la última dictadura militar (1976 -1983). Seis de ellos continúan desaparecidos y sólo cuatro sobrevivieron para contar los pormenores más aberrantes del Terrorismo de Estado. La mayoría de los jóvenes tenían militancia política. Muchos habían participado, durante la primavera de 1975, en movilizaciones estudiantiles.

Buenos Aires (16/09/2010), 34 aniversario de la Noche de los Lápices.

MÉXICO: LOS ZAPATISTAS

Emiliano Zapata fue un líder de la Revolución mexicana de 1910. En el sur de México, donde vivían muchos campesinos indígenas, luchó por la redistribución de la tierra. Su lema era *"¡Tierra y libertad!"*. El movimiento zapatista actual (E.Z.L.N), cuyo grito es *"¡Ya basta!"* está arraigado en el estado de Chiapas, la región más pobre del sur de México. Su líder es la figura enigmática del subcomandante Marcos. Se inspira en los ideales de la Revolución Mexicana y se ha convertido en un símbolo de lucha y rebelión.

1. ¿Qué ideales animan a estos movimientos indigenistas, campesinos y estudiantiles?
2. ¿Qué ha heredado de Emiliano Zapata el movimiento EZLN?

ESCUCHA EN CASA

PISTE 24

ESCUCHA el testimonio de César y dinos si lo que aprendió en la escuela sobre Simón Bolívar le impactó.

▸ Para navegar, pp. 256-257

CIBERINVESTIGACIÓN

¿Por qué algunas banderas se parecen?

1. Escoge cinco banderas que sean similares y busca a qué país pertenecen.

País: ...

País: ...

País: ...

País: ...

País: ...

País: ...

País: ...

País: ...

País: ...

País: ...

País: ...

País: ...

País: ...

País: ...

País: ...

País: ...

País: ...

País: ...

País: ...

País: ...

Página web de interés:

- *http://www.sitographics.com/enciclog/banderas/entrada.html*

2. Infórmate sobre el origen de las banderas elegidas para explicar los parecidos entre ellas. (Para encontrar las web oficiales de cada país, búscalas por "presidencia de" ...)

B2i **S'informer, se documenter** ✓ Je sais utiliser les fonctions avancées des outils de recherche sur Internet.

HAZ TU PROYECTO CON LAS TIC

Crea una película con vídeo, fotos y sonido

Utiliza Videospin (una herramienta parecida a *Windows Movie Maker* pero gratuita, que te permite crear vídeos a partir de fotos, audios o añadiendo pequeños clips de vídeo): *http://www.videospin.com/sp/*

1. Primero tienes que seleccionar fotos, vídeos, y grabar una pista audio (con ***audacity*** por ejemplo: ***nuevas-voces.com***)

2. Luego, importa estos elementos en el Proyecto de Videospin.

3. Después, arrastra los contenidos a la línea de tiempo.

4. Para pasar de una escena a otra puedes utilizar transiciones.

5. Edita el título.

6. Reproduce la película para ver cómo ha quedado.

7. Cuando hayas terminado, haz clic en "Hacer vídeo" y luego en "Crear archivo".

Sugerencias

- **No te pases horas utilizando esta herramienta: si no dominas bien la informática, utiliza menos tecnología. ¡Lo que cuenta es sobre todo el contenido, no su forma!**

PROYECTO

Historiadores en acción. ¡Descubre y presenta protagonistas de las independencias!

¿Recuerdas el spot de la p. 114? Haz algo parecido para contar la historia de otros personajes históricos de España o Latinoamérica.

Etapas

1. TIPO DE TRABAJO

Colectivo (en pequeños grupos).

2. PREPARACIÓN

a) **Escoge** con tus compañeros una de estas figuras históricas:

- Manuela Malasaña
- Luís Daoíz
- Agustina de Aragón
- José de San Martín
- Simón Bolívar
- Miguel Hidalgo
- Antonio José de Sucre
- Francisco de Miranda
- El subcomandante Marcos
- Emiliano Zapata

José Luis Villar, *Manuela Malasaña*, Museo del ejército, Madrid

b) **Averigua datos** sobre ella: su nacionalidad, su vida y alguna anécdota que haya protagonizado.

c) Ponte de acuerdo con tu equipo sobre la manera de exponer vuestra presentación:

- presentación o animación multimedia,
- charla ilustrada con imágenes,
- puesta en escena (pequeño sketch).

3. REALIZACIÓN

Sea cual sea el tipo de exposición (proyección, conferencia o representación teatral) conviene evocar:

- su biografía,
- su papel histórico,
- y concluir explicando por qué este personaje os atrajo.

Consejos útiles

► Nuevas tecnologías,
Haz tu proyecto con las TIC, p. 120

OTRA MIRADA

Túpac Amaru II: precursor de la Independencia Americana

Túpac Amaru, Milner Cajahuaringa, 1969-1972, 210 x 140 cm., Palacio Presidencial, Lima (Perú).

El 4 de noviembre de 1780, el cacique indio de la provincia de Tuita en los Andes, José Gabriel Condorcanqui, tomó el nombre del último emperador inca Túpac Amaru, y reclamando la descendencia de los monarcas indios, se levantó en armas contra el gobierno español. Seguido por un ejército de arrieros[1] indios, Túpac Amaru extendió la revolución por todo el país.

Fue una rebelión inmersa en la violencia y en el simbolismo. Puesto que los españoles habían demostrado semejante sed de oro[2], Túpac Amaru capturó al gobernador español y lo ejecutó obligándole a beber oro derretido. Y puesto que los indios sólo podían ser derrotados por la caballería española, Túpac Amaru fue ejecutado de la siguiente manera, tras de su captura en 1781. Un testigo anónimo describe la muerte del cacique revolucionario indio:

Se le sacó a media plaza: allí le cortó la lengua el verdugo[3], y despojado de los grillos y las esposas[4], lo pusieron en el suelo: atáronle las manos y pies cuatro lazos, y asido[5] estos a la cincha[6] de cuatro caballos, tiraban cuatro mestizos a cuatro distintas partes: –espectáculo que jamás se había visto en esta ciudad. No sé si porque los caballos ni fuesen muy fuertes, o el indio en realidad fuese de fierro[7], no pudieron absolutamente dividirlo, después de un largo rato lo tuvieron tironeando, de modo que le tenían en el aire, en un estado que parecía una araña. Tanto que el Visitador[8], movido de compasión, porque no padeciese[9] más aquel infeliz despachó de la Compañía una orden, mandando le cortase el verdugo la cabeza, como se ejecutó. [...]

Carlos Fuentes (autor mexicano), *El espejo enterrado*, 1992.

1. arriero : *muletier*
2. semejante sed de oro : *une telle soif d'or*
3. verdugo : *bourreau*
4. despojado de los grillos y las esposas : *une fois les fers et le menottes enlevés*
5. asido : *accroché*
6. cincha : *la sangle*
7. fierro = hierro : *le fer*
8. Visitador : *juez enviado por los reyes*
9. padecer : *souffrir*

○ Hasta hoy se exalta la figura de Túpac Amaru II. ¿Podrías explicar por qué?

¿LO SABÍAS?

El rapero estadounidense 2Pac (Nueva York, 1971 - 1996), probablemente el más influyente de la historia del género, fue bautizado con el nombre de Tupac Amaru Shakur por su madre en honor al revolucionario peruano.

Los fusilamientos del 3 de mayo de 1808

Francisco de Goya, *Los fusilamientos del 3 de mayo*, 1814. Óleo sobre lienzo, 266 X 345 cm, Museo del Prado, Madrid.

Unos 400 ciudadanos, mendigos, artesanos, frailes[1], campesinos que están vendiendo sus productos en el mercado son hechos prisioneros y ejecutados en la mañana del 3 de mayo.

En 1807 las tropas francesas de Napoleón pasan la frontera y en 1808 llegan a Madrid. Goya tiene 62 años y como muchos de los madrileños liberales, ilustrados y francófilos, se encuentra en una situación contradictoria. Por un lado, esperan que los franceses lleven a cabo[2] las esperadas reformas; por otro, se sienten heridos en su orgullo de españoles. El 2 de mayo se produce un tumulto en Madrid: tiran de su caballo a un soldado francés, a quien casi linchan. El general Murat anuncia que "el derramamiento de sangre francesa clama venganza": ordena fusilar a todo español armado (cuando prácticamente todos los españoles llevan un cuchillo).

Los fusilamientos de la montaña del Príncipe Pío son la señal para el alzamiento[3], para la lucha de liberación, para la Guerra de la Independencia, para el combate del pueblo contra el ejército.

(Fuente: R. M. et R. Hagen, Goya, Ed. Taschen).

1. curas
2. realicen
3. rebelión

❶ Observa bien el cuadro, fijándote en las víctimas y en los soldados, tomando en cuenta:
la luz / la oscuridad | el movimiento / la inmovilidad | la personificación / el anonimato

❷ ¿Goya quiso representar únicamente un episodio de la historia de España?

EVALUARse

CD CLASSE

COMPRENSIÓN ORAL Escarapelas bicolores

① Apunta de qué país habla el chico y qué celebran allí el 25 de mayo.

② ¿Por qué existen dos fechas diferentes para la Independencia?

③ Explica dónde y cómo celebran de una manera particular ese día.

④ ¿Qué son las escarapelas?

Mon bilan

○ Je peux comprendre une information factuelle en reconnaissant les messages généraux et les points de détails. **B1**
→ Par exemple, quand quelqu'un parle d'une célébration nationale.

○ Je peux comprendre une explication complexe si le sujet m'est relativement familier. **B2**
→ Par exemple, reconstituer la chronologie d'événements historiques.

COMPRENSIÓN LECTORA Protestas estudiantiles

① Apunta los motivos de la protesta estudiantil.

② Explica quiénes son los "okupas" y el objetivo de su acción.

③ Completa la frase: Para acabar con este movimiento, el gobierno ... y ...

④ Los jóvenes piensan cambiar de estrategia. Demuéstralo.

Desde hace 40 días, una protesta de estudiantes de la escuela secundaria de Buenos Aires se ha extendido por casi 30 colegios ante la baja inversión del alcalde, el liberal Mauricio Macri, en las infraestructuras. Las escuelas se encuentran tomadas por los alumnos y llevan sin clases desde hace 40, 30 o 20 días, según cada caso. [...]
Las protestas estudiantiles en la capital argentina comenzaron a partir del persistente deterioro de los edificios. [...] Las cartas de los padres a las autoridades y los abrazos simbólicos de los alumnos a los edificios no habían llamado la atención de los medios de comunicación ni del alcalde. Así fue como los estudiantes decidieron ocupar los colegios y suspender las clases, lo que despertó la polémica, la aparición de las cámaras de televisión y la reacción de las autoridades, que primero ordenaron la confección de una lista de los adolescentes *okupas*. El Gobierno de Macri advirtió después de que, si continuaban las ocupaciones de escuelas, se extenderían las clases durante el verano [...]
Muchos de los adolescentes que lideran la protesta consideran que ya es hora de buscar otros métodos más efectivos para exigir obras al alcalde. Por eso se espera que esta semana la mayoría de los colegios retomen la actividad normal y el jueves se repita otra manifestación.

Alejandro Rebossio, *Elpais.com*, 21/09/2010

Mon bilan

○ Je peux trouver une information précise et concrète dans un court texte sur un sujet qui m'est familier. **A2**
→ Par exemple, identifier les personnes impliquées et les motivations de leur action.

○ Je peux aussi reconnaitre les points significatifs d'un article de journal sur un sujet qui m'est familier. **B1**
→ Par exemple, les enjeux d'une action collective.

EXPRESIÓN ORAL Recreación histórica

Cuenta todo lo que sabes acerca de:
- los personajes,
- los acontecimientos,
- el contexto histórico,

representados en esta caricatura.

✓ Mon bilan

- ○ Je peux raconter sans difficulté une histoire ou effectuer une description, en énumérant les différents points. **B1**
  → Par exemple, décrire une caricature.
- ○ Je peux construire un raisonnement logique et enchaîner mes idées. **B2**
  → Par exemple, utiliser des articulateurs du discours pour effectuer la description d'une caricature.

EXPRESIÓN ESCRITA Bicentenario de las independencias

Francia también participa en las celebraciones del Bicentenario de la Independencia.

Escribe unas doce líneas para explicar por qué y cómo celebrarías este evento en tu instituto.

✓ Mon bilan

- ○ Je peux rédiger sans difficulté une lettre personnelle ou un texte cohérent sur un sujet familier. **A2**
  → Par exemple, communiquer des informations sur un événement commémoratif.
- ○ Je peux dans un texte ou un courrier mettre en évidence ce qui est important. **B1**
  → Par exemple, expliquer mes motivations personnelles pour célébrer un événement historique.

LECTURA EN CASA

La casaca verde del Che

CD CLASSE

Una pareja de estudiantes chilenos de viaje por Cuba.

La mañana estaba tibia[1] y nublada y el viento mecía las palmeras. El cielo se había tornado[2] violeta y la tormenta parecía inminente. Era el tercer día de lluvia, de los cinco que habíamos pasado en Varadero, el paraíso del sol, y no queríamos más. Tomamos un taxi hasta la terminal de buses para seguir hasta Santa Clara.

Tienen que ir a Santa Clara, nos había dicho Bárbaro en La Habana. Allá se libró la batalla más importante de la revolución, después de eso Batista[3] se fue del país, nos aleccionaba. Con Cristina ya teníamos planes de visitar esa ciudad, porque allí estaba enterrado el Che Guevara y porque se decía que estaba también la casaca[4] que había usado en la célebre foto donde aparece mirando hacia el horizonte. Claro que está y allí viven mis papitos[5]. Váyanse pa'allá, decía Bárbaro, pese a que[6] recién lo conocíamos.

El bus salía a las doce, según indicaba el tablero del terminal. Eran las diez de la mañana; tendríamos que esperar dos horas. Pero no era nada nuevo: en Cuba siempre hay que esperar. Pedimos los boletos[7].

–No se puede -respondió el vendedor.

–¿Por qué? ¿Están agotados[8]? –preguntó Cristina y me miró con cara de reproche.

Ella me había dicho que compráramos los pasajes el día anterior, y yo, con un ron[9] en la mano, alegre y confiado en nuestra última noche en Varadero, le respondí que no era necesario, porque allí todo el mundo anda en tour[10], no a pie como nosotros, y nadie iría por boletos al terminal.

–No, no están agotados. Es un bus sólo para cubanos –explicó el boletero.

Yo suspiré aliviado.

–¿Y a qué hora sale el siguiente? –preguntó Cristina.

–El de extranjeros parte mañana.

–¿Mañana?

El hombre asintió[11] con la cabeza.

–¿Y hoy no hay más buses a Santa Clara?

El hombre negó con la cabeza.

–No puede ser. No podemos pasar otro día aquí –argumentaba Cristina y yo la apoyaba con mi propio movimiento de cabeza.

–Sí puede ser –decía el boletero, de lo más tranquilo–, hoy no hay más buses a Santa Clara. Quédese otro día y viene mañana.

Me acordé otra vez de Bárbaro, que nos había dicho aquí todo funciona ordenadito, vayan tranquilos hermanos, y recordé también los días que habíamos visto llover sobre el mar y que no queríamos repetir.

–¿No podríamos subir al bus de los cubanos? –pregunté amablemente.

El boletero, que hasta ese instante mantenía una expresión de distancia o pereza, me miró como si hubiera dicho una blasfemia, o yo fuese un espía pagado por la CIA, y en ese momento creí que apretaría un botón y se abriría el suelo y caeríamos al pozo[12] de los cocodrilos; pero sólo dijo fuerte y claro:

–No señor, no puede. Los buses para cubanos son para cubanos; los buses de extranjeros son para extranjeros, ¿comprende? Estas son las reglas de la revolución.

Andrés Gómez (autor chileno), *Pequeñas resistencias* 3, 2004

1. ni fría ni caliente
2. *était devenu*
3. dictador cubano antes de la revolución
4. *gilet*
5. mis padres *(diminutif)*
6. aunque
7. *tickets*
8. *épuisés*
9. bebida alcohólica
10. *voyage organisé*
11. afirmó
12. *puits*

Comprender el texto

1 ¿Qué tipo de turistas son los dos viajeros?
¿idealistas? ¿comprensivos? ¿exigentes? ¿curiosos?

2 ¿Cuál de los dos se adapta mejor a la realidad local?

3 ¿Las dos personas con quién se encuentran –Bárbaro y el boletero de la estación de buses– les permitirán comprender mejor el modo de vida y las costumbres del país?
trato con los extranjeros | respeto de las normas | patriotismo | economía

4 A pesar de algunos contratiempos: ¿les habrá gustado el viaje?

¿Hacia un horizonte nuevo?

SECUENCIA 7

Contra viento y marea

DÉCOUVRIR et COMMUNIQUER

1 ¿Irse a cualquier precio?
L'émigration cubaine
- Approcher la réalité d'un pays.
- TAREA Aprendiz de guionista

2 Dar el paso
Flux migratoires du Maghreb vers l'Espagne
- Identifier la poétique d'un texte.
- Prendre position et argumenter ses choix.
- TAREA ¿Le darías un premio a esta foto?

3 ¿Es fácil integrarse?
Des expériences personnelles
- Donner une appréciation sur l'intégration.
- Rétablir la véracité d'un message.
- TAREA Correspondencia sincera

4 Echar una mano
Des liens de solidarité
- Comprendre une proposition surprenante
- TAREA Sensibilizar y convencer

UTILISER

Lexique
- L'immigration : les causes du départ, le voyage, l'intégration
- Le monde du travail
- Les sentiments et les émotions

Grammaire
- L'emploi du subjonctif
- *Lo* + adjectif
- *Ser* et *estar*
- L'opposition
- Le conditionnel (irréel du passé)

Orthographe
- L'emploi des points d'interrogation et d'exclamation
- L'orthographe des chiffres
- L'accent écrit lors de l'enclise des pronoms au gérondif, à l'infinitif et à l'impératif

Prononciation
- L'intonation pour contrargumenter

PROYECTO → p. 141

Escribe el guion de una escena de la película "Madrid Blues"

ENFOQUE 1

¿Irse a cualquier precio?

COMPRENSIÓN LECTORA

Marta y Lorenzo, productores españoles, han ido a Cuba en busca de nuevos talentos. Quieren contratar a los músicos de la banda de Ruy y Gorki.

¿Un contrato justo?

Sala. Interior. Todos en círculo, escuchando a Marta.

MARTA: *(enseña el contrato)* Os voy a ser sincera. Este contrato, según se mira, es una mierda. Si fuerais músicos, con una obra importante, seguro que me lo tirabais a la cara, pero teniendo en cuenta el punto en el que estáis, creo, que es razonable. La duración del contrato es por tres años. Durante este tiempo la compañía tiene la exclusiva de todo lo que hagáis.

MÚSICO 1: ¿De todo?

MARTA: *(firme)* De todo. Y nada se hará sin el consentimiento de la compañía. Esto es muy importante que lo tengáis claro. ¿Me seguís?

GORKI: *(riéndose)* Si me sacas de aquí la sigo hasta el fin del mundo.

MARTA: Desde que salgamos de la Habana y durante los primeros seis meses la compañía se hará cargo[1] de vosotros. En Madrid tendréis alojamiento y unas dietas[2] para vuestros gastos. A partir de los seis meses os tocará a vosotros haceros cargo.

MÚSICO 2: ¿Con qué dinero?

LORENZO: Cobraréis un porcentaje del beneficio de los conciertos.

MÚSICO 3: ¿Qué porcentaje?

LORENZO: Irá subiendo cada año hasta llegar al 60.

MÚSICO 4: ¿Y se podrá vivir con ese 25%?

MARTA: Al principio ajustadito[3], pero creo que todo irá muy bien y podréis vivir de puta madre [...]. Bueno, a ver, continuemos. No se cobrarán royalties[4] hasta que no se hayan cubierto los gastos de grabación y marketing.

GORKI: *(se levanta, enfadado)* Coño y ¿qué esperan, que durante los próximos tres años vivamos sólo para su compañía? [...]

LORENZO: A ver chicos, chicos... [...] Todos los músicos que empiezan sueñan con que llegue un productor que les descubra, que les ayude, que les lance, pues esto es lo que esta compañía os está ofreciendo, nada más.

GORKI: Eso es tremenda mierda y no nos merecemos que nos traten como lo están haciendo.

MARTA: Ruy, estás muy callado. ¿No tienes nada que decir? [...] No te veo muy convencido, no.

RUY: No lo estoy [...] Los que se están pasando son ustedes, Lorenzo quiere que [...] trabajemos para ustedes por una miseria y encima de eso que estemos felices. No somos ningunos muertos de hambre, ¡brother! Bueno, hambre tenemos, pero me como un ladrillo[5] antes de que su compañía se llene los bolsillos a costa mía.

MARTA: ¿Eso significa que no vas a firmar? [...]

Adaptación del guión de *Habana Blues*, de Benito Zambrano, 2004

ESTRATEGIA: Dans un texte de théâtre ou un script, repère les mots entre parenthèses : ils te permettront de connaître l'état d'esprit des personnages et t'aideront à comprendre le ton de leurs paroles.

¿LO SABÍAS?

Casi un 20% de los cubanos viven fuera de la isla por motivos personales, políticos y económicos.

Algunos datos sobre Cuba
→ INFÓRMATE p. 138

1. hacerse cargo de: *prendre en charge*
2. algo de dinero
3. ajustadito: *ce sera un peu juste*
4. royalties: dinero que cobran los artistas
5. fracasar: *échouer*
6. un ladrillo: *une brique*

Fotogramas de la película *Habana Blues*, 2004

① **ANTES DE LEER,** fíjate en el título, la introducción, el tipo de texto y las imágenes. ¿Qué contará esta historia?

② **LEE** el guion. Expón los argumentos a favor o en contra del contrato.

③ Escribe en español estándar las siguientes expresiones coloquiales: *"ese contrato, según se mira, es una mierda"*, *"podréis vivir de puta madre"*.

④ ¿Para qué sirven las palabras que ves entre paréntesis?

EXPLICA (citando ejemplos) qué se entiende sobre la situación económica de Cuba y lo que representa España para los que quieren marcharse.

TAREA Aprendiz de guionista.

→ Produire un écrit spécifique (scénario).

Marta y Lorenzo salen de la reunión con Ruy para hablar a solas de su rechazo de firmar el contrato pero la escena acaba mal....

Fotograma de la película *Habana Blues*, 2004.

Imagina y escribe la continuación de la escena.

Etapas:

1. Mira el vídeo y luego observa este fotograma.
2. Imagina y redacta diez réplicas como en el diálogo *¿Un contrato justo?*
3. Da indicaciones escénicas redactando acotaciones, como por ejemplo: *rompe el contrato / cierra los ojos y suspira hondo / riéndose a carcajadas / echándole en cara / furioso...*
4. Escenifica el guion en clase.

Vocabulario

la situación económica

la crisis, el desempleo = el paro, la desocupación, los gastos: *les dépenses*

el contrato

la duración, las cláusulas, la validez, la caducidad
firmar un contrato, contratar
emplear ≠ despedir
aprovecharse de / explotar a alguien
el beneficio = la ganancia ≠ la pérdida

el mundo de la música

los músicos, los fans, los seguidores
tocar en una orquesta / en una banda, grabar un disco, la grabación
actuar en vivo, una actuación
tener éxito, triunfar ≠ fracasar

Gramática

L'emploi du subjonctif

"Desde que salgamos de La Habana y durante los primeros seis meses la compañía se hará cargo de vosotros".

▸ Gramática 29 p. 215 p. 216

+ EJERCICIOS www.nuevas-voces.com

ENFOQUE 2

Dar el paso

COMPRENSIÓN LECTORA

Nochebuena en una patera

Juan Carlos Menéndez, *El País Semanal*, 23/12/2001

Acurrucado[1] al fondo de la patera, Hasán observa temeroso[2] ese traicionero y voraz valle de las sombras que es el Estrecho. Tiene frío y sus pies están mojados, como mojados están los pies de los demás compatriotas que se hacinan en la barca, con las manos tan vacías como el día en que llegaron al mundo.

Es Nochebuena, y aunque vienen de Oriente, Hasán sabe que no son reyes. Sabe también que cuando pise[3] la fina arena de la playa, en ese paraíso occidental que es España, ningún niño vendrá con una zambomba[4] y una pandereta[5] a cantarle un villancico y desearle "Feliz Navidad" como tampoco nadie le invitará a su casa para compartir la cena y dar las gracias a Dios aunque sea el Dios de los cristianos.

Mira a su alrededor, la oscuridad es total. Ni una tos[6], ni un gemido. El silencio sólo se ve roto por el rugido infernal del oleaje y el monótono "plof, plof" de ese viejo motor de gasolina que está a punto de sufrir un infarto y hacerle sucumbir bajo las aguas para siempre. A lo lejos, en lo que él supone que debe de ser la costa gaditana[7], miles de luciérnagas[8] de colores parpadean en la noche, semejando estrellas prisioneras en un jardín. Curiosamente, el cielo está cubierto de nubes y la luna es un pequeño cuerno que le recuerda el amuleto que lleva prendido del cuello y en que de alguna forma confía que ha de protegerle de todo mal.

El patrón, un hombre violento y sin escrúpulos, grita. Y por encima del rugido ensordecedor del oleaje, una sirena acusadora se deja sentir por lontananza[9]. La acompañan tres espléndidas luciérnagas de color azul, blanco y rojo. Junto a él, una mujer llora desconsoladamente. Su hijo no nacerá en España, pero al menos la mar, hambrienta como una fiera[10], se quedará sin cena esta noche y Hasán, por una vez siente que es Navidad.

1. acurrucado : *accroupi*
2. temeroso : *craintif*
3. pisar : *fouler*
4. una zambomba : tambor típico de las fiestas navideñas
5. una pandereta : *un tambourin*
6. una tos : *une toux*
7. gaditana : *gaditaine, de Cadix, ville d'Andalousie*
8. luciérnagas : *lucioles, vers luisants*
9. por lontananza : *dans le lointain*
10. una fiera : *un fauve*

① **ANTES DE LEER.** Observa la ilustración e interpreta la imagen. ¿De qué tratará el texto?

② **LEE** el texto e identifica :
- de quién se habla,
- el lugar de los hechos,
- la época del año,
- la situación narrada.

③ ¿Qué reúne, al comienzo, a los protagonistas de estos hechos?

④ Apunta todo lo que a lo largo del texto se puede relacionar con:

la tragedia | la incertidumbre | la esperanza | la injusticia

TU OPINIÓN: ¿Es un texto poético o informativo?

¿LO SABÍAS?

Una patera es cualquier tipo de barca pequeña utilizada por los inmigrantes para cruzar el mar entre Marruecos y la Península Ibérica o las Islas Canarias.

→ INFÓRMATE p. 139

TAREA ¿Le darías un premio a esta foto?

→ Prendre position et argumenter ses choix

Un soldado dando calor con su propio cuerpo a un inmigrante africano. (foto: Francisco Carrasco)

El fotógrafo Francisco Carrasco ha sido galardonado con el Premio Godó de Fotoperiodismo, que concede la Fundación Conde de Barcelona, por esta fotografía obtenida en la costa de Tarifa (Cádiz).

Explica por qué razones compartes o no la elección del jurado que ha premiado esta fotografía.

Etapas:

1. Para ayudarte a dar tu opinión:
- imagina los sentimientos del policía,
- di qué emociones sientes al ver la foto,
- piensa qué tipo de valores puede tener esta foto.

2. Opina y explica:
Yo daría el premio a esta fotografía ya que... / No pienso que esta foto se merezca el premio porque...

3. Coméntalo con tus compañeros... y ¡defiende tu punto de vista!

LENGUA

Vocabulario

la migración

emigrar, irse, expatriarse ≠ inmigrar, llegar, establecerse, afluir
la acogida, la aceptación,
la protección ≠ el rechazo,
el desamparo, el abandono
cruzar el estrecho, aventurarse, correr riesgo, peligrar, exponerse

la emoción

conmover, impresionar, afectar
la ternura, la delicadeza, el cariño

Gramática

Emplois de *ser* et *estar*

"Es nochebuena"
"Las manos están vacías"
"Está cubierto de nubes"
"La luna es un pequeño cuerno"
"Es Navidad"

► Gramática 32 p. 218 p. 218

***Lo* + adjectif**

lo poético del texto / lo conmovedor de la situación

► Gramática 15 C p. 200

Ortografía

"miles de luciérnagas" le chiffre ***mil*** est invariable et par conséquent il ne s'accorde jamais : mil euros ; "miles" est un nom et correspond au français « milliers » et s'accorde :
Miles de personas acudieron a la manifestación.

Pronunciación

PISTE 25 **Presenta contraargumentos empleando un tono adecuado. Escucha y entrénate.**

Sí, es cierto pero sin embargo...
Sí, pero también es verdad que...
Tienes razón, aunque...

+ EJERCICIOS www.nuevas-voces.com

ENFOQUE 3

¿Es fácil integrarse?

COMPRENSIÓN ORAL

PISTE 26

Varias clases de extranjeros

Entrevista a Elda González: "Una clave para la integración de los inmigrantes latinoamericanos" - Hora América, 05/04/2010, RNE

Elda González.

rogar: *prier*

¿LO SABÍAS?

La inmigración en España

→ INFÓRMATE p. 139

ESTRATEGIA: Si lorsque tu écoutes une interview radiophonique, tu as du mal à comprendre l'invité, prête davantage attention à ce que dit le journaliste : il reprend ses propos et les résume... et est souvent plus audible.

ESCUCHA y completa esta ficha:

- Número de voces que se oyen: ...
- Voces femeninas: *la ... y Elda González*, profesión: ...
- Palabras de la canción relacionadas con el tema del reportaje: ...
- Definición de la palabra "emigrante" según el diccionario de la Real Academia Española:
  persona que...
  con el fin de....

Diversas clases de extranjeros en España según explica Elda González:

Según su origen geográfico	Integración: + facilidad / - dificultad	derechos	Reacción de la sociedad española
Extranjeros comunitarios	porque...		
Extranjeros del "primer mundo"			
Provenientes del sur			

TU OPINIÓN: ¿Los latinoamericanos tendrán más facilidad para integrarse en España que otros inmigrantes? Justifica tu respuesta.

COMPRENSIÓN LECTORA

Queridos papás,

Espero que al recibo de la presente se encuentren bien. El lunes sin falta, les llega la plata para la computadora del Osvaldito. Por aquí, me va muy chévere[1]. Vivo en un departamento del puritito centro. Es el barrio histórico. No se pueden imaginar lo bonito que es esto. Aquí a nuestros paisanos[2] nos respetan mucho. Dices que eres de allá y nos abren todas las puertas. Hay tantos lugares lindos para trabajar y cada semana cambio de empresa. Si me vieran estarían muy orgullosos. Estamos bien por acá. Con los guambas nos lo pasamos bacán[3]. Y los domingos vamos al fútbol. Me hice socio del... me hice socio del mejor equipo de acá. Lo ganamos todo.
Te sientes grande en esta cancha[4].
Me despido con un fuerte abrazo.

1. muy chévere : *bien* - **2.** nuestros paisanos : nuestros compatriotas
3. pasarlo bacán : pasarlo bien - **4.** la cancha : *le terrain de foot*

① **LEE** la carta de este inmigrante recién llegado a Madrid. ¿Cómo se desarrolla su integración? Da ejemplos para ilustrarlo indicando:

El lugar donde vive	Su trabajo	La gente	Sus ocios

② **MIRA** el vídeo y di si lo que ves corresponde con lo que cuenta en la carta.

③ ¿Qué representa el equipo del Atlético de Madrid para el chico?

TU OPINIÓN. Si estuvieras en su lugar, ¿preferirías mentir o decir la verdad?

TAREA Correspondencia sincera

→ Respecter les règles d'écriture d'une lettre personnelle

Redacta la carta que el chico del vídeo enviaría a sus padres si les contara la verdad.

- Encabezamiento: *Queridos...*
- Introducción: *Espero que estéis bien. / ¿Qué tal estáis?*
- Contenido: *Os escribo esta carta para deciros que...*
- Despedida: *Un abrazo fuerte / Mil besos*

Vocabulario

el derecho

las normativas de extranjería = las leyes que se aplican a los extranjeros
tarjeta de residencia (*Green Card* EE.UU., *carte de séjour-France*)
permiso de trabajo

la integración

ser aceptado ≠ ser rechazado
acoger ≠ excluir
una actitud recelosa (el recelo) ≠ una actitud de confianza

las dificultades

las trabas, los obstáculos laborales (del trabajo), de alojamiento (vivienda), familiares (el reagrupamiento)

Gramática

L'opposition

*... **sin embargo** se encontró con una situación bien diferente.*
*... **en cambio** para otros debe ser más difícil.*

▸ Gramática 34 p. 220

+ EJERCICIOS www.nuevas-voces.com

ENFOQUE 4

Echar una mano

COMPRENSIÓN LECTORA

Boda de urgencia

Me ocurrió cuando recién llevaba un par de años en España. [...] Estaba feliz, pues cenaba con cuatro simpáticas chicas, españolas todas, de forma que la nostalgia del Perú quedaba aparcada hablando de temas intrascendentes[1].

De pronto, Cibeles, [...] me hizo una serie de preguntas [...] que me sustrajeron del placer de la cena para devolverme a la parte más cruda de mi realidad:

–¿Y tú como llevas tus papeles de residencia[2]?

–Tengo residencia de estudiante y estoy solicitando la residencia de trabajo.

–¿Y te la van a dar?

–Pues no lo sé. Actualmente no se permite ese cambio, pero están empezando a regularizar gente y espero que mi solicitud se pueda colar[3].

–¿Y si te la rechazan[4]?

–Me tendría que ir de España dentro de unos meses, cuando me caduque[5] la residencia de estudiante.

–¿No tendrías forma de quedarte?

–Legalmente no. Me tendría que regresar al Perú.

–¡Qué fuerte! ¿Y si no te vas?

–Podrían expulsarme.

Tras un intervalo de silencio, otra chica, Muxía, gallega para más señas, tomó el relevo de las preguntas, con un acento más suave:

–¿Y no habría otra forma para conseguir ese permiso?

–Pues sí, –le dije– habría dos maneras. Una, si me tocara la lotería, gastando unos millones en abrir una empresa.

–¡Carallo! ¿Y la otra?

–La segunda sería casándome con una española. Ni juego a la lotería ni tengo novia así que espero que me den el permiso de trabajo.

Intenté disimular ante las chicas mi semblante preocupado. [...] Muxía, tras unos instantes cavilando sus palabras[6], dijo algo que me dejó perplejo:

–Pues no te preocupes. Si no te dan ese permiso, yo me caso contigo para que te quedes.

Las palabras de Muxía suscitaron en las otras chicas risitas incrédulas, que luego se convirtieron en sonoras carcajadas seguidas de aplausos. Muxía se puso más seria entonces y mirándome a los ojos reafirmó:

–Te lo digo de verdad: yo me caso contigo si te hace falta para quedarte en España.

[...] Me sorprendió la generosidad de la chica. Volví a agradecérselo[7] mientras Cibeles, muerta de risa, sacaba de su bolso lápiz y papel para apuntar nuestros números de teléfono. Me dio un papelito con los números y escribió encima del nombre de Muxía: "Boda de urgencia".

Javier Távara (autor peruano), *Yo también me llamo Perú*, 16/05/2010

1. intrascendentes : sin importancia
2. papeles de residencia : *le permis de séjour*
3. colar : *« passer », être accepté*
4. rechazar : *refuser*
5. caducar : *arriver à échéance*
6. pensándolo bien
7. agradecérselo: darle las gracias

① **MIRA** el título, ¿qué será una "boda de urgencia"?

② **LEE** el texto. Apunta todo lo que se refiere al narrador:

Edad aproximativa	Nacionalidad	Profesión	Estado

③ ¿Con qué problema se enfrenta el narrador? Indica las palabras que lo revelan. ¿Qué posibilidades existen para solucionarlo?

④ Señala algunas palabras que indican lo preocupado que está.

⑤ Cita la frase que Muxía pronuncia para proponerle una solución.

⑥ ¿Qué palabras traducen la reacción del narrador?

(desconcertado) (incrédulo) (sorprendido) (enfadado)
(irritado) (desconfiado) (muerto de risa) (perplejo)

TU OPINIÓN. La actitud de Muxía te parece:

(generosa) (arriesgada) (irresponsable) (...)

TAREA Sensibilizar y convencer.

→ Personnaliser le message d'une campagne de communication.

Escribe un texto de unas 5 líneas en primera persona, como si tú fueras este niño. Este cartel deberá convencer a los que todavía tengan dudas sobre su mensaje.

Etapas:

1. Para saber dónde vive este niño, busca dónde está Aragón.
2. Imagina lo que podrá decir acerca de: sus datos personales / su país de origen / su familia / las relaciones que tiene con los demás (amigos de clase, vecinos, etc.) / sus proyectos y sus sueños.
3. Redacta el testimonio del niño en primera persona, utilizando los tiempos verbales adecuados según lo que cuenta.

Vocabulario

situación de los inmigrantes
dar un permiso, regularizar, obtener papeles de residencia

la sorpresa
sorprender, asombrar, desconcertar, dejar perplejo

la boda
casarse, el novio, la novia, la fiesta, el marido, la mujer

Gramática

Le conditionnel et l'irréel du présent

"¿Y no habría otra forma para conseguir ese permiso?"
"Si me casara contigo, te quedarías en España."

▸ Gramática 30 p. 216 p. 217

Ortografía

L'accent écrit lors de l'enclise des pronoms au gérondif, l'infinitif et à l'impératif

"La segunda sería casándome con una española."
"Muxía se puso más seria entonces y mirándome a los ojos reafirmó..."
"Volví a agradecérselo."
Pues, dame tu mano: ¡dámela!

EJERCICIOS www.nuevas-voces.com

INFÓRMATE

Algunos datos sobre Cuba

La Habana, Cuba.

REFERENCIAS HISTÓRICAS

Descubierta por Cristóbal Colón en **1492**, la isla fue colonizada durante décadas.
Los diversos conflictos, la renuncia de la isla por parte de España en **1898** después de la guerra hispano-cubano-estadounidense, el control cada vez más intenso de los EEUU y los diversos regímenes dictatoriales caracterizan el siglo XIX y la primera mitad del XX.
En **1956**, Fidel Castro, su hermano Raúl y Ernesto Che Guevara, desembarcan en Cuba: la ofensiva de los guerrilleros provocará la caída del general Batista.

INDICADORES SOCIOECONÓMICOS

Superficie: 110 861 Km^2
Capital: La Habana (2 201 600 hab.)
Población (2009): 11 204 000 habitantes.
Régimen político: república, régimen socialista.
Jefe de gobierno: Raúl Castro
Lengua oficial: español
Economía: PNB y PNB/hab: sin determinar.
Población activa (2004):
agricultura: 21,2%,
minas e industrias: 46,4%,
servicios: 59,4%.
Turismo, ingresos: 2 404 millones de $.
Comercio exterior exportaciones (2006):
2 682 millones de $,
importaciones: 7 125 millones de $

Atlas socioeconómico de los países del mundo, Larousse.

1959, Victoria de la revolución castrista. En la foto, de derecha a izquierda: Fidel Castro, su hermano Raúl y Ernesto Che Guevara.

EL RÉGIMEN CASTRISTA

Fidel Castro, primer ministro, emprende una política de nacionalizaciones que provoca el embargo de los EEUU sobre el comercio cubano mientras que la URSS apoya al nuevo régimen.

1965 – **1970** – **1975** – **1980** – **1985** – **1990** – **1995** – **2000** – **2005** – **2010**

1965-1972 El endurecimiento del régimen (nacionalización del comercio privado, entrenamiento militar en las escuelas) provoca una emigración masiva.

1976 Fidel Castro es nombrado presidente de la república y en él se concentran todos los poderes.

1980 Distensión de las relaciones con los EEUU. Emigración de cubanos hacia Florida.

1994 Nueva ola de emigración de cubanos hacia Florida. El régimen se ve debilitado por el desmoronamiento de los países del Este y por la desintegración de la URSS. Se afirma la ortodoxia marxista a pesar de ciertas aperturas hacia la economía de mercado

2006 Fidel Castro (enfermo) delega el poder a su hermano Raúl, ministro de la defensa.

2008 Fidel Castro renuncia a solicitar un nuevo mandato como presidente del Consejo de Estado. Le sucede Raúl Castro.

A partir de estos datos y de tus conocimientos sobre el tema di qué fenómenos se pueden relacionar con las diferentes olas de emigración de los cubanos a los Estados Unidos. razones políticas | razones económicas

La inmigración en España

ALGUNOS DATOS

TOTAL 4 526 522
hombres 2 363 172
mujeres 2 163 350

Origen / Principales países:

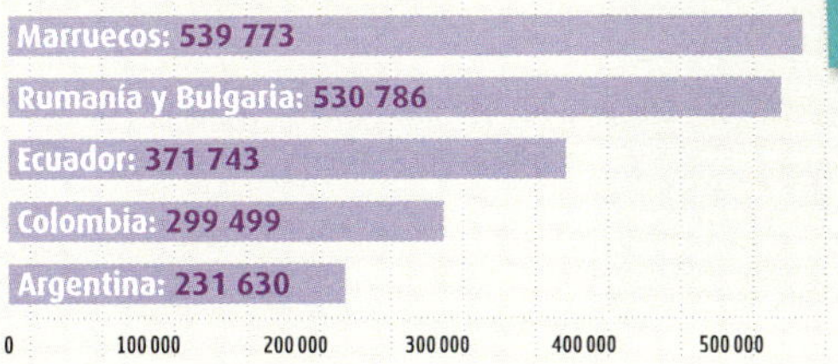

(source I.N.E – 2007)

EL VERDADERO ROSTRO DEL INMIGRANTE DE LOS CAYUCOS

Ni analfabetos, ni huyendo del hambre, ni «engañados por las mafias». 26 años, con formación, con empleo, sólo el 1,2% fue convencido "por los pasantes" para subirse a un cayuco con destino a España, es el perfil del inmigrante que trató de llegar a nuestro país de 2006 a 2008. Un amplio y riguroso estudio de Cruz Roja desmonta muchos de los mitos en torno a la migración africana por esta ruta marítima. Cada inmigrante pagó 641 euros de media por el viaje, sólo en esos tres años la ruta de los cayucos generó un movimiento de 45 millones de euros.

Cadenaser.com

① Explica estos datos tomando en cuenta la proximidad: **geográfica** **lingüística** **cultural** de los diferentes países de origen de los inmigrantes que llegan a España.

② ¿Qué mitos contradice este informe de la Cruz Roja? Características de los emigrantes: lo que comúnmente se cree: ... - los datos que aporta este informe: ..

ESCUCHA EN CASA

PISTE 27

ESCUCHA la canción y memoriza estos versos para decirlos con ritmo de rap.

(...)
Extraño mi tierra querida
Hablar de ella ni lo intentes
Todo el tiempo está en mi mente
La tengo presente, entiende
Me habla el corazón que no me miente hermano
Frotando ando pasando la mano, mano
Sobre el mapa de este Mundo
Y desde lo profundo de mi corazón siento nostalgia
Una extraña sensación como añoranza
De esta distancia, que se interpone
Que regresaré bien se supone
Y eso me pone
el hombre más feliz por un segundo
(...)

5.3.7 Cuba (ORISHAS - Antidiótico)

NUEVAS TECNOLOGÍAS

▸ Para navegar, pp. 256-257

CIBERINVESTIGACIÓN

Descubre un "juego serio" de la agencia de la ONU

1. Conéctate en el sitio *http://www.contravientoymarea.org/game.html* y "juega" a *Contra viento y marea*.

Contra viento y marea es uno de los Recursos ofrecidos por HDM (Historias del Milenio) Educación.

2. Elige a un personaje y escribe tu nombre.
Haz clic sobre "Una nueva vida" y sigue las instrucciones dentro de las cuatro etapas:

a) ¡Consigue trabajo!

b) Vamos de compra

c) Clasifica según el origen

d) Tu primera vivienda

3. ¿Qué lección sacas de cada una de estas etapas?
Redacta unas líneas y mándalas por email a tu profesor.

Cuando el inmigrante está buscando un empleo, me sorprende que el jefe no le permita acceder al otro puesto...

B2i **Communiquer, échanger** ✓ Je sais adapter le contenu des informations transmises aux lecteurs potentiels.

HAZ TU PROYECTO CON LAS TIC

"Motor... ¡Acción!"

1. Memoriza los diálogos que has creado en tu Proyecto (cf. pg. 141) y prepárate para actuar.

2. Busca en internet fotos de decorados posibles (el aeropuerto de Madrid, dentro de un bar o en la calle...) que cuadren con el ambiente de tu argumento y proyéctalas en la pared de la clase para dar la impresión de estar en una película.

3. Filma la escena con una videocámara.

Sugerencias

- **Si tu instituto dispone de una cámara vídeo, pide a un compañero que filme la escena y enséñala en clase.**

PROYECTO

Inventa la escena de una película que se podría llamar "Madrid blues" y escribe el guion. *Gorki y sus amigos han llegado a Madrid...*

Etapas

1. TIPO DE TRABAJO

Colectivo: en parejas.

2. PREPARACIÓN

a) Determina :

- qué **personajes** intervendrán (selecciona algunas de las escenas anteriores (p. 130) e inventa otras según lo que necesite el argumento),

- el **lugar de la escena** (en el aeropuerto de Madrid, en la casa discográfica de Marta, en un bar con Marta y Lorenzo, etc.).

b) Imagina una **situación problemática** o un conflicto personal / profesional / afectivo / etc.

c) Para organizar la acción, define:

- la **situación inicial**,
- el **desarrollo de la escena**,
- el **desenlace** o la resolución del problema.

PERSONAJES: ...
LUGAR DE LA ESCENA: ...

- Situación problemática o conflictiva: ...

- Situación inicial: ...
- Desarrollo de la escena: ...
- Desenlace: ...

3. REALIZACIÓN

a) Escribe el guion: redacta la introducción, los diálogos y las acotaciones.

b) Lee el guion y comprueba si está listo para el rodaje.

Consejos útiles

- **No te olvides de escribir las acotaciones entre paréntesis entre el nombre del personaje y su réplica.**

▸ Nuevas tecnologías, Haz tu proyecto con las TIC, p. 140

El sueño americano

Una carita en la frontera

Bastien Inzaurralde,
whoareyouamerica.wordpress.com, 2010

Cuando los agentes de la patrulla fronteriza de los EEUU arrestan inmigrantes indocumentados en la zona de Nogales, los instalan en las llamadas celdas de retención. Lo he visto. He visto gente en esas celdas de retención. De esa forma pude también ver mejor que cuando se trata el tema de la inmigración, se está tratando de personas, de caras, de hombres y mujeres. Y no sólo de kilómetros de valla, de dólares y de legislación.

Fue durante un viaje de estudios de un curso universitario especializado en la temática de los latinos en Estados Unidos. En realidad no se accede a las celdas de retención sino más bien a una pequeña habitación contigua desde donde se ve, a través de una ventana –pero no se oye– lo que está pasando. Me di cuenta de que esa ventana no tenía cristales opacos, cuando una niñita de unos 6 años, me miró a los ojos y luego volvió la cabeza, buscando dónde posar su mirada.

El agente nos estaba explicando que los inmigrantes son, por lo general, "buenas personas". A propósito, según el *Arizona Daily Star*, más de 1750 de esas "buenas personas" han muerto en Arizona desde 2001...

Aquella niñita, pues, me miró. Instantáneamente dejé de escuchar al agente. A decir verdad, me sentía tan conmovido que empecé a tomar los apuntes en mi propio idioma. No fui capaz de seguir escribiendo en inglés, demasiado difícil. La niñita estaba de pie detrás de un escritorio, sobre el que apoyaba su carita.

No parecía aterrorizada pero tenía una expresión de tristeza. Seguro que se sentía nerviosa y preocupada. No le vi abrir la boca ni una sola vez mientras estuve observándola. Estaba a la espera. No creo que supiera precisamente qué estaba esperando.

Su mirada se perdía entre los agentes y los inmigrantes que estaban a su alrededor. De pronto le echó un vistazo a unos formularios sobre el escritorio, luego, le clavó los ojos a uno de los policías y después miró a alguien a su izquierda que debía ser su padre.

El hombre escuchaba al policía y por lo visto intentaba saber dónde tenía que firmar los documentos. No decía nada, sólo asentía de vez en cuando.

La niñita se había cruzado de brazos.

Cuando me miró nuevamente, le sonreí. Y, en el acto, se volvió hacia otra parte.

① Este artículo trata de un problema: ¿político / personal / económico o social?

② ¿Qué datos o informaciones te hacen reaccionar?

③ El reportero, los agentes, el padre y la niña se encuentran en el mismo lugar. ¿Qué significado tiene para cada uno de ellos la escena narrada?

La Frontera

Frida Kahlo - Coyoacán, México 1907-1954. Algunos de sus cuadros fueron inspirados por su percepción de la sociedad norteamericana durante las estancias que realizó en diversas ciudades (San Francisco, Nueva York, Detroit) acompañando a su marido, el famoso pintor Diego Rivera, a quien varias instituciones estadounidenses encargaron la realización de murales en sus edificios y sedes.

"... He visto a miles de gentes en la más terrible miseria, sin comer y sin tener dónde dormir, ha sido lo que más me ha impresionado de aquí, es espantoso ver a los ricos haciendo de día y de noche "parties", mientras se mueren de hambre miles y miles de gentes..."

Frida Kahlo, Hayden Herrera, Ed. Planeta, 2004

◄ Frida Kahlo, *Autorretrato en la frontera entre México y Estados Unidos*, 1932, óleo sobre lámina, 31,9 × 34,9. Colección Manuel Reyero y señora, Nueva York.

1 dualidad · oposición · contraste · ambivalencia · contradicción son los calificativos más empleados por los críticos para hablar de esta obra. ¿Puedes explicar a qué aspectos del cuadro se refieren?

2 Sólo un pequeño detalle (parte inferior) enlaza los dos lados de la frontera. Identifícalo y di lo que, a tu parecer, habrá querido simbolizar la pintora con ese recurso.

EVALUARse

CD CLASSE

COMPRENSIÓN ORAL Traer a su familia

① Di de qué inmigración específica se trata en este programa de radio.

② Completa

Origen de los inmigrantes citados	Cuántos hay en situación regular	Cuántos hay en situación irregular

③ Además de los requisitos legales, ¿qué condición es indispensable para poder integrarse?

Mon bilan

○ Je peux comprendre les informations spécifiques simples dans un reportage radio. **B1**
→ Par exemple, relever des données socioéconomiques.

○ Je peux comprendre l'information centrale d'un message. **B2**
→ Par exemple, une explication précise sur un phénomène social.

COMPRENSIÓN LECTORA El problema n°1

① Según las encuestas, ¿cuál es, para los españoles, el primer problema de España?

② ¿El autor comparte ese punto de vista?

③ ¿Qué le preocupa más respecto a la inmigración?

Se ha establecido la peor asociación posible en nuestro campo verbal: inmigración igual a problema. El primer problema de España, el número uno, según las encuestas de opinión. Así, para los españoles, y según coinciden los estudios demoscópicos[1], la inmigración sería en la actualidad mayor problema que el llamado "terrorismo doméstico", con más de cincuenta mujeres asesinadas en 2006 y miles de denuncias por malos tratos, o que la violencia catastral[2], con un proceso de deterioro del medio ambiente y degradación urbanística que amenaza el propio territorio en que vivimos. Tenemos sí un problema. Ése sí que es un problema. El problema de que esté calando[3] la idea de que la inmigración es un problema para España. [...]
Hay problemas, claro, en torno a la inmigración, fundamentalmente los que sufren los propios inmigrantes. Los que se juegan la vida por llegar, los explotados de forma esclavista. Que nuestros vecinos inmigrantes no puedan votar, ni siquiera en las municipales, después de llevar años creando riqueza. Que sigan siendo personas invisibles, sin voz. Que no haya en el Congreso ni una sola persona de origen inmigrante. Ése es el problema. [...]
Que nadie quisiera emigrar a España. Que este país dejara de ser un país del deseo. Ése sí que sería un problema. El número uno.

Manuel Rivas (español), *A cuerpo abierto*, 2008

1. demoscópicos = estadísticos
2. catastral = urbanístico
3. calando = difundiendo

Mon bilan

○ Je peux reconnaitre les points significatifs d'un article d'opinion sur un sujet familier. **B1**
→ Par exemple identifier les différents problèmes évoqués.

○ Je peux aussi comprendre le schéma argumentatif suivi pour la présentation d'un problème. **B2**
→ Par exemple, comprendre le point de vue de l'auteur sur le thème de l'immigration.

EXPRESIÓN ORAL Cueste lo que cueste

La artista Judi Werstein (argentina) creó unas zapatillas que durante dos meses regaló a los mexicanos que querían cruzar la frontera con Estados Unidos.

dar un brinco = saltar

1. ¿Para qué se están preparando estos hombres?
2. ¿Cómo se sentirán?
3. ¿Qué piensas de la iniciativa de la artista?

Mon bilan

○ Je peux rendre compte d'un événement réel ou imaginaire. **B1**
➜ Par exemple, rendre compte d'un fait d'actualité comme l'initiative d'une artiste.

○ Je peux aussi développer un point de vue sur un sujet d'actualité. **B2**
➜ Par exemple, expliquer mon point de vue sur l'initiative d'une artiste.

EXPRESIÓN ESCRITA Y cuando llegué…

Imagina que llegas al país donde siempre has soñado vivir pero como la realidad no es un sueño, cuenta en una carta tu primera decepción / desilusión / dificultad.

- escoge el destinatario y emplea el estilo adecuado,
- sitúa la narración en el tiempo y el espacio,
- termina con una nota optimista.

Mon bilan

○ Je peux écrire des lettres personnelles pour décrire des expériences et des impressions. **B1**
➜ Par exemple, raconter un voyage imaginaire et décrire mes sentiments.

○ Je peux aussi décrire des événements et des expériences réels ou imaginaires en donnant des détails. **B2**
➜ Par exemple, en décrivant les détails d'un séjour imaginaire.

LECTURA EN CASA

Raíces

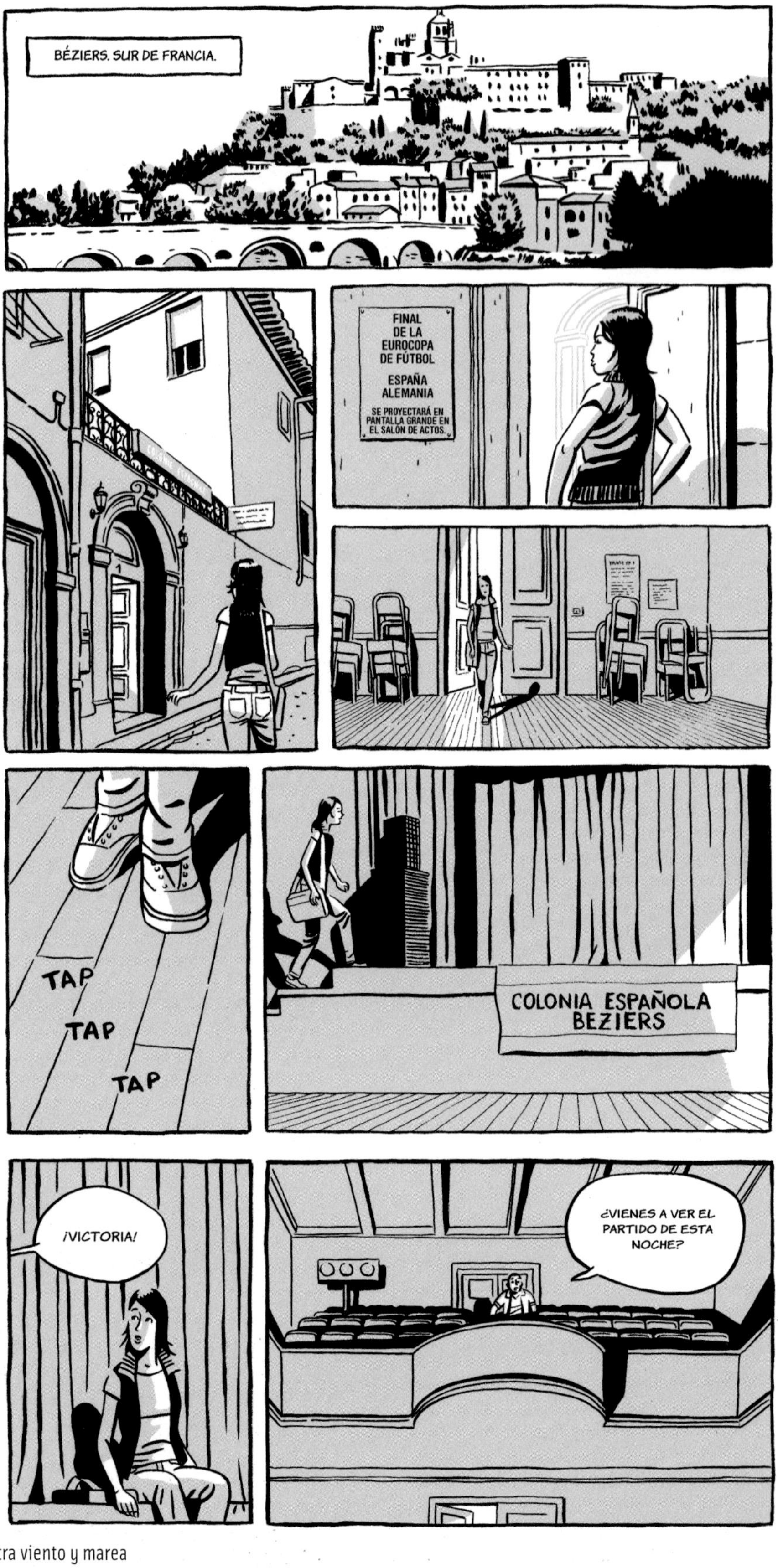

NO ME GUSTA EL FÚTBOL, ADRIÁN.
POR UNA VEZ, PODRÍAS HACER UN ESFUERZO.
ES ESPAÑA LA QUE JUEGA CONTRA LOS ALEMANES. VOY A SUBIR A LA BIBLIOTECA. ¿VIENES?
SÍ, AHORA VOY.

[...]

¿UNA GASEOSA EN LA CAFETERÍA?
SEÑORA ROSA, ¿NOS PUEDE PONER DOS GASEOSAS?.
ENTONCES...
¿TODAVÍA TIENES ESA IDEA ESTRAFALARIA DE VOLVER A ESPAÑA?
SÍ
Y NO VEO QUÉ TIENE DE ESTRAFALARIO. LO PIENSO MUY EN SERIO AHORA QUE HE TERMINADO LA UNIVERSIDAD. AHORA LA LEY ESPAÑOLA PERMITE A LOS HIJOS DE LOS EXILIADOS RECUPERAR SU NACIONALIDAD.
¿QUÉ NACIONALIDAD QUIERES RECUPERAR? NACISTE EN BÉZIERS...
NUESTROS PADRES NACIERON EN ESPAÑA, ADRIÁN.
ERES FRANCESA, VICTORIA.
TU PIENSA LO QUE QUIERAS... PERO NUESTRAS RAÍCES ESTÁN ALLÍ, UN INMIGRANTE PERTENECE TODA SU VIDA A SU PAÍS DE ORIGEN.
PSSSSS
¿DE DÓNDE HAS SACADO ESO?

[...]

...Victoria decide consultar al señor Luis, presidente de la asociación.

[...]

[...]

Unos días después...
Victoria y Adrián se vuelven a encontrar en el concierto organizado por el señor Luis con la complicidad de un cantante famoso para darles una sorpresa a los jóvenes de la asociación.

[...]

Serguei Dounovetz (guión), Paco Roca (dibujo), *El ángel de la retirada*, 2010

Comprender el texto

1. Victoria piensa que un inmigrante pertenece toda su vida a su país de origen. Para Adrián eso es una tontería. ¿Con cuál de los dos estás más de acuerdo?
2. ¿Comprendes los interrogantes de Victoria con respecto a sus orígenes?
3. ¿Crees que los consejos del señor Luis le ayudan a tomar una decisión?
4. ¿Qué te parece el final de la historia?

¿El verano no es sólo para descansar?

SECUENCIA 8

¿Divertirse es perder el tiempo?

DÉCOUVRIR et COMMUNIQUER

1 Gente alegre
Traditions et fêtes en Espagne et au Mexique

- Comprendre un point de vue sur l'importance des fêtes.
- Prendre en compte la subjectivité d'un récit.
- TAREA Revivir y compartir el recuerdo de una fiesta.

2 ¿Se mueve algo?
La Movida et ses principaux acteurs

- Être réceptif à l'esprit d'une époque.
- Comprendre un point de vue sur la jeunesse.
- TAREA ¡Viva la marcha!

3 ¿En broma o en serio?
Des styles de management : jeux et enjeux

- Exprimer un jugement sur l'éthique d'une technique commerciale.
- Donner son avis sur la place du plaisir au travail.
- TAREA Un minuto para relajarse.

4 ¡Cuantos más, mejor!
Une nouvelle manière de se rassembler

- Dire si l'amusement et la protestation sont compatibles.
- Donner son avis sur un phénomène récent.
- TAREA Convoca a un "flashmob".

UTILISER

Lexique
- La fête
- L'amusement et l'engagement
- Le jeu, la simulation
- Les mobilisations collectives

Grammaire
- Les comparatifs
- Les indéfinis
- La probabilité
- L'enclise au gérondif
- L'absence d'article devant *cierto*
- La structure *"se me ocurrió"*
- *Continuar* + gérondif
- Les phrases négatives

Orthographe
- Les mots terminés par *-or*
- Modifications orthographiques à la 1re personne du singulier du prétérit

Prononciation
- Les mots issus de l'anglais qui commencent par *h*
- L'intonation pour formuler et refuser une invitation

PROYECTO → p. 163

¡Organiza el día de la diversión en tu instituto!

ENFOQUE 1

Gente alegre

COMPRENSIÓN LECTORA

Valencia. Jóvenes vestidas de falleras siguen desde uno de los balcones del Ayuntamiento, el disparo de la mascletá.

El país de las fiestas

Nunca he visto un país tan fanático de las fiestas como España. Para empezar, las duplican todas: celebran santo y cumpleaños, Navidad y Reyes. Y luego, por si aún te quedan ganas de celebrar, están las fiestas regionales, que son de tres tipos: las religiosas como la Semana Santa de Sevilla, las paganas[1] como el Carnaval de Cádiz y las fiestas en que la gente se mata o hiere[2], como los Sanfermines de Pamplona.

Las Fallas de Valencia tienen de las tres.

Llego a la ciudad un viernes, y miles de personas desfilan por el centro de la ciudad. Los trajes de las mujeres son especialmente vistosos. Algunos llegan a costar 6.000 euros.

–¿Y quién paga esos trajes? –le pregunto a mi suegra, que es de ahí–. ¿Los empresarios turísticos o el ayuntamiento?

–Los papás de las chicas.

–Ya, pero ¿cuál es el negocio? ¿Por qué gastan tanto dinero en el traje?

–Porque les hace ilusión[3].

Literalmente relucientes, las mujeres le llevan ramos de flores a una virgen de veinte metros de altura. No muy lejos de ahí, una estatua de cartón piedra más o menos del mismo tamaño representa a una monumental mulata[4] carnavalera bailando al ritmo de un grupo tropical. Es la otra cara de la fiesta: la representación del pecado. Cada barrio construye estatuas de cartón piedra llamadas precisamente fallas que satirizan a las personas, sus manías, sus mentiras, sus problemas. Como los carnavales, las Fallas abren las puertas de lo profano y lo políticamente incorrecto antes de volver a la normalidad: tres días para decir la verdad, y un último para reducirla a cenizas. [...]

Uno de los eventos centrales, la *mascletà*, es una batería de estallidos[5] que ocupa toda la plaza del ayuntamiento haciendo retumbar el suelo y los edificios en diez calles a la redonda. Esta semana, la *mascletà* dejó once heridos. Eso está muy bien, porque hace unos años eran más. De hecho, según me explica la familia de mi novia, cada año toman nuevas previsiones y se muere menos gente, afortunadamente, porque antes era un horror.

Esto es España: la gente muere por las fiestas. [...] Me encanta este país.

Santiago Roncagliolo, *Jet Lag*, Alfaguara, 2007

ESTRATEGIA: Certains adverbes *(**nunca** he visto)* ou certains quantitatifs *(las duplican **todas**)* peuvent révéler les sentiments de l'auteur en exprimant l'exagération ; repère-les afin de savoir ce qu'il pense de telle ou telle fête.

1. las paganas : *les païennes*
2. se hiere : *se blesse*
3. hacer ilusión : *faire plaisir*
4. una mulata : *une métisse*
5. un estallido : *une explosion*

¿LO SABÍAS?

Los carnavales fueron llevados por los españoles y portugueses a Hispanoamérica después de la conquista y evolucionaron de distinta manera según los países.

Tradiciones populares
→ INFÓRMATE p. 161

① **ANTES DE LEER** el texto, di si conoces alguna fiesta de España y cuenta lo que sabes de ella.

② **LEE** el texto y apunta las expresiones del autor que reflejan:
- su fascinación, su sorpresa y cierta incomprensión,
- el "fanatismo" de los españoles por las fiestas,
- las características de ciertas fiestas (financiación, trajes y accesorios, rituales).

③ El autor dice que estas fiestas sirven para "decir la verdad" y "reducirla a cenizas". ¿De qué "verdad" se trata? ¿Por qué quemarla?

④ En España "La gente muere por las fiestas": ¿en sentido literal o figurado?

TU OPINIÓN. ¿Comprendes que se pueda al mismo tiempo glorificar a la virgen y a una mulata tropical?

COMPRENSIÓN ORAL

PISTE 28

Fiestas de México

Janik nos habla de una de las fiestas típicas de su país, México.

Puebla (México): preparativos para la celebración del "Día de los Muertos" (ofrendas o altares a los muertos).

① **ESCUCHA** este testimonio. ¿México es un país de gente alegre?

② Para los mexicanos la muerte es algo: (serio) (aburrido) (grave) o más bien: (leve) (alegre) (gracioso)
¿Cómo está representada la muerte y con qué finalidad?

③ ¿Cuando celebra esta fiesta, qué sentimientos expresa Janik con respecto a sus seres queridos y a la cultura de su país?

④ Es una fiesta de todas las generaciones: busca las palabras que lo indican.

TAREA ¡Revive el recuerdo de una fiesta!

→ Captiver son auditoire par un discours enthousiaste.

Acuérdate de una fiesta inolvidable y compártela.

Etapas:

1. Cuenta cuándo, cómo y dónde fue.
2. Cuéntalo con entusiasmo para que tus compañeros lo imaginen mejor:
- *¡Qué increíble! No os imagináis...* - *Nunca he visto...* *¡De locos!*
3. Explica por qué la recuerdas con tanta intensidad.

LENGUA

Vocabulario

la diversión

divertirse, ir o salir de fiesta o de juerga, ir de marcha, festejar, celebrar

una fiesta

una celebración, una juerga, un día festivo *(férié)* ≠ día hábil
el día de... (El día de la madre, etc.) : *la fête de*
el día de mi santo : *ma fête*

Gramática

Les comparatifs

*Hace unos años eran **más**.*
*Se muere **menos** gente.*
*Un país **tan** fanático de las fiestas **como** España.*

► Gramática 13 B p. 198 p. 199

Les indéfinis

***Algunos** llegan a costar 6.000 euros.*
*...que ocupa **toda** la plaza del ayuntamiento.*
***Cada** barrio construye estatuas.*

► Gramática 18 p. 204 p. 205

Pronunciación

PISTE 29 **Descubre curiosidades de la pronunciación. Palabras del inglés que empiezan con hache. Escucha y entrénate a pronunciarlas.**

Halloween, Hollywood, hip-hop [jíp jóp], hippy [jípi]

+ EJERCICIOS www. nuevas-voces.com

ENFOQUE 2

¿Se mueve algo?

EXPRESIÓN ORAL

Agatha Ruiz de la Prada, fotografiada por Ouka Leele

Ouka Leele: *Peluquería, Limones*

Alaska y Dinarama, 1980

¿LO SABÍAS?

La Movida...

Expresiones culturales
→ INFÓRMATE p. 160

① Asocia cada foto con una manifestación artística:
música | cine | diseño | fotografía

② Comenta la imagen que: prefieres / te causa risa / te parece ridícula / te sorprende.

③ Dirías que estas imágenes son: ¿de buen gusto?, ¿originales?, ¿provocadoras?, ¿subversivas?, ¿pasadas de moda?

④ Estas representaciones son de la época llamada de la "Movida". Busca palabras de la misma familia que "movida" y di si ese nombre está bien puesto. Justifica con lo que sabes de ese fenómeno cultural.

COMPRENSIÓN LECTORA

¿Gente inquieta?

Contesta Olvido Gara una cantante conocida bajo el nombre de Alaska, personaje emblemático de la "movida madrileña".

Yo creo que hay una mentira muy grande instalada en el sentir popular, y es que los ochenta[1] eran más divertidos y que la gente antes estaba más implicada. Siempre habrá jóvenes sin inquietudes[2], y siempre habrá jóvenes gracias a los cuales la sociedad avanza. Eso pasa en todas las generaciones y yo, como ya tengo 43 años, lo he vivido y lo he visto. Lo que pasó en un momento determinado en España y que ahora se llama 'movida' era la iniciativa de un grupo de jóvenes, pero no eran la mayoría. Igual que hoy en día hay un montón de iniciativas culturales que no las conoce nadie porque no son el reflejo de la mayoría. Eso lo habrá[3] siempre. Yo creo que gracias a esa gente inquieta se mueve la sociedad, pero también hay otro tipo de jóvenes que a lo mejor sin ser tan creativos, dedican mucho tiempo a la solidaridad. Y hay otros que no se interesan por nada... pero eso ha sido[4] en los 50, 60, 80 y ahora mismo. Es más, yo incluso diría que actualmente hay una conciencia social que antes no existía, lo que provoca que haya una serie de organismos como las ONG'S o asociaciones. Antes no existían estos cauces[5].

www. cje.org

1. los años 80 - **2.** *faux ami, ici : motivation, curiosité* - **3.** existirá - **4.** ha pasado - **5.** *ici, possibilités*

1. ¿Alaska será la persona más adecuada para hablar del tema?
profesión | edad | ámbito en que se mueve | experiencia personal
2. Apunta elementos para identificar las dos categorías de jóvenes a las que se refiere.
3. ¿Cada una de estas categorías corresponde a una época determinada?

TU OPINIÓN. ¿Compartes el punto de vista de Alaska o piensas que la juventud de hoy está menos involucrada?

TAREA ¡Viva la marcha!

→ Inviter à une fête.

Tienes que redactar una tarjeta de invitación para una fiesta sobre el tema de la Movida.

Etapas:

1. Precisa el lugar y la hora de la cita.
2. Indica a los invitados que deberán:
- disfrazarse de "icono de la Movida" (ropa, peinado y maquillaje adecuado),
- preparar una pequeña actuación (música o baile de la época).

LENGUA

Vocabulario

las apariencias

colores llamativos, ropa provocante, peinado extravagante
el estilo, el porte

el impacto

chocar, transgredir, impactar

el compromiso

implicarse en, dedicarse a

Gramática

La probabilité

Quizás fuera un movimiento cultural.
Debe ser...
Quizás sea / fuera...

▸ Gramática 29 B p. 215 p. 216

Ortografía

Les mots terminés par *-or* sont masculins (féminin en français)

el valor, el color

+ EJERCICIOS
www. nuevas-voces.com

ENFOQUE 3

¿En broma o en serio?

COMPRENSIÓN LECTORA

Técnicas de mercado

Las puertas del metro se abrieron y entró un hombre con el rostro oculto tras una careta del pato Donald que fue a colocarse en un extremo del vagón para dirigirse desde allí al público.

–Buenos días, señores y señoras. Disculpen el disfraz[1], pero me da vergüenza que me vean la cara, pues soy una persona relevante[2] a la que la vida ha arrojado cruelmente a la mendicidad. Les pido una ayuda en compensación por los buenos ratos que en otra época les he hecho pasar cada vez que encendían la televisión. Dios no quiera que ninguno de ustedes ni de su familia se vea obligado a ocultarse de este modo para conseguir un pedazo de pan.

Dicho esto, el hombre atravesó el vagón con la mano extendida bajo la mirada curiosa de la gente. Sentí un escalofrío[3] y después de entregarle una moneda con cierta aprensión, no pude dejar de mirarle mientras se alejaba de espaldas con la goma de la careta[4] atravesándole la nuca: me pareció que había conseguido más dinero del que habitualmente logran los indigentes[5] en el metro, y fui detrás de él hasta el siguiente vagón donde dijo lo mismo antes de extender la mano.

[...] En cualquier caso, poseía un timbre muy convincente y tenía cierta capacidad para seducir. Volví a seguirle por curiosidad hasta el siguiente vagón, observando que un par de jóvenes en los que ya había reparado anteriormente hacían lo mismo. No sé por qué, se me ocurrió que había entre los jóvenes y el indigente de la careta una misteriosa conexión. Me acerqué disimuladamente a ellos en el momento en el que uno decía:

–Es que este Gutiérrez es un genio, no me digas que no. Ha conseguido más de dos mil pesetas en un rato.

Por la noche se lo conté a un vecino y me dijo que el pato Donald y los otros dos jóvenes eran estudiantes de una escuela privada de negocios de mucho prestigio.

–Un sobrino mío –añadió– estudió Empresariales en la Complutense y ahora está haciendo un máster en esa escuela. Salen con una formación increíble.

Juan José Millás (autor español), *Articuentos*, 2008

1. el disfraz : *le déguisement*
2. *importante*
3. *un frisson*
4. *l'élastique du masque*
5. *les mendiants*

ESTRATEGIA: Prête particulièrement attention aux dernières lignes d'un texte : elles en révèlent souvent le sens (chute de l'histoire, identité réelle d'un personnage,...).

1. **LEE** el texto y apunta los elementos que te permiten identificar al personaje.
2. Busca palabras o expresiones que revelan el impacto del mendigo sobre el narrador.
3. ¿Qué provoca la actuación del mendigo?
   incomprensión | curiosidad | incredulidad | admiración
4. El narrador empieza a intuir que no se trata de un verdadero mendigo. ¿Cómo se nota?
5. El final te parece: ¿ previsible | sorprendente | original ?

TU OPINIÓN. ¿Cualquier método es válido para enseñar técnicas comerciales?

COMPRENSIÓN ORAL

Día de la diversión en el trabajo

Reportaje de RTVE, 8/04/2010

① **OBSERVA LAS PALABRAS** escritas en el círculo del fotograma y di a qué tipo de problemas se refieren.

② ¿Para qué servirá este juego de tiro al blanco? (el blanco = *la cible*; dardos = *les fléchettes*)
distraerse | tranquilizarse | descargar energía

③ **MIRA EL VÍDEO** e identifica:
- a los jugadores,
- el lugar,
- en qué ocasión están jugando.

④ ¿Cuáles son los efectos benéficos de este dispositivo sobre los trabajadores?
rendimiento | relaciones humanas | salud

TU OPINIÓN. ¿Y el resto del año está prohibido divertirse?

¿LO SABÍAS?

Los *ninjas* son personas con pocos recursos que se vieron afectadas por la crisis inmobiliaria americana, conocida como de los *subprimes* (=fraude comercial). La palabra NINJA es un acróstico del inglés "*no income, no jobs, no assets*" (= sin ingresos, sin trabajo, sin respaldo económico).

TAREA Un minuto para relajarse

→ Proposer une activité à réaliser collectivement.

Para distraerte un poco después de un intenso trabajo intelectual entre dos actividades de clase, propón a tu profesor y a tus compañeros alguna actividad:
- rápida y fácil de realizar todos juntos;
- inspirada en canciones, poemas, películas que has estudiado;
- eficaz para despejarse la mente.

LENGUA

Vocabulario

la diversión
distraerse, despejarse la mente, recrearse

la actuación
actuar, interpretar un papel, hacer de, simular, ser buen actor

la mendicidad
un indigente, un mendigo, pedir limosna

el engaño
una impostura, mentir, engañar, hacer como si

Gramática

L'enclise au gérondif
(la place de l'accent écrit)
apareciéndosenos, atravesándole
▸ Gramática 19 E p. 206

Pas d'article devant *cierto*
con cierta aprensión
▸ Gramática 18 p. 204

La structure « se me ocurrió »
*No sé por qué, **se me ocurrió** que había una misteriosa conexión.*
▸ Gramática 42 J p. 229 p. 230

***Continuar* + gérondif**
*Pero el suceso continuó **persiguiéndome** todo el día.*
▸ Gramática 28 p. 214 p. 214

Pronunciación

PISTE 30 **Emplea el tono adecuado para formular una invitación. Escucha y entrénate.**
¿Os apetece jugar a...?
¿Qué os parece si...?

+ EJERCICIOS www.nuevas-voces.com

ENFOQUE 4

¡Cuantos más, mejor!

COMPRENSIÓN ORAL

PISTE 31

Rápido y por sorpresa

Hugo (argentino) nos habla de un fenómeno actual.

ESCUCHA a Hugo y completa la ficha siguiente:

1. ¿Cómo se denomina el fenómeno? ...
2. ¿En qué consiste? ...
3. ¿Cómo se organiza? ...
4. ¿Para qué sirve? ...
5. Ejemplos citados: ...

Y TÚ, ¿ya has participado en alguno? ¿Fue divertido?

ESTRATEGIA: Repère les mots ou expressions répétés par le locuteur ; leur répétition indique leur importance.

¿LO SABÍAS?

El *flashmob* más famoso fue el 20 de julio de 2006, el día del salto mundial. Su objetivo era cambiar el eje de giro de la tierra, para retrasar el calentamiento global.

EXPRESIÓN ESCRITA

Los "flashmobs": ¿pura diversión o una forma de protesta? Da tu opinión sobre el tema.

① Primero reflexiona para hacerte una opinión al respeto.

② Antes de redactar:

- haz la lista de los argumentos que te parecen más relevantes,
- piensa en los ejemplos que podrán ilustrar tu demostración.

③ Utiliza las expresiones siguientes (u otras equivalentes) para:

- introducir el tema: *A propósito de... / En lo que se refiere a... / En cuanto a...*
- exponer tus argumentos y citar ejemplos: *(A mí) me parece que... / (Yo) considero que... / Opino que... / Diría que...*
- concluir: *Finalmente..., En conclusión..., En resumen..., Para terminar..., Al final...*

TAREA Convoca a un *flashmob*.

→ Donner rendez-vous.

¡Te toca a ti! Anuncia un *flashmob* reivindicativo o festivo y preséntaselo a tus compañeros.

Etapas:

1. Precisa los datos de la cita: fecha, hora y lugar.

2. Indica la finalidad del *flashmob*.

3. Da precisiones sobre los accesorios necesarios: objetos, ropa, etc.

LENGUA

Vocabulario

la duración

duradero ≠ pasajero
durar = perdurar

la movilización

reunir, agrupar, movilizar, quedar en tal lugar a tal hora
los objetivos
divertir ≠ concienciar, reivindicar

Gramática

Les phrases négatives

Si le mot négatif est placé avant le verbe, "*no*" disparaît.
Nunca he participado. /
No he participado nunca.

▸ Gramática 38 p. 226

Pronunciación

PISTE 32 **Emplea el tono adecuado para rechazar una invitación. Escucha y entrénate.**

No, lo siento...
No, lo lamento, pero...
Me encantaría, lo que pasa es que...

+ EJERCICIOS www. nuevas-voces.com

Expresiones culturales

LA MOVIDA: CONTEXTO HISTÓRICO

LA TRANSICIÓN DEMOCRÁTICA

1975 · 1976 · 1977 · 1978 · 1979 · 1980 · 1981 · 1982 · 1983 · 1984 · 1985

- **20/11/1975** Muerte de Franco, Juan Carlos I Rey de España.
- **22/06/1977** Elecciones. Adolfo Suárez, Presidente del gobierno.
- **1978** Nueva constitución.
- **23/02/1981** **Intento de golpe de estado.**
- **28/10/1982** **Elecciones, nuevo presidente: el socialista Felipe González.**

El grupo Nacha Pop en concierto.

Exposición de fotografías de Pablo Pérez Mínguez.

El beso, Oukalele.

Almodóvar y sus "mujeres": Carmen Maura y Rossi de Palma a la izquierda. A la derecha, Antonio Banderas.

UNA ÉPOCA EXPLOSIVA

A principios de la transición democrática, la sociedad española vivía en una constante ebullición de ideas y alternativas después de la dictadura franquista. En el plano cultural surgió un movimiento conocido primero como la "Movida madrileña" (empezó en el barrio de Malasaña) que se extendió también a otras grandes ciudades.
Se manifestó a través de múltiples expresiones culturales:

- **En la música:** La Movida no se limitó a un estilo de música en particular, pero en cambio se caracterizó por oponerse a los estilos musicales tradicionales.
Se impuso una libertad y una variedad de gustos.
- **En el cine:** Con la primera película del director manchego Pedro Almodóvar, *Pepi, Luci, Bom y otras chicas del montón* (1980) nació un estilo cinematográfico totalmente nuevo que tuvo gran éxito.
- **En fotografía y pintura:** Los pintores más relevantes fueron Ceesepe, Miguel Trillo; mientras que en fotografía, se destacaba la figura de Oukalele, Pablo Pérez Mínguez,...

Estos calificativos han sido utilizados para caracterizar la época de la Movida:

la ebullición · el frenesí · la protesta · la provocación

Justifica su empleo tomando en cuenta los datos históricos y culturales expuestos en esta página.

Tradiciones populares

LOS CASTELLS EN EL PATRIMONIO MUNDIAL

El comité de la Unesco ha decidido incluir los "castells" en la lista de Patrimonios Inmateriales de la Humanidad. Los tradicionales castillos humanos han sido seleccionados junto al flamenco.

Los castells son castillos humanos, torres gigantes compuestas por personas (los castellers) y formadas por la superposición de diversos niveles (entre 6 y 10). Es una manifestación festiva típica de Cataluña de más de 200 años de antigüedad que, con el paso del tiempo, se ha ido consolidando como una tradición.

El origen de las actuales torres remonta al siglo XVIII, cuando al final de ciertas procesiones religiosas se hacían construcciones humanas. Algunos antropólogos proponen en cambio una explicación de origen pagano. Los «castells» estarían íntimamente relacionados con los ciclos de las cosechas y los ritos agrícolas.

Las torres humanas adquirieron su altura actual a partir de los años ochenta.

A lo largo de doscientos años de historia, los castells, las torres humanas que se levantan en las plazas de Cataluña, han ido adquiriendo altura.

Carnaval de Montevideo.

MONTEVIDEO: CANDOMBES Y MURGAS

El carnaval más largo del mundo es el de Montevideo. En efecto, dura nada menos que 40 días. Comienza a mediados de enero con un desfile inaugural en el que participan cabezudos, carros alegóricos, reinas y conjuntos musicales, y se extiende hasta principios de marzo con distintos tipos de manifestaciones en escenarios populares, en teatros o en los corsos (desfiles callejeros).

El carnaval de Montevideo fue siempre famoso por sus candombes, vieja tradición musical de los negros africanos que llegaron a Uruguay como esclavos y que allí se quedaron, desarrollando una cultura propia. A la vertiente negra se agrega la blanca de las llamadas "murgas", grupos musicales que cantan letras satíricas acompañados casi exclusivamente de tambores.

Busca en estas dos expresiones culturales todo lo que se puede relacionar con:

la historia | el arte | el pueblo

¿Qué otra función tendrán estas fiestas populares además de entretener a la gente?

ESCUCHA EN CASA

PISTE 33

ESCUCHA este reportaje y di si este carnaval sirve sólo para divertirse.

"Hoy viene el novio de mi nieta.
Voy a conocer al novio de mi nieta.
¡Bueno 'tá ché, 'tá, tranquilo, tranquilo!
Lo principal es que el muchacho sea sanito,
que no me fume ni me tome pa'empezar,
que haga deporte y se levante tempranito,
que coma sano y no le guste trasnochar.
En lo posible que sea cauteloso y cauto,
que eso en el hombre es la virtud fundamental...
si no es así que por lo menos tenga un auto..."

El novio de mi nieta, del grupo "Agárrate Catalina"

NUEVAS TECNOLOGÍAS

▸ Para navegar, pp. 256-257

CIBERINVESTIGACIÓN

Un cartel sobre una fiesta española

1. Selecciona una de estas fiestas españolas:

▸ La fiesta del Pilar ▸ San Isidro ▸ las Fallas ▸ la Semana Santa de Sevilla o Málaga ▸ la Tomatina ▸ el carnaval de Tenerife ▸ la Feria de Sevilla ▸ la Semana grande en Bilbao ▸ la tamborrada de San Sebastián ▸ San Fermín ▸ ...

2. Busca informaciones sobre ella:

Ciudad / Autonomía: ...
Momento del año: ...
Duración: ...
Religiosa / pagana: ...
Origen histórico: ...
Momentos claves de la fiesta: ...

Páginas web de interés:

- *www.semana-santa.org*
- *www.fallas.com*

3. Preséntala en clase en un cartel con ilustraciones o fotos.

B2i **Créer, produire, traiter, exploiter des données**

✓ Je sais créer et modifier un document numérique composite transportable et publiable.

HAZ TU PROYECTO CON LAS TIC

Presenta tu proyecto en *Myspace*

Para presentar tu proyecto al comité de organización del Día de la diversión en tu instituto, vas a crear tu perfil artístico en *Myspace*. Así, el comité accederá directamente a todas las informaciones que necesite sobre tu proyecto y se dará cuenta de tu talento.

1. Conéctate a ***nuevas-voces.com*** (rúbrica "Mi espacio") y crea tu cuenta.
2. Rellena con tus datos personales.
3. Indica el nombre de tu grupo, de tu compañía, o tu seudónimo e indica a qué actividad artística corresponde: música - teatro - danza - pintura - cabaret - ...
4. Anuncia brevemente las características de tu proyecto: tipo de actuación, número de participantes, material necesario, duración, etc.
5. También puedes incorporar fotos, vídeos, comentarios.

Haz una presentación atractiva para convencer al comité de organización.

PROYECTO

Participa en el Día de la diversión en tu instituto.
Tu instituto organiza este año este evento.
El comité de selección convoca proyectos de animación.

Con tus amigos, participa en este día excepcional, presenta ¡un proyecto divertido y con "buen rollo"!

Etapas

1. TIPO DE TRABAJO

Solo o en grupo.

2. PREPARACIÓN

Completa esta ficha:

- **Actividad** (música, danza, canto, cine, artes plásticas,...)
- **Número de personas y duración**
- **Lugar** (patio de recreo central, aula, corredor, comedor...)
- **Descripción precisa del proyecto** *(Se trata de... / Consiste en... / ...)*
- **El interés para el público** (descubrimiento de un arte, de un personaje famoso; aspecto lúdico, educativo,...)
- **Conclusión** para convencer al comité.

3. REALIZACIÓN

a) Haz un borrador con una lista de ideas.

b) Redacta el proyecto de manera clara y precisa.

c) Completa cada categoría de la ficha de preparación.

Consejos útiles

- ¡Atrévete! ¡Sé original!

▸ Nuevas tecnologías, Haz tu proyecto con las TIC, p. 162

El aburrimiento

CD CLASSE

Me aburro.
Me aburro.
Me aburro.
¡Cómo en Roma me aburro!
Más que nunca me aburro.
Estoy muy aburrido.
¡Qué aburrido estoy!
Quiero decir de todas las maneras
lo aburrido que estoy.
Todos ven en mi cara mi gran aburrimiento.
Innegable, señor.
Es indisimulable.
¿Está usted aburrido?
Me parece que está usted muy aburrido.
Dígame, ¿adónde va tan aburrido?
¿Que usted va a las iglesias con ese aburrimiento?
No es posible, señor, que vaya a las iglesias
con ese aburrimiento.
¿Que a los museos -dice- siendo tan aburrido?
¿Quién no siente en mi andar lo aburrido que estoy?
¡Qué aire de aburrimiento!
A la legua se ve su gran aburrimiento.
Mi gran aburrimiento.
Lo aburrido que estoy.
Y sin embargo... ¡Oooh!
He pisado una caca...
Acabo de pisar -¡santo Dios!- una caca...
Dicen que trae suerte el pisar una caca...
Que trae mucha suerte el pisar una caca...
¿Suerte, señores, suerte?
¿La suerte... la... la suerte?
Estoy pegado al suelo.
No puedo caminar.
Ahora sí que ya nunca volveré a caminar.
Me aburro, ay, me aburro.
Más que nunca me aburro.
Muerto de aburrimiento.
No hablo más...
Me morí.

Rafael Alberti, *Roma, peligro para caminantes*, 1967

Después de leer el poema, vas a ponerlo en escena con un amigo.

1. Identifica lo que dice cada personaje.
2. Lee la parte que te corresponda con el tono adecuado.
3. Imagina las expresiones y los ademanes que podrías hacer.
4. Memoriza tu papel e interprétalo en clase.

Las calaveras se divierten

José Guadalupe Posadas (Aguascalientes, México, 1852 - Ciudad de México, 1913), *Gran fandango y francachela de todas las calaveras*. Sin fecha. Zincografía. 125 x 200 mm.

Posadas describió con originalidad el espíritu del pueblo mexicano. El grabador vivió momentos de gran importancia histórica para el país, episodios sangrientos como la guerra de Reforma[1] y todo el periodo porfirista[2]. Con gran inteligencia supo representarlos en sus grabados publicados en la prensa de izquierda. Posada satirizó con un estilo muy personal, los abusos del gobierno y las costumbres de la clase privilegiada del México de su época.

Las calaveras de sus grabados, vestidas de gala en fiestas de barrio o en las casas de los ricos, se asocian con la celebración del Día de los Muertos. La obra de Posadas fue una gran herencia para los muralistas del periodo posrevolucionario.

1. 1857- 1861: Conflicto armado que enfrentó a los dos bandos en que se encontraba dividida la sociedad mexicana: liberales y conservadores.

2. Dictadura de Porfirio Díaz que gobernó México como un autócrata desde 1876 hasta 1911.

3. falta de respeto

¿Qué aspectos te parecen más relevantes en esta representación de la muerte?

la igualdad | el miedo | la originalidad | la irreverencia[3]

EVALUARse

CD CLASSE

COMPRENSIÓN ORAL La revolución de los pingüinos

1. ¿Quiénes son los pingüinos?
2. ¿Por qué salieron a la calle?
3. ¿Cómo se pusieron de acuerdo?
4. ¿En qué consiste la originalidad de esta acción?

"Revolución de los pingüinos", septiembre del 2006, Santiago de Chile.

Mon bilan

○ Je peux comprendre une information factuelle portant sur des aspects de la vie courante. **B1**
→ Par exemple, l'organisation d'une action collective.

○ Je peux saisir une grande partie de ce qui se dit sans que le locuteur natif n'adapte son discours. **B2**
→ Par exemple, dans un discours informel.

COMPRENSIÓN LECTORA En contra de la contaminación

1. ¿Esta concentración reúne las características habituales de un *flashmob*?
2. ¿A quién se dirigiría la convocatoria (jóvenes / adultos / toda la población)?
3. ¿Qué tipo de *flashmobs* prefieres: serios o con un toque de humor?

La convocatoria fue sencilla: "¿Estás hart@ de que no se haga nada contra la contaminación que inunda Madrid? ¡Es el momento de demostrarlo!". El mensaje en Facebook pedía acudir a la Puerta de Sol, en el centro de Madrid, este sábado a las 18.30 con una máscara puesta. A las 18.45 había entre 100 y 200 personas. La concentración fue un *flashmob*, que traducido al castellano desde el inglés significa una multitud instantánea. Es una muchedumbre que aparece en un sitio público en un momento determinado después de ser convocada por las redes sociales. Un factor común de estas apariciones espontáneas es que siempre hay un motivo: bien con un toque de humor, como una gran batalla de almohadas, o algo más serio, como la reivindicación del derecho de tener aire limpio.

S. España, ***Elpais.com***, 12/02/2011

Mon bilan

○ Je peux repérer le déroulement des événements évoqués dans un article de presse. **B1**
→ Par exemple, reconstituer la chronologie exacte d'un événement.

○ Je peux aussi identifier rapidement le contenu et la pertinence d'un article. **B2**
→ Par exemple, reconnaître l'information du texte sur laquelle je souhaite donner mon point de vue.

EXPRESIÓN ORAL Para todos los gustos

① ¿A cuál de estos dos eventos te gustaría asistir? ¿Por qué?

② ¿Estas fiestas tienen características comunes?

③ ¿Crees que tendrán un público fiel? ¿Cómo se explica eso?

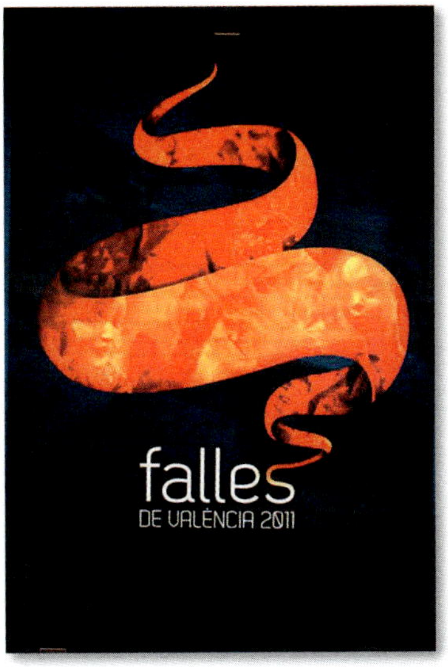

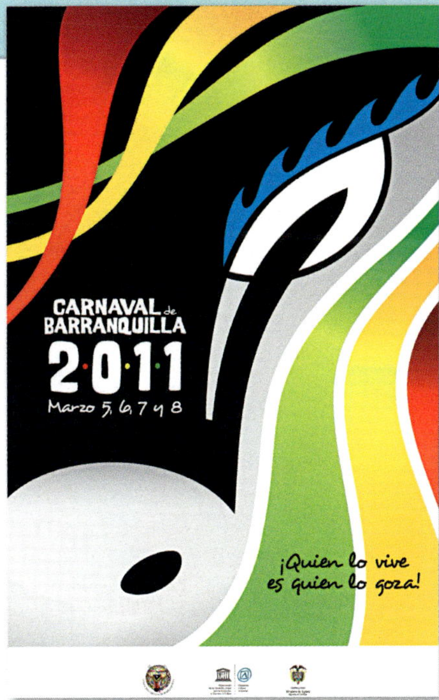

✓ Mon bilan

○ Je peux brièvement exposer mes opinions ou mes plans, en faisant apparaître la cohérence de mes propos. **B1**
→ Par exemple, expliquer et justifier mon choix entre deux possibilités.

○ Je peux aussi m'exprimer de façon claire et détaillée sur une grande gamme de sujets relatifs à mes centres d'intérêt. **B2**
→ Par exemple, faire apparaître les points communs de deux événements festifs présentés dans des affiches.

EXPRESIÓN ESCRITA ¿Aburrirse o divertirse?

- Hay que divertirse a toda costa.
- Los jóvenes de hoy no saben divertirse.
- Aburrirse está mal visto.
- Para ser creativo hace falta estar aburrido.

Escoge una de estas frases típicas sobre el tema que seguramente ya habrás oído o leído y coméntala en unas líneas siguiendo estos pasos:

- Introduce el tema.
- Expón argumentos a favor y/o en contra ilustrados con ejemplos.
- Concluye dando tu opinión personal.

✓ Mon bilan

○ Je peux écrire des essais brefs et simples sur des sujets d'intérêt général. **B1**
→ Par exemple, rédiger un bref essai sur un lieu commun ou une idée reçue.

○ Je peux aussi écrire un essai qui développe une argumentation en apportant des justifications pour ou contre un point de vue particulier. **B2**
→ Par exemple, commenter une idée reçue, la justifier et la réfuter.

Las musarañas

Sonó el teléfono a las tres de la madrugada[1]. Una voz grave me preguntó si me despertaba. Quién es, le pregunté. [...] Llamaba porque no podía dormir me dijo. Hacía seis meses que no podía dormir. Tampoco lo procuraba[2]: dormir no es indispensable, pero sí lo es no aburrirse, y uno acaba aburriéndose por las noches sin hablar con nadie. Eso me dijo.

Así que se le había ocurrido[3] llamar a cualquiera, llevaba unas semanas haciéndolo, se pasaba las noches hablando con desconocidos, despertándolos. Muchos reaccionaban mal, le colgaban[4] después de insultarle. Otros le atendían[5] generosamente. [...] Para elegir a quién llamaba abría la guía[6] por una página y el número que señalaba su dedo, ése marcaba.

Había ido al médico al principio, para saber por qué no conseguía dormir, hasta que se dio cuenta de que el médico trataba de derivar el asunto y convertir la terapia en psicoanálisis. Lo dejó. Además, ya no se preocupaba.

Disponía de mucho tiempo. Más del que podía ocupar. Leía, oía música, veía televisión, y aún le sobraban[7] horas que necesitaba ocupar con llamadas nocturnas. Me hizo la cuenta de cuántas horas perdemos durmiendo en nuestra vida. Ocho cada día por trescientos sesenta y cinco días al año por unos cincuenta años de vida por ejemplo.

También me refirió no sé qué idea de formar una banda de insomnes[8] que se encargara[9] de mantener despierta constantemente la ciudad con llamadas telefónicas. [...] El nombre de la banda sería Las Musarañas. Pregunté por qué, y me dijo que porque las musarañas eran los únicos animales que no dormían nunca. [...]

Se había aficionado[10] tanto a hablar con desconocidos por teléfono, que quizás se atreviera[11] a experimentar con los países en los que es de noche cuando aquí es de día, porque no sólo se trataba de hablar por teléfono: era el hecho de despertar a alguien lo que ansiaba. [...]

Cuando colgó, ya no pude dormirme. Cogí la guía, la abrí al azar y señalé un número. Lo marqué y comunicaba. [...] Luego repetí el ejercicio. Esta vez sí desperté a alguien: una mujer. No me atrevía a decirle nada y colgué cuando insistió preguntando quién era. No sé que me pasa que no puedo dormir desde entonces.

Tampoco me preocupo porque aún no acuso[12] cansancio. Sólo se cierne[13] sobre mí la sombra del aburrimiento. Leo, oigo música y veo televisión, pero aún me restan varias horas hasta que el sol limpie las sombras por completo del cielo.

Sé que en cualquier momento volverá a sonar el teléfono y será ese hombre al que yo diré: sí, quiero formar parte de Las musarañas, comenzaré a despertar a desconocidos para decirles: el mundo sigue girando, despiértate, no vuelvas a dormirte.

Juan Bonilla (autor español), *El que apaga la luz*, 1994

1. la mañana
2. lo buscaba
3. ocurrírsele algo a alguien = tener una idea
4. descolgar ≠ colgar el teléfono
5. le contestaban
6. *le bottin téléphonique*
7. sobrar = *(ici) rester*
8. personas que no duermen
9. que se ocupara de
10. habituado
11. atreverse = osar
12. *(ici)* no siento
13. *s'étend sur moi*

Comprender el texto

① ¿El narrador es una persona influenciable?

② El hombre de la llamada nocturna despierta a la gente para: ¿molestar?, ¿no aburrirse?, ¿porque se siente sólo?, ¿para difundir algún mensaje importante?

③ ¿Cuál podría ser ese mensaje?

Ilustración de Ana Juan.

¿Ideas que mueven el mundo?

SECUENCIA 9

¡Seguir adelante!

DÉCOUVRIR et COMMUNIQUER

1 Conquistando objetivos
Des modèles d'avenir à échelle locale et mondiale
- Se positionner par rapport à un modèle éducatif.
- Donner son avis sur des objectifs de développement.
- TAREA ¡Movilízate por un ODM!

2 Desarrollo sostenible
L'écologie comme nouvelle logique économique
- Apprécier l'efficacité d'une campagne publicitaire.
- Être sensibilisé à une cause.
- TAREA ¡Para que se enteren todos!

3 Igualdad de oportunidades
Le droit à l'éducation, à tous les âges
- Aborder le phénomène de l'alphabétisation.
- Expliquer la portée d'une photo.
- TAREA ¡Continúa el reportaje!

4 Palabras sin fronteras
La vitalité de la langue espagnole
- Réagir à une prévision sur l'avenir de l'espagnol.
- Démontrer l'originalité d'une affiche.
- TAREA Mensaje en una botella

UTILISER

Lexique
- L'éducation
- Le développement durable
- L'alphabétisation
- La langue et la communication

Grammaire
- Structures suivies du subjonctif
- L'expression de l'hypothèse
- Le futur antérieur
- L'expression des pourcentages
- La conséquence

Orthographe
- *nm* en espagnol, « mm » en français
- Accent écrit sur les interrogatifs

Prononciation
- Employer un ton adéquat pour : proposer et suggérer des idées / présenter une émission de radio / exprimer des sentiments

PROYECTO → p. 183

¡Realiza el telediario de las buenas noticias!

Conquistando objetivos

COMPRENSIÓN LECTORA

M. Vargas Llosa en el Instituto Cervantes de Estocolmo

1. alcanzado : *atteint*
2. el espejo : *le miroir*
3. la sensatez : *le bon sens*
4. el tino : *le discernement*
5. se las ha arreglado : *s'est débrouillé*

Rinkeby

Mario Vargas Llosa (autor peruano), *Elpais.com*, 19/12/2010

Si usted visita Estocolmo, le aconsejo que, además de los museos, los palacios, el barrio antiguo y las islas, visite un modesto barrio del Sur de la ciudad llamado Rinkeby. La inmensa mayoría de sus pobladores son familias inmigrantes y, me dicen, se trata de uno de los distritos más pobres del país, aunque la idea de pobreza en Suecia, que ha alcanzado[1] el más alto nivel de vida del mundo junto con Suiza, tenga poco que ver con lo que para el resto del planeta esta palabra significa.

Lo importante de conocer en Rinkeby es el colegio público, una institución que es un espejo[2] de lo que debería ser la sociedad humana, el mundo entero, si prevalecieran entre nosotros los mortales la sensatez[3], el tino[4] y el espíritu práctico. Hay en este colegio chicos y chicas que hablan 19 idiomas distintos y proceden de un centenar de países diferentes. Todos conocen el sueco y el inglés, pero no han perdido su lengua materna porque el colegio se las ha arreglado[5] para que todos reciban, cuando menos una hora por semana, clases en el idioma que hablan en casa y hablaron sus ancestros. El director del colegio, Börje Ehrstrand, está convencido de que la integración de estos niños a la cultura y a los usos de Suecia es más fácil no si rechazan, sino reivindican y se sienten orgullosos de su origen. La filosofía que impregna la escuela de Rinkeby cabe en una palabra: tolerancia.

Ni el barrio ni la escuela de Rinkeby fueron hace 20 años la sombra de lo que son ahora. La violencia reinaba en el lugar y las fotos de la época muestran que las aulas, patios y pasillos escolares eran un monumento a la suciedad y al desorden, en tanto que el rendimiento escolar era el más bajo del país. Por eso, lo que ha conseguido el colegio de Rinkeby es tan importante y debería servir de modelo a todos los países que reciben grandes contingentes de inmigrantes y quieren evitarse los problemas que resultan de la marginación y discriminación de que estos suelen ser víctimas.

¿LO SABÍAS?

Mario Vargas Llosa (1936, Perú) recibió el premio Nobel de literatura en el 2010. Durante su estancia en Suecia por la entrega del Premio Nobel, visitó el barrio multicultural de Rinkeby y escribió este artículo para el diario *El País*.

1. **ANTES DE LEER.** ¿Qué imagen tienes de Suecia? ¿Sabes algo de ese país?
2. **LEE** el texto. Apunta las características del barrio de Rinkeby.
3. ¿Qué valores promueve el director del colegio?
   respeto | apertura mental | tolerancia | convivencia
4. Según el ejemplo de Rinkeby ¿cómo deberían ser las escuelas de hoy?

TU OPINIÓN. Y en tu propio instituto, ¿qué se podría cambiar para mejorar la convivencia y el respeto de todos?

EXPRESIÓN ORAL

LOS 8 OBJETIVOS DEL DESARROLLO DEL MILENIO

1. ERRADICAR LA POBREZA EXTREMA Y EL HAMBRE
2. LOGRAR LA ENSEÑANZA PRIMARIA UNIVERSAL
3. PROMOVER LA IGUALDAD ENTRE GÉNEROS Y LA AUTONOMÍA DE LA MUJER
4. REDUCIR LA MORTALIDAD INFANTIL
5. MEJORAR LA SALUD MATERNA
6. COMBATIR EL VIH/SIDA, EL PALUDISMO Y OTRAS ENFERMEDADES
7. GARANTIZAR LA SOSTENIBILIDAD DEL MEDIOAMBIENTE
8. FOMENTAR UNA ASOCIACIÓN MUNDIAL PARA EL DESARROLLO

EDUCACIÓN SIN FRONTERAS

Los ODM: En el año 2000, 191 jefes de Estado y de Gobierno firmaron la Declaración del Milenio comprometiéndose a trabajar juntos para alcanzar los Objetivos de Desarrollo del Milenio (ODM) y acabar con la pobreza extrema en el mundo antes de 2015.

① Lee la lista de los Objetivos de Desarrollo del Milenio, di a qué figura corresponde cada uno y lo que sabes del problema al que se refieren.

② 2015 es para ti una fecha: utópica, realista,... Justifica tu respuesta.

③ ¿Algunos ODM deberán también ser alcanzados por países europeos? Da algún ejemplo concreto.

④ ¿Quiénes deben implicarse para alcanzar esas metas: los dirigentes o los ciudadanos?

TAREA ¡Movilízate por un ODM!

→ Donner son avis sur des objectifs de développement.

OBJETIVOS DE DESARROLLO DEL MILENIO
www.objectivosdelmilenio.com

Quieres organizar en tu instituto una acción colectiva para ayudar a la realización de uno de los ODM.

Etapas:

1. ¿Cuál es para ti el objetivo prioritario? Busca argumentos para defenderlo.

2. ¿Qué soluciones aportarías tú a tu nivel?

3. Explica la acción que planeas realizar en tu instituto: organización prevista, participantes, papel de cada uno, duración, etc.
Para convencer puedes emplear expresiones como:
Habría que... / Estaría bien que... / Otra posibilidad es/sería...

Vocabulario

la educación

la instrucción
educar / instruir
la enseñanza / el aprendizaje
⚠ *El profesor enseña.*
El alumno aprende.

la tolerancia

la apertura mental ≠ la intransigencia
la integración ≠ la marginación

las metas

fijarse, alcanzar, lograr, conquistar un objetivo

Gramática

Structures suivies du subjonctif

- aconsejar que
  *Le **aconsejo que visite** un modesto barrio.*
- aunque
  ***Aunque** la pobreza en Suecia **tenga** poco que ver...*
- para que
  *... **para que** todos **reciban** clases en el idioma que hablan en casa.*

▸ Gramática 29 p. 215 p. 216

Ortografía

« mm » en français → *nm* en espagnol

immobile → *inmóvil*
immense → *inmenso*

Pronunciación

PISTE 34 **Emplea el tono adecuado para proponer y sugerir ideas. Escucha y entrénate.**

¿Qué os parece si...?
Y si montamos un proyecto para...
No estaría mal que...

+ EJERCICIOS
www.nuevas-voces.com

ENFOQUE 2

Desarrollo sostenible

EXPRESIÓN ORAL

Varios grupos ecologistas ecuatorianos se concentraron en defensa del proyecto *Yasuní-ITT* en Quito. Una activista sostiene una pancarta en defensa de esta iniciativa ambiental.

¿LO SABÍAS?

Rafael Correa, presidente de Ecuador, dijo que la iniciativa *Yasuní ITT* permite "no sólo reducir el calentamiento global para beneficio de todo el planeta, sino también inaugurar una nueva lógica económica para el siglo XXI, donde se compense la generación de valor y no solamente la generación de mercancías".

Cambio climático
→ INFÓRMATE p. 181

1. Observa el cartel que lleva en alto la mujer de la fotografía. Describe y relaciona los elementos que lo componen: nombre de la iniciativa, texto del eslogan, estilo gráfico ¿Qué te llama la atención?
   los colores | la fauna y la flora | la puesta en escena
2. A tu parecer ¿de qué región del mundo se tratará?
3. Los temas ilustrados en el cartel se relacionan con:
   la economía | la ecología | el progreso
4. ¿Dónde se encontrará la mujer? ¿Con qué motivo?

TU OPINIÓN. ¿A quién le podrá interesar esta iniciativa?

COMPRENSIÓN ORAL

PISTE 35

Salvar la selva

En el Parque Nacional de Yasuní (Ecuador)

① Antes de concentrarte en lo que se cuenta, escucha los ruidos. ¿Qué evocan?

② Escucha atentamente. Apunta las palabras relacionadas con:
- un lugar: ...
- la naturaleza: ...
- los hombres: ...

③ Define lo que es Yasuni ITT.

④ Explica en qué consiste esta iniciativa para cambiar la vida. Palabras guía:
subsuelo | decisión | compensación

⑤ ¿Cómo calificarías la idea? Justifícalo.
innovadora | acertada | utópica | egoista | ...

TU OPINIÓN. ¿Conoces otras iniciativas que podrían mejorar la vida del planeta?

TAREA ¡Para que se enteren todos!

→ Susciter l'intérêt des auditeurs lors d'une accroche radiophonique.

Cuenta el proyecto Yasuni-ITT como en un informativo radiofónico.

Etapas:

1. Saluda primero a los oyentes.

2. Presenta de manera concisa y clara (frases cortas) los aspectos esenciales de esta iniciativa: acción / protagonistas / lugar / propósito / expectativas / consecuencias.

3. Concluye incitando a los oyentes a seguir informándose.
- En unos instantes les ofrecemos ...
- ¡Siga informándose! / Escuche... / Esté atento a...

LENGUA

Vocabulario

la biodiversidad
la naturaleza, la fauna y la flora, las especies, la variedad

el petróleo
los yacimientos, el barril, explotar, el subsuelo

Gramática

L'expression de l'hypothèse
- *quizás, tal vez, puede ser que* + subjonctif
__Quizás sea__ una buena iniciativa porque...
- *podemos suponer que* + indicatif
__Podemos suponer que pasa__ en la selva...

▸ Gramática 29 B p. 215 p. 216

Le futur hypothétique
__Pasará__ en la selva...

▸ Gramática 27 p. 213 p. 213

Pronunciación

PISTE 36 **Adopta un tono radiofónico. Escucha e imita.**

¡Estimados oyentes, buenos días! En el programa de hoy les hemos reservado una gran...

+ EJERCICIOS www.nuevas-voces.com

ENFOQUE 3

Igualdad de oportunidades

COMPRENSIÓN LECTORA

Guerrera

Sucedió hace un par de meses, en la mañana de un mustio y helador[1] día de otoño. A una hora temprana y todavía oscura, Pilar, profesora en un instituto del barrio de Guinardó, en Barcelona, llegó a su trabajo e intentó entrar con su coche al aparcamiento del centro[2]. Delante de la puerta corredera[3] había una anciana. «¿Trabaja usted aquí?», preguntó la mujer. La profesora contestó que sí, y entonces la señora aguardó[4] a que aparcara. Luego se acercó a Pilar y le dijo tímidamente lo que estaba buscando: «He venido a la escuela porque me gustaría aprender a escribir». Llevaba desde las ocho de la mañana pegada a la puerta a la espera de poder hablar con alguien.

La mujer tiene 82 años, se llama Mari y reside en un hogar tutelado para ancianos[5]. Ahora Pilar va a su casa cuando puede y le da clases. A ella y a otras dos amigas de su edad que se han sumado[6].

No sé nada de la vida de Mari, pero me imagino que no ha debido de ser nada fácil. Ninguna vida lo es, pero si llegas a los 82 años sin saber escribir, y probablemente leyendo fatal[7], entonces es que has sido especialmente pobre, especialmente marginada y desposeída, porque el primer derecho y la primera riqueza es la cultura.

En el mundo hay 770 millones de analfabetos, que es cerca del 9% de la población, y el 64% de ellos son mujeres. Y en esta España tan supuestamente rica y ultramoderna tenemos 850.000 iletrados (un 2,3%), y la desproporción entre sexos es aquí todavía un poco mayor. Lo que quiere decir que por cada hombre hay dos mujeres y pico. Una de ellas, la muy guerrera Mari, que en el invierno de su vida decidió lanzarse a la calle una mañana oscura en busca de una escuela en donde le enseñaran. Cuántas veces habrá soñado con poder aprender. Y cuánta fuerza y cuánta inteligencia hay que tener para perseguir ese sueño hasta cumplirlo.

Rosa Montero (autora española), *El País*, 13/01/2009

1. melancólico y frío
2. el instituto
3. coulissante
4. esperó
5. maison de retraîte
6. integrado
7. muy mal

¿LO SABÍAS?

La alfabetización es uno de los derechos humanos que se sigue negando a la quinta parte de la población adulta del mundo. Las regiones con tasas de alfabetización más bajas son África Subsahariana, Asia Meridional y Occidental y los Estados Árabes, donde los porcentajes oscilan en torno al 60%.

Educación

→ INFÓRMATE p. 180

① **LEE** el texto. Identifica al narrador y el tipo de texto: ¿un testimonio, un artículo de sociología, una ficción,...?

② Apunta datos reales sobre Mari y lo que la autora se imagina de ella.

③ Busca una frase que indique lo que quiere hacer Mari y di si para ti es una mujer: valiente | inteligente | con instrucción | ingenua

④ Indica con qué problema se enfrenta España. ¿Se nota lo que piensa la autora al respecto?

TU OPINIÓN. "El primer derecho y la primera riqueza es la cultura": ¿qué te parece?

EXPRESIÓN ORAL

Mujeres y niños peruanos.

① A primera vista: ¿cómo encuentras esta fotografía?

② ¿Qué te llama la atención? Fíjate bien en:
- las personas (posturas, actitud, semejanzas, identificación)
- el lugar
- la situación

③ ¿Qué sentimientos experimentarán estas mujeres?

positivos | negativos

¿Y sus hijos?

TU OPINIÓN. ¿La experiencia que están viviendo les servirá en el futuro?

TAREA ¡Continúa el reportaje!

→ Saisir l'importance des faits rapportés par un journaliste en s'appropriant le sujet.

Para concluir un reportaje sobre el analfabetismo, da tu opinión personal sobre el caso de las personas que, como Mari, siendo adultas, deciden ponerse a aprender a leer y a escribir.

Etapas:

1. Describe las dificultades que encontrarán.
2. Di qué valores morales necesitarán tener y qué sentimientos te inspiran estas personas.

admiración | respeto | compasión

Me dan...
Me producen...
Al ver como ... me doy cuenta de que ...

3. Emplea estructuras adecuadas para enlazar el párrafo que vas a escribir con lo expresado anteriormente:

Para concluir...
Si se tiene en cuenta que...
Si consideramos que...

LENGUA

Vocabulario

la alfabetización

el analfabetismo ≠ la alfabetización
la marginación, el aislamiento
ser marginado, estar al margen
perder autoestima, tener vergüenza

el valor

atreverse a, animarse a, tener el valor de, estar orgulloso de, confiar en sí

Gramática

Le futur antérieur (hypothèse dans le passé)

Cuántas veces ***habrá soñado*** *con poder aprender.*

► Gramática 27 p. 213 p. 213

L'expression des pourcentages

El *64% de ellos son mujeres.*
On emploie l'article *el* quand on est sûr du chiffre annoncé.
Un *2,3%.*
On emploie l'article *un* quand le chiffre annoncé est approximatif.

► Gramática 9 p. 195 p. 195

Pronunciación

PISTE 37 **Emplea el tono adecuado para expresar sentimientos. Escucha y entrénate.**

Me alegra mucho ver que...
Me hace mucha ilusión...
Me da pena que...
Me pone triste...

+ EJERCICIOS www. nuevas-voces.com

ENFOQUE 4

Palabras sin fronteras

COMPRENSIÓN LECTORA

Itzamná, el dios maya de las palabras, fue el primer sacerdote, el inventor de la escritura y de los libros (códices).

Botella al mar para el dios de las palabras

A mis doce años de edad estuve a punto de ser atropellado[1] por una bicicleta. Un señor cura que pasaba me salvó con un grito: ¡Cuidado! El ciclista cayó a tierra. El señor cura, sin detenerse, me dijo: ¿Ya vio lo que es el poder de la palabra? Ese día lo supe. Ahora sabemos, además, que los mayas lo sabían desde los tiempos de Cristo, y con tanto rigor, que tenían un dios especial para las palabras.

Nunca como hoy ha sido tan grande ese poder. La humanidad entrará en el tercer milenio bajo el imperio de las palabras. No es cierto que la imagen esté desplazándolas ni que pueda extinguirlas. Al contrario, está potenciándolas[2]: nunca hubo en el mundo tantas palabras con tanto alcance[3], autoridad y albedrío[4] como en la inmensa Babel de la vida actual. Palabras inventadas, maltratadas o sacralizadas por la prensa, por los libros desechables, por los carteles de publicidad; habladas y cantadas por la radio, la televisión, el cine, el teléfono, los altavoces públicos; gritadas a brocha gorda en las paredes de la calle o susurradas al oído en las penumbras del amor.

No: el gran derrotado es el silencio. Las cosas tienen ahora tantos nombres en tantas lenguas que ya no es fácil saber cómo se llaman en ninguna. Los idiomas se dispersan sueltos de madrina[5], se mezclan y confunden, disparados hacia el destino ineluctable de un lenguaje global.

La lengua española tiene que prepararse para un ciclo grande en ese porvenir sin fronteras.

Es un derecho histórico. No por su prepotencia económica, como otras lenguas hasta hoy, sino por su vitalidad, su dinámica creativa, su vasta experiencia cultural, su rapidez y su fuerza de expansión, en un ámbito propio de diecinueve millones de kilómetros cuadrados y cuatrocientos millones de hablantes al terminar este siglo.

Fragmento del discurso de Gabriel García Márquez (autor colombiano) en el Primer Congreso Internacional de la Lengua Española, Zacatecas (México), 7/04/1997

1. atropellar : *renverser*
2. potenciar = impulsar
3. el alcance : *la portée*
4. el albedrío : *(ici) la justesse*
5. suelto de madrina = libre

① **ANTES DE LEER** tomando en cuenta el título, la identidad del autor y las circunstancias de la creación de este texto, di de qué tema se irá a tratar.

② **LEE** el texto. ¿Cómo comprobó muy pronto el autor cuál era el poder de la palabra? ¿Qué se lo confirmó luego?

③ G. García Márquez contradice ciertas predicciones alarmistas sobre la evolución de la lengua: ¿cuál es su opinión y con qué argumentos la defiende?

④ ¿Qué declara sobre la lengua española?

valoraciones · deseos · predicciones · recomendaciones

Y A TI, qué te parece más eficaz para transmitir mensajes: ¿las imágenes o las palabras?

EXPRESIÓN ORAL

① Antes de hablar del cartel di con qué asocias tú la lengua española: símbolos / imágenes / sonidos / sentimientos.

② Mira el cartel y observa bien las letras. ¿A qué corresponden las seis primeras? ¿Por qué estarán dispuestas de esa manera?

③ ¿Por qué habrán elegido la tilde como elemento gráfico? ¿Qué representa junto a la letra "**e**"?

TU OPINIÓN. ¿Para qué podrá ser útil este congreso?

TAREA Mensaje en una botella.

→ Réemployer le lexique appris dans un court récit fictionnel.

Redacta el mensaje que le enviarías tú al dios maya de las palabras.

Etapas:

1. Comienza contando una anécdota para demostrar el poder o, al contrario, la inutilidad de las palabras en alguna situación vivida o imaginaria.

2. Explica de qué manera las palabras te ayudaron en aquellas circunstancias o no te sirvieron de nada.

3. Indica, según tu parecer, para qué deberían servir más las palabras:

- en qué situaciones o lugares,
- para alcanzar qué objetivos,
- de qué manera surtirían efecto.

LENGUA

Vocabulario

las palabras

el sonido, la pronunciación,
la acentuación, la ortografía,
las sílabas
deletrear

los idiomas

hispanohablante, francófono,
plurilingüismo, bilingüismo
ser políglota, hablar varias lenguas
dominar una lengua

la comunicación

difundir, la difusión
expandir, la expansión
publicar, la publicación
editar, la edición

Gramática

La conséquence

*Las cosas tienen ahora **tantos** nombres en tantas lenguas **que** ya no es fácil.*

▸ Gramática 35 p. 221

Ortografía

L'accent écrit sur les interrogatifs

*Ya no es fácil saber **cómo** se llaman.*

▸ Gramática 39 p. 227

+ EJERCICIOS
www.nuevas-voces.com

INFÓRMATE

Educación

Hoy en día, todo el mundo reconoce que la educación es uno de los elementos más determinantes del desarrollo humano y un instrumento poderoso para reducir la pobreza. Aparte de ser fundamental para lograr los objetivos de desarrollo del milenio (ODM), representa el camino hacia el progreso de las personas y las sociedades, al mejorar la salud, la igualdad de género, la paz y la estabilidad.

Dos alumnas en una escuela chilena. Chile, Uruguay, México, Costa Rica, Venezuela y Argentina son los países que encabezan el Índice de Oportunidad Humana (IOH) 2010, según un nuevo estudio del Banco Mundial.

AVANCES

Los avances en pro de las metas de **enseñanza primaria universal y equidad de género** fijadas en los ODM han sido notables.

- Muchos países ya lograron los objetivos en cuestión acelerando el ritmo de la matrícula y la finalización en el ciclo básico y nivelando la paridad entre hombres y mujeres en la escuela primaria y secundaria.
- Según el último Informe de la ONU sobre los ODM (2010), el número de niños en edad de cursar la educación básica que no puede asistir a la escuela disminuyó de más de 100 millones al comienzo del nuevo milenio.

¿Qué datos te parecen alentadores?
¿Cuáles son, por el contrario, muy preocupantes?

Una escuela de la región de Puna (Argentina).

OBSTÁCULOS

No obstante, muchas regiones no van por el buen camino para alcanzar los ODM para 2015. En 2008, prácticamente el 50% de los niños del mundo que no asistía a la escuela vivía en África al sur del Sahara y más del 25%, en Asia meridional.

Tasa de escolarización → Se calcula que un 40% de quienes están en edad de cursar la educación secundaria no está matriculado.

Calidad de la enseñanza → En la actualidad, las evaluaciones nacionales e internacionales indican resultados de aprendizaje muy deficientes en la mayoría de los países en desarrollo. Los sistemas educativos deberán adaptarse al acelerado cambio tecnológico y a la globalización.

DESIGUALDADES

En los últimos 15 años, los países de América Latina y el Caribe (ALC), han avanzado, al brindar mayor acceso a los servicios básicos (agua, saneamiento, electricidad, educación, salud, etc.) que se requieren para poder realizarse en la vida.

Sin embargo, estos países están lejos de los niveles de oportunidades humanas que países como España, Francia y Estados Unidos, proporcionan a sus habitantes.

Cambio climático

DESARROLLO

Los países en desarrollo (según el *Informe sobre el Desarrollo Mundial 2010: Desarrollo y cambio climático*), pueden reorientarse hacia niveles más bajos de emisión de carbono y al mismo tiempo, impulsar el desarrollo y reducir la pobreza, pero esto depende de la ayuda financiera y técnica que reciban de los países de ingreso alto.

Los países de ingreso alto también deben actuar con rapidez para reducir su huella de carbono y promover el desarrollo de fuentes alternativas de energía a fin de abordar el cambio climático. Si los países desarrollados actúan ahora, los costos para conseguirlo aunque elevados serán manejables y será factible controlar el cambio climático.

Es posible lograr un mundo donde se aborde con Inteligencia el cambio climático
SI ACTUAMOS AHORA. ACTUAMOS DE COMÚN ACUERDO Y ACTUAMOS DE MANERA DIFERENTE

Vista del glaciar Perito Moreno en la Patagonia argentina.

VULNERABILIDAD

En América Latina y el Caribe los ecosistemas más importantes están amenazados.

- **Se prevé la desaparición de los glaciares tropicales de los Andes**, lo que provocaría la falta de agua para al menos 77 millones de personas ya en el año 2020, así como una amenaza para la energía hidroeléctrica, fuente de más de la mitad de la electricidad en muchos países de América del Sur.
- **El calentamiento y la acidificación de los océanos** darán lugar a una posible extinción progresiva de los arrecifes de coral en el Caribe.
- Los daños en los humedales del Golfo de México harán que esta costa sea más vulnerable a los huracanes más intensos y más frecuentes.
- El impacto más desastroso podría ser **la extinción dramática del bosque amazónico**, con graves consecuencias para el clima de la región, y quizá de todo el mundo.

Explica por qué y de qué manera, tanto en lo que se refiere a la educación como al cambio climático, se debe actuar:
ahora | de común acuerdo | de manera diferente

ESCUCHA EN CASA

PISTE 38

ESCUCHA a Noelia. Y tú, ¿tienes también motivos para ser optimista?

▸ Para navegar, pp. 256-257

CIBERINVESTIGACIÓN

La lengua española, en pleno auge

Para conocer mejor la importancia del español en el mundo, su expansión como lengua materna o lengua segunda, completa la ficha siguiente con datos que encontrarás en la web:

La lengua española
Estimación del número de hispanohablantes: ...
Países en los que el español es lengua oficial (cifra): ...
Países en los que se estudia el español (cifra): ...
Estudiantes de español como lengua extranjera (ELE) en el mundo (cifra): ...
Título de una obra literaria / musical / cinematográfica en lengua española: ...
Nombre del centro cultural español más famoso: ...
Otra información (que muestre el auge del español en el mundo): ...

Escribe luego una breve reseña sobre el tema en la que dirás cuál de estos datos te parece más sorprendente.

Páginas web de interés:
- *http://www.eumed.net/rev/cccss/05/jrz.htm*
- *http://cvc.cervantes.es*

B2i **S'informer, se documenter** ✓ Je sais utiliser les fonctions avancées des outils de recherche sur Internet.

HAZ TU PROYECTO CON LAS TIC

Un telediario

Realiza el telediario mostrando una presentación multimedia (diapositivas en las que podrás incluir textos cortos, figuras, gráficos o materiales de audio o vídeo) y comentándola en directo.

1. Si quieres filmar el telediario con una vídeo cámara, prepara el plató (escenario del telediario): decorado y muebles.

2. El locutor presentará el telediario respetando las siguientes etapas: apertura y saludo a los telespectadores / anuncio de las noticias y presentación de los reportajes previstos / cierre y despedida.
Contará las noticias y anunciará los reportajes.

Sugerencias

- **No te olvides de mirar la cámara y... como estás anunciando buenas noticias, ¡sonríe!**

PROYECTO

Realiza el primer telediario de buenas noticias

¿Será posible anunciar sólo buenas noticias en un telediario? ¡Afronta este desafío!

Etapas

1. TIPO DE TRABAJO

Colectivo (5 periodistas y un presentador).

2. PREPARACIÓN

a) **Elige un sector de información**, un tema:

▸ educación ▸ ecología ▸ política ▸ deporte ▸ sociedad ▸ sucesos ▸ economía ▸ ciencias

b) **Prepara el anuncio** de una buena noticia, como por ejemplo un nuevo avance científico, una resolución decisiva de la ONU, una innovación pedagógica en una escuela, el acto heroico de una persona, etc.

c) **Explica en qué consiste**: el contexto, los efectos y las consecuencias positivas de:

- algo que haya pasado en el mundo, algún acontecimiento feliz, alentador, etc.
- algún evento o iniciativa optimista de los que te hayas enterado.

Para ilustrar tu reportaje, utiliza fotos, documentos audios o/y visuales.

3. REALIZACIÓN

¡En vivo y en directo!

a) Prepara el esquema del informativo:

- inicio y anuncio de los titulares,
- desarrollo de la información (lanzamiento de los reportajes, entrevistas a los reporteros, invitados especiales en el plató),
- cierre y despedida.

b) Realiza el telediario. Cada uno deberá desempeñar su papel:

- presentador
- reporteros
- invitados especiales

c) Anuncia todas estas buenas noticias.

Consejos útiles

- Inspírate de los temas tratados en esta secuencia.
- Anuncia la información de manera original y saluda amablemente a los telespectadores al empezar y concluir el informativo.

▸ Nuevas tecnologías, Haz tu proyecto con las TIC, p. 182

OTRA MIRADA

A. *Acceso al agua*

① **ANTES DE MIRAR** el vídeo, fíjate en este fotograma y en el título. ¿Qué historia habrá contado su autor antes?

② **MIRA** el documento.
- ¿Qué paradoja intenta poner de manifiesto?
- Apunta las soluciones propuestas.

③ Haz la voz en *off* del vídeo para presentar este proyecto de cooperación comentando las imágenes.
También puedes escribir la letra de una canción para la música.

El agua es un derecho humano

B. *Acercándose a la meta*

En la XVII Cumbre Iberoamericana, celebrada en noviembre del 2007 en Santiago de Chile, el Presidente del Gobierno de España anunció la creación de un Fondo de Cooperación para Agua y Saneamiento destinado a América Latina, comprometiendo el desembolso de 1500 millones de dólares, a lo largo de un período de cuatro años.
El doble objetivo de esta iniciativa consiste en contribuir a hacer efectivo el derecho humano al agua y en acompañar a los países socios de la Cooperación Española en América Latina en su avance hacia el logro de la Meta 3 del Objetivo 7 del Milenio, meta consistente en reducir a la mitad, para 2015, la proporción de personas sin acceso sostenible al agua potable y a servicios básicos de saneamiento.

http://www.aecid.es

¿LO SABÍAS?

La Cumbre Iberoamericana es la reunión anual de Jefes de Estado y de Gobierno de los 22 países de América Latina y Europa de lengua hispana y portuguesa.
La Conferencia Iberoamericana es un foro privilegiado de consulta y concertación política cuyo propósito es reflexionar sobre los desafíos del entorno internacional, así como impulsar la cooperación, coordinación y solidaridad regionales.

Educación
→ INFÓRMATE p. 180

① ¿Por qué será importante solucionar los problemas del acceso al agua?

② Según el texto, ¿qué factor es fundamental para alcanzar este objetivo?

③ ¿De qué manera podrán colaborar los países iberoamericanos?

La Fura del Baus: *Windows of the city*

→ http://www.lafura.com/web/cast/obras_ficha.php?o=161

▲ *Window of the City*, espectáculo permanente de la Exposición de Shanghai, 2010.

"Mejor Ciudad, Mejor Vida" fue el hilo conductor de la Exposición Universal de Shanghai 2010, y el punto de partida que inspiró este espectáculo del grupo teatral catalán "La fura dels Baus". *Window of the City* es un viaje a través del tiempo y las diferentes maneras de construir, desde la prehistoria hasta la actualidad: barro, bambú, ladrillo... Un recorrido por seis capitales mundiales que a lo largo de su historia han sido sedes de una EXPO. Al llegar a Shanghai, un niño y una niña que no se conocen muestran una visión humana de las metrópolis, y nos enseñan que las ciudades pueden ser cambiadas y mejoradas por sus habitantes. En este espectáculo de gran impacto visual participaron 60 artistas (cantantes, bailarines y actores), con una espectacular escenografía.

1. Tomando en cuenta el nombre del espectáculo, la coreografía, el decorado y las circunstancias de su creación, ¿es posible hacernos una idea del mensaje que se buscaría transmitir?

2. ¿Dónde te hubiese gustado estar en ese momento, en medio del público o en el escenario?

EVALUARse

CD CLASSE

COMPRENSIÓN ORAL Asegurar el agua

Escucha este fragmento de la entrevista a Blanca Sáez.

① ¿En qué consiste la ayuda propuesta?

② ¿A quién se dirige y por qué?

③ Completa: *El agua es vital porque…*

Mon bilan

○ Je peux comprendre les principaux points d'une intervention radiophonique. **B1**
→ par exemple, suivre globalement les explications données.

○ Je peux comprendre une interview radiophonique sur un sujet d'actualité. **B2**
→ par exemple, saisir l'enjeu d'un projet humanitaire.

COMPRENSIÓN LECTORA Empezar con los niños

① ¿Qué repercusiones han tenido las transformaciones de esta escuela sobre sus alumnos y el barrio donde se encuentra?

② ¿Cuál es la clave de su éxito en lo que se refiere a la integración de niños de diferentes culturas?

③ ¿Cómo ve el escritor el futuro de nuestra sociedad?

La escuela de Rinkeby no sólo es notable porque en ella coexistan niños y niñas de todo el espectro cultural; también, porque desde hace tres años sus alumnos figuran en el palmarés del concurso nacional de matemáticas y por los excelentes logros académicos del promedio[1]. […]

No es de extrañar que, al revés de lo que se suele creer, que la escuela no es más que un reflejo de aquello que ocurre en la vecindad, en este caso la formidable transformación del colegio del barrio haya tenido un efecto saludable en la comunidad que lo rodea, atenuando la violencia, las disputas étnicas y religiosas, la criminalidad. […]

Hay que empezar con los niños. Que estos aprendan a convivir con quienes tienen hablas, pieles, dioses, costumbres distintas, y que, conviviendo, vayan desprendiéndose[2], como de un residuo inútil, en sus propias culturas, de todo aquello que dificulta o impide la coexistencia con los otros, es la más segura manera de conseguir que más tarde, cuando sean ya hombres y mujeres, puedan vivir en paz en esa diversidad étnica y lingüística, que, nos guste o no, será el rasgo[3] primordial del mundo cuyos umbrales ya pisamos[4].

Mario Vargas Llosa, *El País*, 19/12/2010

1. el promedio : *la moyenne*
2. desprenderse: *se débarrasser*
3. el rasgo : *la caractéristique*
4. cuyos umbrales ya pisamos : *sur le seuil duquel nous marchons déjà*

Mon bilan

○ Je peux identifier le schéma argumentatif suivi pour la présentation d'un problème. **B1**
→ par exemple, repérer les différents arguments développés dans un article.

○ Je peux comprendre un article sur un problème contemporain dans lequel l'auteur adopte un point de vue particulier. **B2**
→ par exemple, comprendre le bilan que tire l'écrivain de l'expérience qu'il décrit.

EXPRESIÓN ORAL ¡Qué padre más generoso!

① ¿Cómo ve el padre el futuro de su hijo?

② Imagina lo que le contesta el joven.

③ ¿Cuál es el tono de esta viñeta?

a. optimista
b. pesimista
c. cínico
d. humorístico

las deudas : *les dettes*

Mon bilan

○ Je peux raconter sans difficulté une histoire ou effectuer une description, en énumérant les différents points. **B1**
→ Par exemple, décrire de façon organisée une vignette humoristique et l'interpréter.

○ Je peux aussi résumer oralement l'intrigue d'une histoire en mettant en évidence les motivations de différents personnages. **B2**
→ Par exemple, expliquer l'état d'esprit et les motivations d'un personnage de vignette humoristique.

EXPRESIÓN ESCRITA El poder de la palabra

Cuenta en unas 10 líneas si alguna palabra ha tenido una importancia especial en algún momento de tu vida.

① Indica con qué lugar y época la relacionas.

② Resume lo que sucedió.

③ Di qué palabra (frase o expresión) se pronunció en aquel momento.

④ Explica por qué tuvo tanta importancia que hoy sigues recordándola.

Mon bilan

○ Je peux écrire un texte simple et cohérent sur des sujets familiers ou qui m'intéressent personnellement. **B1**
→ par exemple, rendre compte d'une expérience vécue.

○ Je peux aussi décrire des expériences réelles en donnant des détails. **B2**
→ par exemple, décrire en détails ce qui m'est arrivé.

Amor cibernauta

Se conocieron por la red[1]. Él era tartamudo[2] y tenía un rostro de neandertal: cabeza gigantesca, frente abultada, ojos separados, redondos y rojos, dientes de conejo que sobresalían de una boca enorme y abierta, cuerpo endeble[3] y barriga prominente. Ella estaba inválida[4] del cuello hacia abajo y dictaba los mensajes al computador con una voz hermosa, pausada y clara que no parecía tener nada que ver con ella; tenía el cuerpo de una muñeca maltratada.

Fue un amor a primer intercambio de mensajes: hablaron de la armonía del universo y de los sufrimientos terrestres, de la necesidad del imperio de la belleza y [...] de los mercaderes[5] de la guerra, de la generosidad del espíritu humano que contradice la miseria de unos pocos.

Leían incrédulos las réplicas donde encontraban una mirada equivalente del mundo, no igual, similar aunque enriquecida por historias y percepciones diferentes.

Durante meses evitaron hablar de sí mismos, menos aún de la posibilidad de encontrarse en algún sitio real y no virtual. Un día él le envió la foto digitalizada de un galán[6]. Ella le retribuyó[7] con la imagen de una bailarina. Él le escribió encendidos[8] versos de amor que ella leyó embelesada[9]. Ella le envió canciones con su propia voz, él lloró de emoción al escuchar esa música maravillosa.

Él le narraba con gracia su agitada vida social, burlándose agudamente de los mediocres. Ella le enviaba descripciones pormenorizadas[10] de sus giras[11] por el mundo con compañías famosas.

Ninguno de los dos jamás propuso encontrarse en el mundo real. Fue un amor verdadero, no virtual, como los que suelen acontecernos en ese lugar que llamamos realidad.

Diego Muñoz Valenzuela (autor chileno),
"Amor cibernauta", *Qué me cuentas*, 2006

1. Internet
2. *bègue*
3. frágil
4. paralizada
5. *marchands*
6. *jeune premier*
7. gratificó
8. apasionados
9. fascinada
10. detalladas
11. *tournées*

Comprender el texto

① Al "galán" y "la bailarina" este encuentro les parece increíble. ¿Por qué?

② ¿Por qué se mienten?

¿engaño? ¿ilusión? ¿fantasía?

③ ¿Este *amor a primer intercambio de mensajes* es diferente de un *amor a primera vista*?

SOMMAIRE

I. PRONONCIATION ET ACCENTUATION

II. NOMBRES ET CHIFFRES

III. LE GROUPE NOMINAL

IV. LE VERBE

V. LA PHRASE

VI. TABLEAUX DE CONJUGAISON

GRAMÁTICA

EJERCICIOS

Pour t'aider à comprendre et à mémoriser les règles :

Ejemplos

De nombreux exemples d'emploi, traduits en français.

EJERCICIO

Des exercices d'application.

+ EJERCICIOS
www.nuevas-voces.com

I. PRONONCIATION ET ACCENTUATION

1 L'alphabet

- Il comporte 27 lettres. Elles sont ici suivies, entre parenthèses, de leur nom en espagnol.

A *(la a)*	H *(la hache)*	Ñ *(la eñe)*	U *(la u)*
B *(la be)*	I *(la i)*	O *(la o)*	V *(la uve)*
C *(la ce)*	J *(la jota)*	P *(la pe)*	W *(la uve doble)*
D *(la de)*	K *(la ka)*	Q *(la cu)*	X *(la equis)*
E *(la e)*	L *(la ele)*	R *(la erre)*	Y *(la ye)*
F *(la efe)*	M *(la eme)*	S *(la ese)*	Z *(la ceta)*
G *(la ge)*	N *(la ene)*	T *(la te)*	

- L'espagnol possède une consonne qui lui est propre : ***la ñ***.
- Les lettres sont du genre féminin : ¿Se escribe con **una be** o con **una uve**?

2 La prononciation

- Toutes les lettres se prononcent, à l'exception du ***h***, toujours muet.
  la h**a**rina, la **a**rena : *la syllabe initiale se prononce de façon identique.*
- Le ***b*** et le ***v*** se prononcent de la même façon.
  be**b**er, vol**v**er : *la syllabe finale se prononce de façon identique.*
- Le ***ch*** se prononce « tch » : **ch**atear, dere**ch**o.
- Le ***ll*** se prononce comme le son « ll » dans le mot français « famille » : ca**ll**e, **ll**over.
- Le ***ñ*** se prononce « gn » comme dans le mot français « gagner » : peque**ñ**o.
- Le ***y*** se prononce « i » quand il est seul ou à la fin d'un mot : **y**, **muy** [mui].
Devant une voyelle, il est proche du « j » français : **mayor** [major].
- Le ***g*** devant ***a***, ***o***, ***u***, ***ue***, ***ui*** se prononce [γ] comme dans le mot français « gâteau » : **g**ótico, **g**uerra.
- Il se prononce du fond de la gorge [χ] devant ***e***, ***i*** : **g**ente, pá**g**ina.
- Le ***j*** se prononce toujours du fond de la gorge [χ] : **j**oven, **j**irafa
- Le ***r*** est roulé et vibrant : ca**r**a, pa**r**ticular.
Quand il est initial ou doublé, il vibre davantage : **r**opa, ca**rr**o.
- Le ***s*** et le ***z*** ne se prononcent jamais [z] comme dans le mot français « rose ».
– Le ***s*** se prononce [s] comme dans « passer » : televi**s**ión, pre**s**entar.
– Le ***z*** (ou le ***c*** **devant** ***e*** ou ***i***) se prononce [θ] comme le « th » anglais : la rique**z**a, la fuer**z**a.
– Dans certaines régions d'Espagne (Îles Canaries, une partie de l'Andalousie) et en Amérique latine, on prononce */s/* dans tous les cas.
- **Les voyelles conservent toujours le même son** : dans le ***om*** et le ***en*** de *comprender*, on doit entendre le ***m*** et le ***n*** derrière le ***o*** et le ***e***, et ne pas nasaliser comme on le fait en français pour le « om » et le « en » dans « comprendre ».
  apr**en**der, c**on**curso, **An**dalucía

3 L'accent tonique

- Il tombe sur **l'avant-dernière syllabe** des mots terminés par une voyelle ou par une marque du pluriel (*-s* : pour un nom : **chi**cas, *-n* pour un verbe : **ha**cen).

  La mu**cha**cha **ha**bla. — Las mu**cha**chas **ha**blan.

- Il tombe sur **la dernière syllabe** des mots terminés par une consonne (y compris « *y* » qui est considéré une consonne en espagnol), sauf *-s* et *-n*.

  ha**blar**, la ciu**dad**, es**toy**

- **Lorsqu'il ne tombe pas à sa place habituelle, il est signalé par un accent écrit.**

  la **má**quina, los **jó**venes

– L'accent écrit sert aussi à distinguer certains mots (accent diacritique) :

	≠	
el *le*		**él** *il, lui*
solo *seul*		**sólo** *seulement*
se (se sienta) *se*		**sé** (saber) *je sais*
que (lo que dice) *que*		**qué** (¡qué dice!)

– Les mots interrogatifs et exclamatifs portent toujours un accent écrit. → voir 39 40

EJERCICIO

Entraîne-toi à lire à haute voix cette strophe, en respectant bien le rythme.

An**to**nio **To**rres He**re**dia,
hijo y **nie**to de Cam**bo**rios,
con **u**na **va**ra de **mim**bre
va a Se**vi**lla a **ver** los **to**ros.
Mo**re**no de **ver**de **lu**na,
anda des**pa**cio y gar**bo**so.
Sus empavo**na**dos **bu**cles
le **bri**llan **en**tre los **o**jos.

A la mi**tad** del ca**mi**no
cor**tó** li**mo**nes re**don**dos,
y los **fue** ti**ran**do al **a**gua
hasta que la **pu**so de **o**ro.
Y a la mi**tad** del ca**mi**no,
bajo las **ra**mas de un **ol**mo,
guardia ci**vil** cami**ne**ra
lo lle**vó** **co**do con **co**do.

Federico García Lorca, "Prendimiento de Antoñito el Camborio en el camino de Sevilla" (*Romancero gitano*, 1928)

4 L'intonation de la phrase

- **En espagnol, le ton de la voix :**

– descend à la fin des phrases déclaratives :

  Hablo español. ↘

– monte dans les phrases interrogatives auxquelles on peut répondre par oui ou par non :

  ¿Hablas español? ↗

– descend dans les phrases interrogatives qui commencent par ***qué***, ***quién***, ***cuál***, ***cómo***, ***cuánto***, ***cuándo***, ***dónde*** :

  ¿Cuántas lenguas hablas? ↘

II. NOMBRES ET CHIFFRES

5 Zéro, un, deux, trois... : les cardinaux

0 cero	1 uno	2 dos	3 tres	4 cuatro	5 cinco	6 seis	7 siete	8 ocho	9 nueve
10 diez	11 once	12 doce	13 trece	14 catorce	15 quince	16 dieciséis	17 diecisiete	18 dieciocho	19 diecinueve
20 veinte	21 veintiuno	22 veintidós	23 veintitrés	24 veinticuatro	25 veinticinco	26 veintiséis	27 veintisiete	28 veintiocho	29 veintinueve
30 treinta	31 treinta y uno	32 treinta y dos	33 treinta y tres	34 treinta y cuatro	35 treinta y cinco	36 treinta y seis	37 treinta y siete	38 treinta y ocho	39 treinta y nueve
40 cuarenta	41 cuarenta y uno	42 cuarenta y dos	43 cuarenta y tres	44 cuarenta y cuatro	45 cuarenta y cinco	46 cuarenta y seis	47 cuarenta y siete	48 cuarenta y ocho	49 cuarenta y nueve
50 cincuenta	...								
60 sesenta	...								
70 setenta	...								
80 ochenta	...								
90 noventa	...								
100 cien	101 ciento uno	102 ciento dos	...						

100 ciento (cien)	200 doscientos (as)	300 trescientos (as)	400 cuatrocientos (as)	500 quinientos (as)	600 seiscientos (as)	700 setecientos (as)	800 ochocientos (as)	900 novecientos (as)

1 000 mil	2 000 dos mil	3 000 tres mil	...

10 000 diez mil	100 000 cien mil	1 000 000 un millón	100 000 000 cien millones	1 000 000 000 mil millones *(un milliard)*

- **On emploie *y* seulement entre les dizaines et les unités :**
  cuarenta **y** dos *mais :* ciento **ø** dos
- ***Uno* → *un* devant un nom masculin :**
  Veinti**ún** euros
  Treinta y **un** años
- ***Un* → *una* au féminin :**
  Veinti**una** chicas
- ***Ciento* → *cien* devant un nom et devant *mil* :**
  Cien páginas
  Cien mil
- **À partir de 200, les centaines s'accordent avec le nom qui suit :**
  Doscient**as** páginas
  1492 : Mil cuatrocient**os** noventa y dos (años)

6 Le premier, le deuxième, le troisième... : les ordinaux

Le 1er	**El primero**	Le 5e	**El quinto**	Le 9e	**El noveno**
Le 2e	**El segundo**	Le 6e	**El sexto**	Le 10e	**El décimo**
Le 3e	**El tercero**	Le 7e	**El séptimo**	Le 11e	**El undécimo**
Le 4e	**El cuarto**	Le 8e	**El octavo**	Le 12e	**El duodécimo**

- ***primero* → *primer*** ***tercero* → *tercer*** **devant un nom masculin singulier :**
  El **primer** año El **tercer** párrafo
- **À partir du 11ᵉ, on emploie de préférence les cardinaux :**
  El siglo **veinte** : *le vingtième siècle*
  El **veinticinco** aniversario : *le vingt-cinquième anniversaire*

7 L'heure

- ***La* ou *las* remplace le mot *hora* :**

Il est une heure.	Es **la una**.
Il est quatre heures.	Son **las cuatro**.
Elle viendra à deux heures.	Vendrá a **las dos**.

Ejemplos

Es la una.

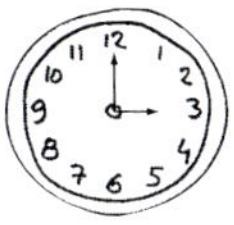
Son las tres.

Son las dos y media.

Son las cuatro menos cinco.

Son las siete y diez.

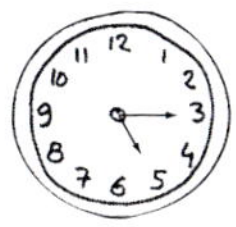
Son las cinco y cuarto.

8 La date

Les jours de la semaine
lunes
martes
miércoles
jueves
viernes
sábado
domingo

Les mois de l'année	
enero	julio
febrero	agosto
marzo	septiembre
abril	octubre
mayo	noviembre
junio	diciembre

Hoy es miércoles, diez **de** marzo **de** dos mil once. *Aujourd'hui, c'est le mercredi 10 mars 2011.*

Ejemplos

Hoy es martes 8 de enero. *Aujourd'hui, c'est le mardi 8 janvier.*
Estamos a martes 15 de abril. *Nous sommes le mardi 15 avril.*
Mañana estaremos a jueves 30 de marzo. *Demain, nous serons le jeudi 30 mars.*
Cristóbal Colón llegó a América el 12 de octubre de 1492. *Christophe Colomb arriva en Amérique le 12 octobre 1492.*

EJERCICIO

Écris les dates que tu connais par cœur qui concernent :
– ta vie personnelle (deux dates) ;
– des événements historiques (deux dates).

9 Les pourcentages

- **Les pourcentages sont précédés d'un article masculin singulier :**

– *el* pour exprimer un pourcentage précis.
El 90% de los jóvenes pertenece a una red social. *90 % des jeunes appartiennent à un réseau social.*

– *un* pour exprimer un pourcentage approximatif.

Un 20% utiliza estas webs para hacer amigos. *Environ 20 % utilisent ces sites pour se faire des amis.*

EJERCICIO

Commente les pourcentages ci-dessous en utilisant les amorces de phrases suivantes.

Me sorprende que... No sabía que... ¿Qué te parece ... ? Parece mentira que...

Ex. : → *Me sorprende que el español sea la lengua materna de sólo el 41,73% de los habitantes de Bolivia.*

→ *¿Qué te parece que un 23% de los inmigrantes en EEUU hayan perdido su lengua materna?*

Lo que se constata	Lo que se supone
Porcentaje de habitantes de México que hablan español como lengua materna: 92,17%	Porcentaje de hispanohablantes en la población filipina a principios del siglo XX: 10%
Porcentaje de usuarios hispanohablantes en internet: 7,8%	Porcentaje de hispanohablantes en la población mundial en 2050: 10%
Porcentaje de habitantes de Suiza cuya lengua materna es el español: 1,7%	Porcentaje de hispanos en la población de EEUU en 2050: 25%
Porcentaje de habitantes de Bolivia cuya lengua materna es el español: 41,73%	Porcentaje de inmigrantes en EEUU que han perdido su lengua materna: 23%

III. LE GROUPE NOMINAL

10 Singulier / pluriel : le nombre

- **-s : noms et adjectifs terminés par une voyelle**

  la car**a** guap**a** → las car**as** guap**as**

  un coch**e** roj**o** → unos coch**es** roj**os**

  el sof**á** → los sof**ás**

- **-es : noms et adjectifs terminés par une consonne (*y* est considéré comme une consonne) ou un *-í* accentué**

  el móvi**l** última generación → los móvi**les** últimas generaciones

  la le**y** iran**í** → las le**yes** iran**íes**

– **-z → -ces**

  la lu**z** → las lu**ces**

11 Masculin / féminin : le genre

- ***-o* → *-a***

  un niñ**o** buen**o** → una niñ**a** buen**a**

Exceptions :

el testig**o** → **la** testig**o**   **el** reo → **la** re**o**

- **+ *-a* : mots terminant par *-ín*, *-án*, *-ón*, *-dor*, *-tor* *-sor* et les adjectifs de nationalité**

  un hombre burl**ón** → una mujer burl**ona**

  un doct**or** → una doct**ora**

  un andalu**z** → una andalu**za**

- **Dans les autres cas, la terminaison reste inchangée.**
  un niño amab**le** → una niña amab**le**
  un ejercicio fáci**l** → una tarea fáci**l**
  el artist**a** → la artist**a**

EJERCICIO

Classe les noms suivants par genre.
planeta • agua • guía • tema • colega • testigo • aula • drama • poema • problema • naranjo • naranja • manzano • manzana • teorema • alma

Noms masculins	Noms féminins	Noms masculins et féminins

12 Les suffixes

- **Les suffixes nuancent les mots auxquels ils se rattachent (notion de taille, d'affection ou valeur péjorative).**
  Me gusta más este coche **pequeñito** que ese **grandón**.

A *-ito, -ita...* : les diminutifs

- **Mots terminés par *-o*, *-a* ou une consonne autre que *-n* ou *-r* : *-ito*, *-ita* / *-illo*, *-illa***
  cas**a** → cas**ita** árbo**l** → arbol**illo**
- **Mots terminés par *-e*, *-n*, *-r* : *-cito*, *-cita***
  pobr**e** → ¡pobre**cito**! jove**n** → joven**cito** amo**r** → amor**cito**

B *-ón, -ona...* : les augmentatifs

- **En espagnol, les augmentatifs sont moins fréquents que les diminutifs.**
- **Le suffixe augmentatif le plus fréquent est *-ón*, *-ona*.**
Il a souvent une valeur dépréciative.
  una casa *(une maison)* → un caser**ón** *(une grande maison)*
  una mujer *(une femme)* → una mujer**ona** *(une matrone)*
  un soltero *(un célibataire)* → un solter**ón** *(un vieux garçon)*

Ejemplos

Qué bonito es un entierro
Con sus caball**itos** blancos,
Con sus caball**itos** negros.
Qué bonito es un entierro
Con su caj**ita** de pino
Y su muert**ito** dentro.

(según José de Espronceda)

13 L'adjectif qualificatif

• L'adjectif s'accorde en genre et en nombre avec le nom qu'il qualifie. (Pour la formation du féminin et du pluriel, → voir 10 11)

Ⓐ La position de l'adjectif qualificatif

• La position de l'adjectif par rapport au substantif peut varier. Il peut se placer :
– avant le nom (antéposition) : un buen chico → voir apocope 14
– après le nom (position post-nominale) : un chico bueno

• La place de l'adjectif peut changer le sens de la phrase.

un buen padre *(bon)*	un padre bueno *(gentil)*
un gran hombre *(moral)*	un hombre grande *(taille)*
un mal momento *(inadéquat)*	un momento malo *(difficile)*

Ⓑ Les degrés de l'adjectif

• Les comparatifs

supériorité	+	más ... que	Los españoles están **más** acostumbrados al calor **que** los franceses. *Les Espagnols ont plus l'habitude de la chaleur que les Français.*
égalité	=	tan ... como	Soy **tan** alta **como** mi madre. *Je suis aussi grande que ma mère.*
infériorité	–	menos ... que	La clase de hoy me ha parecido **menos** interesante **que** la de ayer. *Le cours d'aujourd'hui m'a semblé moins intéressant que celui d'hier.*

– Comparatifs à forme propre :

bueno *(bon)* → **mejor** *(meilleur)* — malo *(mauvais)* → **peor** *(pire)*
grande *(grand)*→ **mayor** *(majeur, plus grand)* — pequeño *(petit)* → **menor** *(mineur, plus petit)*

En mi equipo hay **mejores** jugadores **que** en el tuyo. *Dans mon équipe il y a de meilleurs joueurs que dans la tienne.*

• Les superlatifs

Superlatifs relatifs				
supériorité	+	el/la/los/las ... más	le/la/les plus	Es **el** carburante **más** ecológico. *C'est le carburant le plus écologique.*
infériorité	–	el/la/los/las ... menos	le/la/les moins	Es **la** energía **menos** utilizada. *C'est l'énergie la moins utilisée.*

Attention Contrairement au français, on ne répète pas l'article.

¿Es éste **el** móvil **Ø** más barato? *Est-ce que c'est le portable le moins cher ?*

Superlatifs absolus		
muy + adj.	très + adj.	El agua está **muy** limpia. *L'eau est très propre.*
adj. + -ísimo(a)	très + adj. / adj. + -issime	El agua está **limpísima**. *L'eau est très propre.*

– On peut également créer des superlatifs absolus grâce à certains préfixes : **supersónico**, **extrafino**, **archisabido**, **ultrarápido**...

EJERCICIOS

1. Complète le tableau.

Es una mujer muy hermosa.	Es una mujer hermosísima	Es la mujer más hermosa que conozco.
Es una película muy larga.	...	... en la historia del cine.
...	Es una tienda carísima.	... de la ciudad.
Son árboles muy grandes.	...	... del parque.
...	Es un resultado buenísimo.	... del colegio.

2. Construis un superlatif comme dans les modèles proposés en utilisant *« super »*, *« extra »*, *« archi »*.

Ex.: Es un disco muy bueno. → *Es un disco superbueno.*
Este café es muy fuerte. → *Es un café extrafuerte.*

a. Es una comida muy refinada. → ...
b. Es una historia muy conocida. → ...
c. Es una talla muy grande. → ...
d. Es un chico muy simpático. → ...
e. Es un artista muy conocido. → ...

14 L'apocope

- L'apocope est la disparition d'une voyelle ou d'une syllabe à la fin de certains mots précédant un nom masculin singulier. Voici les plus courants :

bueno	**buen**	un **buen** negocio: *une bonne affaire*
malo	**mal**	un **mal** día: *une mauvaise journée*
grande	**gran**	un **gran** hombre: *un grand homme*
primero	**primer**	el **primer** premio: *le premier prix*
ciento	**cien**	**cien** años: *cent ans*
santo	**san**	**San** Pedro: *Saint Pierre*

15 L'article

	Défini	Indéfini
singulier masculin	**el**	**un**
singulier féminin	**la**	**una**
pluriel masculin	**los**	**unos**
pluriel féminin	**las**	**unas**
neutre	**lo**	

- a + el → **al**
  Voy **al** colegio.

de + el → **del**
Vengo **del** cine.

- la → el un → una
devant un nom féminin singulier commençant par **a** ou **ha** toniques (accentuées)
el agua clara (las aguas claras) *mais* **la/una** araña *(l'araignée)*
un alma pura (unas almas puras) *mais* **una** actividad

Ⓐ *El, la...* : articles définis

- **Expression de l'heure**

  Son **las** diez. *Il est dix heures.*

- **Les jours de la semaine**

  Antonio llega **el** jueves. *Antonio arrive jeudi.*

- **La périodicité**

On emploie le pluriel.

  Los lunes tenemos clase. *Le lundi, nous avons cours.*

- **L'âge**

  Se ha casado a **los** treinta y pico. *Il s'est marié à plus de trente ans.*

- **« Celui de, ceux de, celle de, celles de » → el de, los de, la de, las de**

  C'est la version d'Alejandro Dumas ou celle de Tirso de Molina ? Esa versión, ¿es la de Alejandro Dumas o **la de** Tirso de Molina?

- **« Celui que, ceux que, celle que, celles que» → el que, los que, la que, las que**

  J'ai acheté celles que tu aimes. He comprado **las que** te gustan.

- **Omission de l'article défini**

– Devant **casa** dans le sens de « chez »

  ¡Otra vez a Ø casa de tus padres este fin de semana! *Encore chez tes parents ce week-end !*

– Devant les noms de pays, régions ou villes non déterminés

  Ø Chile es un país en pleno desarrollo. *Le Chili est un pays en plein développement.*

mais : **El** Madrid de mi niñez. *Le Madrid de mon enfance.*

Ⓑ *Un, una...* : articles indéfinis

- **Expression de l'approximation**

  Esta ciudad queda a **unos** cien kilómetros. *Cette ville est à environ cent kilomètres.*

- **Omission de l'article indéfini**

– Au pluriel

  He tenido Ø noticias suyas. *J'ai eu des nouvelles de lui.*

– Devant **otro**, **otra**

  No se te ocurre Ø otra idea ? *N'as-tu pas une autre idée ?*

Ⓒ *Lo* : article neutre

Ne s'emploie jamais devant un nom.

- **« Ce qui est... » → lo + adjectif ou participe passé**

  Ce qui est difficile, c'est de perdre. **Lo difícil** es perder.

- **« Ce qui, ce que... » → lo que**

  Tu ne sais pas ce qu'il a fait ? ¿No sabes **lo que** ha hecho?

- **« Ce qui concerne... » → lo de**

  As-tu appris pour María ? Supiste **lo de** Maria.

Ejemplos

Me gusta ir **al** parque **del** barrio. *J'aime aller au parc du quartier.*
El águila y **la** abeja tienen Ø alas. *L'aigle et l'abeille ont des ailes.*
Ø Normandía es una región de Francia. *La Normandie est une région de France.*
¿Nos podemos ver Ø **otro** día? *Peut-on se voir un autre jour ?*
Los que has cogido son **los de** Javier. *Ceux que tu as pris sont ceux de Javier.*
Lo importante no es **lo de** tu enfado sino **lo que** vas a hacer ahora. *Ce qui importe, ce n'est pas que tu sois fâché mais ce que tu vas faire maintenant.*

EJERCICIOS

1. Complète ce bref récit avec l'article qui convient.
No lo teníamos en ... casa, entre otras cosas porque no era nuestro; pero durante varios meses formó parte de nuestra vida. Le llamábamos "el burro feliz" o "Feliciano", porque pasaba su tiempo en ... delicioso prado que, desde ... ladera del monte, dominaba ... huertas y ... olivares de ... pueblo extremeño donde nos encontrábamos, Viandar de la Vera. Era ... delicia seguir ... evoluciones de su rabo, que no parecía tener mucho trabajo con las moscas, y caía y recaía sobre su grupa suavemente, como una escobilla; mayor delicia, aún, verle trotar de ... lado de la cerca ... otro, y dar, de vez en cuando, como quien no quiere la cosa, un saltito. Nosotros le envidiábamos, aun sabiendo que envidiar está mal y es tontería.

Bernardo Atxaga, "Un burro en la familia", artículo publicado en *El País*.

2. Complète ce bref récit avec l'article qui convient.
–¿Qué va a necesitar? –me preguntaron.
–No sé, quizá ... secretaria y ... par de personas o tres que atiendan ... teléfono.
–Para esos menesteres los tenemos con ocho carreras y siete idiomas.
–Me gusta mucho ... ruso. Mándemelos con ruso.
–Y con inglés, desde luego.
–¿Con inglés? ¿Para qué quiero ... empleados con inglés en ... empresa de trabajo basura? A ver si me entiende: lo de ruso es por ... capricho personal.

Juan José Millás, "Trabajo temporal", *Articuentos*, publicados en *El País*.

3. Rajoute un article défini devant les noms suivants si nécessaire.
... Colombia ... Mediterráneo ... Francia del Sur ... Alpes ... Amazonas
... Japón ... Pirineo ... Cataluña románica ... Ecuador ... Borbones

16 *Este, ese, aquel...* : les démonstratifs

A Adjectifs démonstratifs

	Singulier	Pluriel	Proximité dans l'espace / le temps / la phrase
masculin	**este**	**estos**	proche de celui qui parle (yo, aquí, ahora)
féminin	**esta**	**estas**	
masculin	**ese**	**esos**	proche de celui auquel on s'adresse (tú, ahí)
féminin	**esa**	**esas**	
masculin	**aquel**	**aquellos**	éloigné de celui qui parle (él, allí, entonces)
féminin	**aquella**	**aquellas**	

B Pronoms démonstratifs

- **Les pronoms démonstratifs ont la même forme que les adjectifs mais peuvent porter un accent écrit : éste (celui-ci), ése (celui-là), aquél (celui-là là-bas) ; sauf les trois pronoms neutres : esto, eso, aquello.**

  ¿Le gusta **este** modelo? (**este** = *adjectif : ce modèle)*
  No, prefiero **éste**. (**éste** = *pronom : celui-ci)*

C Emploi

Le choix du démonstratif dépend de l'éloignement

- **dans l'espace :** Quisiera ver **ese** libro, por favor. ¿**Éste**? No, **aquél**.
  Je voudrais voir ce livre, s'il vous plaît. Celui-ci ? Non, celui-là.

- **dans le temps :** **Estas** vacaciones no son como **aquéllas** en las que nos conocimos.
Ces vacances-ci ne sont pas comme celles où nous nous sommes connus.
- **dans la phrase :** Pidió ayuda a Rodrigo y a Ernesto: **éste** (Ernesto) le ayudó, pero **aquél** (Rodrigo) se la negó.
Il a demandé de l'aide à Rodrigo et à Ernesto : celui-ci l'a aidé mais celui-là a refusé.

Ejemplos

Estos vaqueros y **esas** camisas estaban de moda en **aquella** época. *Ces jeans-ci et ces chemises-là étaient à la mode à cette époque-là.*
Tenían cita con Elena y su hermana, **ésta** llegó tarde y **aquélla** no llegó nunca. *Ils avaient rendez-vous avec Elena et sa sœur, la première est arrivée en retard et la seconde n'est pas venue.*

EJERCICIOS

1. Complète ce dialogue avec les démonstratifs qui conviennent.
–Hola, Marta, ¿qué tal?
–... mañana me he levantado de mal humor. No dejo de pensar en ... tío que encontré ayer y que me dejó muy mala impresión. No me gustó para nada ... manera de espabilar, de dárselas. En ... bar donde lo encontré estaban también Pablo y Julia. No sé si los veré ... tarde. Espero que sí porque con ... tipo de gente sí que lo pasas bien, como con José y Felipe, hace unos años. En ... tiempo, salíamos de juerga casi cada noche. Recuerdo que íbamos a ... bar de la calle Escudellers en el que solíamos beber mojitos. Pero, dime, Marta, ¿te apetece salir conmigo ... noche o has quedado con ... seductor de Javier?
–Es que todavía no lo sé. Te llamaré ... tarde para decírtelo.

2. Ajoute les démonstratifs.
En ... época, las mujeres solían quedarse en casa y criar a los niños, así que las reivindicaciones de María sorprendieron a todos. No estaban acostumbrados a ... manera de hablar que .... había adoptado en EEUU. Al volver de ... país al mismo tiempo tan cercano y tan lejano, no se dio cuenta de que nadie podía tolerar sus nuevos modales, con ... arrogancia y ... firmeza. Al fin, tuvo que resignarse y someterse a las leyes de la familia y del país. "Aquí, en ... casa, se obedece y punto », le dijo su madre.

17 *Mi, tu, su...* : les possessifs

	Adjectifs possessifs avant le nom		Adjectifs possessifs après le nom	
	Singulier	Pluriel	Singulier	Pluriel
1res personnes	mi	mis	mío / mía	míos / mías
	nuestro / nuestra	nuestros / nuestras	nuestro / nuestra	nuestros / nuestras
2es personnes	tu	tus	tuyo / tuya	tuyos / tuyas
	vuestro / vuestra	vuestros / vuestras	vuestro / vuestra	vuestros / vuestras
3es personnes	su	sus	suyo / suya	suyos / suyas

Ⓐ L'accord des adjectifs possessifs

• **Les adjectifs possessifs s'accordent en genre et en nombre avec le nom qu'ils introduisent :**
mi abrigo *(mon manteau)*, **vuestras** bufandas *(vos écharpes)*.

Ⓑ La place des adjectifs possessifs

• **Les adjectifs possessifs qui se placent après le nom s'accordent en genre et en nombre avec le nom qui les précède.**
Es un amigo **mío**. *C'est un ami à moi.*

Ⓒ Les pronoms possessifs

• **Ce sont les mêmes formes que celles des adjectifs possessifs placés après le nom, précédées de l'article défini : el mío, la mía, los vuestros, las suyas...**
¿No has traído tu libro? Te presto **el mío**. *Tu n'as pas apporté ton livre ? Je te prête le mien.*

Attention Les possessifs sont beaucoup moins employés en espagnol qu'en français. Ainsi, on dit :
Se pasa la vida en la calle *(Il passe sa vie dehors)* **et pas :** Se pasa su vida en la calle.

Ⓓ Expressions figées avec des possessifs

• **Certaines expressions figées exclamatives sont d'un usage très courant en espagnol :**
¡Madre **mía** ! ¡Dios **mío** !

EJERCICIOS

1. Complète avec le possessif qui convient.
Yo creo que ... padre es la persona a la cual más admiro. Papá es un hombre fuerte y valiente. Es también la persona más amable de la familia. ...sonrisa siempre nos anima cuando le contamos ... problemas, mi hermano y yo. No sé por qué pero, ... palabras son como un bálsamo y luego nos parece que ... preocupaciones se alejan muy rápido.

2. Complète le dialogue avec les possessifs.
–.... chaqueta azul es la que prefiero. La llevo casi siempre cuando hace buen tiempo. Pero me gustaría comprar una verde como la ... ¿Dónde la compraste?
–La compré en Irlanda durante ... viaje del verano pasado. Fue el viaje más bonito que hice con ... padres. ¿Quieres probártela?
–Sí, gracias. ¿Qué tal con los vaqueros negros?
–Estupendo. Me encanta ... estilo. Siempre sabes asociar colores y formas. ¿Quieres que te la preste?
–Vale, gracias. Y yo te doy ... pendientes rosas, los que te encantan.
–¡Qué suerte!

3. Traduis les phrases suivantes. Attention, le possessif n'est pas toujours utile.
a. Mets ton manteau, il fait froid ! Et n'oublie pas tes gants.
b. Je ne sais pas où ils sont mais j'ai trouvé les tiens.
c. Ce ne sont pas les miens. As-tu vu mes clés de voiture ?
d. Non, mais mes amis sont là. J'y vais.

18 *Poco, mucho...* : les indéfinis

Adjectifs	peu de	**poco, a, os, as**	**pocas** calorías: *peu de calories*
	beaucoup de	**mucho, a, os, as**	**mucha** agua: *beaucoup d'eau*
	assez de	**bastante, es**	**bastante** dinero: *assez d'argent*
	trop de	**demasiado, a, os, as**	**demasiados** coches: *trop de voitures*
	tout, tous, toute, toutes	**todo, a, os, as**	**todo** el día: *toute la journée*
	plusieurs	**varios, as**	**varias** canciones : *plusieurs chansons*
	chaque	**cada**	**cada** lunes: *chaque lundi*
	certain, certaine, certains, certaines	**cierto, a, os, as**	**ciertos** días: *certains jours*
Adjectifs et pronoms	un, une, quelques-uns, quelques-unes	**alguno, a, os, as**	vinieron **algunos**: *quelques-uns sont venus*
	aucun, aucune	**ninguno, a**	**ninguna** amiga: *aucune amie*
	n'importe quel/quelle	**cualquiera**	**cualquiera** de ellos: *n'importe lequel d'entre eux*
	un autre, une autre, d'autres	**otro, a, os, as**	**otros** lugares: *d'autres lieux*
Pronoms	quelque chose	**algo**	hacer **algo**: *faire quelque chose*
	quelqu'un	**alguien**	¿ha llamado **alguien**? : *quelqu'un a appelé ?*
	rien	**nada**	no sabe **nada**: *il ne sait rien*
	personne	**nadie**	no hay **nadie**: *il n'y a personne*

Attention En espagnol, on n'emploie pas l'article indéfini devant **otro**.

Me gustaría oír **Ø otro** punto de vista. *J'aimerais entendre un autre point de vue.*

Attention Les formes **alguno**, **ninguno**, **cualquiera** perdent leur voyelle finale (apocope) devant un nom masculin singulier. → voir 14

No hay **ningún** error. *Il n'y a aucune erreur.*

Attention **Poco**, **mucho**, **bastante**, **demasiado**, **algo**, **nada** peuvent être aussi adverbes et donc invariables. → voir 37 D

Las cosas han cambiado **mucho**. *Les choses ont beaucoup changé.*

Ejemplos

Mientras se gana **algo** no se pierde **nada**. *Miguel de Cervantes Saavedra (1547-1616), escritor español*

Cada poema es único. En **cada** obra late, con mayor o menor grado, **toda** la poesía. **Cada** lector busca **algo** en el poema. Y no es insólito que lo encuentre: Ya lo llevaba dentro. *Octavio Paz (1914-1998), poeta y ensayista mexicano*

A solas soy **alguien**. En la calle **nadie**. *Gabriel Celaya (1911-1991), poeta español*

Algún día en cualquier parte, en **cualquier** lugar indefectiblemente te encontrarás a ti mismo, y ésa, sólo ésa, puede ser la más feliz o la más amarga de tus horas. *P. Neruda (1904-1973), poeta chileno*

EJERCICIOS

1. Complète les phrases suivantes avec les indéfinis qui conviennent.

Una historia de ovnis

a. ¿Has visto ya ... ovni?
b. No, no he visto ... ovni.
c. ¿Conoces a ... que sí haya visto ...?
d. No, no conozco a ...
e. ¡Desgraciadamente no he visto ... platillo volador ni ... por el estilo!

2. Complète les dialogues suivants avec les indéfinis qui conviennent.

–¿Pasa ...?
–No, no pasa ...
–¿Ha entrado ...?
–No, que yo sepa no ha entrado ...
–¿Estás seguro de que no se te ha olvidado ...?
–Seguro, he traído ...
–¿Has oído ... ruido?
–No, no he oído ...

3. Complète les phrases avec : ***mucho / poco / demasiado / bastante*****, que tu accorderas ou non, selon qu'ils sont employés comme adjectifs ou adverbes.**

a. ... gente se pregunta qué va a suceder.
b. Otros se preocupan ... por el futuro.
c. Dicen que nunca es bueno hacerse ... preguntas.
d. Ya tenemos ... con lo nuestro como para estar preocupándonos más.
e. ¡... problemas tengo yo!
f. Creo que es ... complicado para ti.
g. No tengo ... afinidades con todo eso.
h. ... veces te he oído decir algo sensato.

19 Les pronoms personnels

	Pronoms sujets	Pronoms réfléchis	Pronoms COD	Pronoms COI	Pronoms introduits par une préposition
1re pers. sing.	yo	me	me	me	mí
2e pers. sing.	tú	te	te	te	ti
3e pers. sing.	él, ella, usted	se	lo, la (le)	le	él, ella, usted
1re pers. pl.	nosotros, as	nos	nos	nos	nosotros, as
2e pers. pl.	vosotros, as	os	os	os	vosotros, as
3e pers. pl.	ellos, ellas, ustedes	se	los, las	les	ellos, ellas, ustedes

Attention Avec la préposition **con**, les pronoms ont une forme particulière au singulier : **conmigo**, **contigo**, **consigo**.

Quiero ir **contigo**. *Je veux y aller avec toi.*

Ⓐ Pronoms personnels sujets

• Ils sont moins utilisés en espagnol qu'en français puisqu'en espagnol la personne est déjà indiquée par la terminaison du verbe.

¿**Ø** Eres Pablo?

• On les emploie surtout pour insister sur la personne.

No, Pablo es mi hermano. **Yo** soy Juan.

Ⓑ Pronoms personnels compléments

• *Le* et *les* ne peuvent pas être employés pour un objet.

Lo comprendo (lo que me estás explicando). *Je comprends (ce que tu m'expliques).*

Le comprendo (a mi amigo). *Je le comprends (mon ami).*

Ⓒ L'ordre des pronoms compléments

• En espagnol, l'ordre est toujours : indirect + direct

¿**Nos las** devuelves? *Tu nous les rends ?*

Te lo repito. *Je te le répète.*

• Lorsque deux pronoms de la 3e personne se suivent, le premier → **se**

Se lo ha dicho. *Elle le lui a dit.*

Ⓓ Le vouvoiement

• Pour vouvoyer, l'espagnol utilise la 3e personne (3e personne du pluriel si l'on s'adresse à plusieurs personnes que l'on vouvoie).

Pase usted, Señor, y **siéntese**. *Entrez, Monsieur, et asseyez-vous.*

Son ustedes los que **deciden**. *C'est vous qui décidez.*

Ⓔ L'enclise

• Les pronoms compléments employés sans préposition sont obligatoirement soudés après le verbe (enclise) aux trois formes suivantes :

– à l'infinitif :	Va a llamar**la**. *Il va l'appeler.*
	Va a comprár**selo**. *Il va le lui acheter.*
– au gérondif :	Está llamándo**la**. *Il est en train de l'appeler.*
	Está comprándo**selo**. *Il est en train de le lui acheter.*
– à l'impératif affirmatif :	Lláma**la**. *Appelle-la.*
	Cómpra**selo**. *Achète-le lui.*

Ⓕ Construction des verbes du type *gustar*

• *Gustar* a le sens de « aimer » mais s'accorde comme « plaire », il se construit comme ce dernier.

Me gust**a tu disco**. *J'aime ton disque.*

Me gust**an tus discos**. *J'aime tes disques.*

• Autres verbes courants ayant une construction inversée par rapport à leur équivalent français :

– **apetecer** (avoir envie) se construit comme « faire envie » :

Me apetece salir. *J'ai envie de sortir.*

– **costar** (avoir du mal à) se construit comme « coûter », « être difficile » :

Me cuesta creerlo. *J'ai du mal à le croire.*

– **doler** (avoir mal) se construit comme « faire mal » :

Me duelen las piernas. *J'ai mal aux jambes.*

Ejemplos

¿**Te** acuerdas que **te lo** dije un día? *Tu te souviens que je te l'ai dit un jour ?*
¿Cómo **te** encuentras? *Comment vas-tu ?*
Explíca**selo**. *Explique-le lui.*
Yo también fui. *Moi aussi, j'y suis allé.*
¿Sabe **usted** a qué hora sale el Talgo? *Savez-vous à quelle heure part le Talgo ?*

EJERCICIOS

1. Complète le dialogue avec les pronoms personnels qui conviennent.

–Pon... el abrigo que salimos.
–¡Qué sorpresa! Y ..., ¿a dónde vamos a ir tú y ...?
–¿No ... sabes?
–¡No! ¡Di... por favor!
–Es que .... gusta hacer... esperar.
–¡Qué mala eres!
–Bueno. Voy a decir...: ... vamos al teatro.
–¿De verdad? ¡Qué suerte! ... encanta el teatro.
–Apúra..., que ya es tarde.

2. Traduis les phrases suivantes.

a. Je pense le faire.
b. Vas-tu la changer ?
c. Raconte-la moi.
d. Il est en train de le lui dire.
e. Appelle-moi !

3. Transforme les phrases suivantes selon le modèle.

Ex. : Voy a decírtelo. → *Te lo voy a decir.*
a. Felipe empezó a leerlo.
b. Estoy diciéndotelo.
c. ¿Vas a decírselo?
d. Marta no pudo aceptarlo.
e. Estoy escuchándolo.

4. Complète les phrases suivantes en conjuguant le verbe entre parenthèses et en rajoutant le pronom personnel qui convient.

a. Ya es la una. Parece que a Sonia ... comer algo. (apetecer)
b. A mí ... la tortilla. (encantar)
c. Y a ti, ¿qué ... más ? ¿La paella o la fideuá? (gustar)
d. A muchos de mis amigos ... comer hamburguesas. (gustar)
e. Pero a mis padres no, porque ... cocinar. (apasionar)

20 Les équivalents de « on »

- on = se + verbe à la 3e personne (pour exprimer un fait général)
  Ici, on parle espagnol. Aquí **se habla** español.
- on = 3e personne du pluriel (lorsque le sujet est très indéterminé)
  On dit qu'il était très amoureux. **Dicen** que estaba muy enamorado.
- on = uno, una (lorsque le « je » est sous-entendu)
  On se sent trahi. **Uno** se siente traicionado.
- on = 1re personne du pluriel (lorsque « on » équivaut à « nous »)
  On y va. **Vamos**.

Ejemplos

Dicen que es mejor no dejarlo todo para el último momento, pero **uno** hace lo que puede...
On dit qu'il vaut mieux ne pas remettre à plus tard, mais on fait ce qu'on peut...

EJERCICIOS

1. Forme des phrases avec les équivalents de « on » et les mots suivants.

a. Llamar / a la puerta
b. Vender / casas pareadas
c. Buscar / chica para compartir piso
d. Tener que / estudiar mucho para aprobar el examen
e. En Francia / comer a las doce
f. Deber / ser razonable
g. Hacer buena paella / en este restaurante
h. Decir / los españoles salen más los fines de semana que los franceses

2. Relie les éléments des deux colonnes.

En este país •	• no sale con los amigos cuando tiene muchos deberes
Uno •	• alquila una casa frente al mar
Se •	• que van a abrir un nuevo cine en el barrio
Dicen •	• contar con las amigas para hablar de chicos
Podemos •	• se vive bien

21 Les pronoms relatifs

A Qui, que, quoi : *que*

- **C'est le pronom le plus fréquent. Il désigne une personne, un objet ou un fait dont on a parlé et introduit une proposition relative.**
  El cantante **que** prefieres. *Le chanteur que tu préfères.*
  El disco **que** me gusta. *Le disque que j'aime.*
- **Après une préposition, il est précédé de l'article : el que, la que, los que, las que.**
  El concierto **del que** te hablé. *Le concert dont je t'ai parlé.*
- **Pour évoquer une période de temps : en que.**
  El día **en que** te conocí. *Le jour où je t'ai connu.*

- Pour traduire « ce que, ce qui » on peut employer **lo que**.

  Lo que a mí me gusta es la música. *Ce que j'aime c'est la musique.*

B Qui : *quien, quienes*

- **Il désigne une personne dont on a parlé.**

  Eres tú **quien** decide. *C'est toi qui décide.*

C La traduction de « dont »

- **Cuyo, a, os, as + substantif**

Il introduit un rapport de possession. Il est toujours suivi du nom auquel il se rapporte et auquel il s'accorde en genre et en nombre.

El grupo **cuyas** canciones te encantan. *Le groupe dont tu adores les chansons.*

- **Del que, de la que, de lo que, de los que, (de) quien, (de) quienes, (de) el cual, (de) la cual, (de) lo cual, (de) los cuales, (de) las cuales + verbe**

L'antécédent peut être animé ou inanimé.

Es el futbolista **del que** te hablé. *C'est le footballeur dont je t'ai parlé.*

D Où : *donde*

- **Il désigne un lieu dont on a parlé.**

  Ésa es la sala **donde** ensayan. *C'est la salle où ils répètent.*

Ejemplos

Ésta es la chica **de la que** te hablé. *C'est la fille dont je t'ai parlé.*

Las personas **cuyos** pasaportes estén caducados no podrán viajar. *Les personnes dont les passeports sont périmés ne pourront pas voyager.*

EJERCICIOS

1. Complète le texte avec le relatif qui convient.

Sandra es la mujer a ... quiero. La primera vez ... la vi estaba en París con sus primos ... viven en Mallorca. Estaba haciendo cola en la entrada del Louvre, el museo ... está el cuadro más famoso del mundo, *La Gioconda*. Aquel cuadro ... creador es Leonardo da Vinci la conmovió. Fue la primera vez ... nos hablamos. Aquel momento de mi vida es el ... más me gusta. Las horas más felices de tu vida son las ... siempre recuerdas.

2. Relie les éléments des deux colonnes.

Fue Carlos, el padre de Juan •	• cuya opinión no contaba, no estaba al tanto.
Juan, •	• con quien Carlos habló primero.
Fue con su mujer •	• que no estaba presente, no sabía nada.
Le contó lo que pasó, •	• quien tomó la decisión.
El resto de la familia •	• lo cual lo llevó a tomar una decisión rápida.

IV. LE VERBE

- Comme en français, la forme verbale est composée d'un radical et d'une terminaison : ***habl*-*o***, ***com*-*es***.
- En espagnol, il existe 3 groupes de conjugaisons selon la terminaison de l'infinitif :

  -AR : hablar ***-ER*** : comer ***-IR*** : vivir

22 Le présent de l'indicatif *(presente de indicativo)*

→ voir tableaux 43 44

- **Formation**

– Verbes en **-AR** : radical + **-o**, **-as**, **-a**, **-amos**, **-áis**, **an**
– Verbes en **-ER** : radical + **-o**, **-es**, **-e**, **-emos**, **-éis**, **-en**
– Verbes en **-IR** : radical + **-o**, **-es**, **-e**, **-imos**, **-ís**, **-en**

- **Comme en français, le présent de l'indicatif indique que l'action est en train de se réaliser.**

  Leo y **corrijo** el ejercicio. *Je lis et je corrige l'exercice.*

EJERCICIO

Transpose le texte au présent.

Pedro salió de casa enojado. Llamó por teléfono a Javier. Quería hablar con alguien. Pero éste no descolgó. Se sentía triste y solo. Cruzó la calle y llegó delante de la entrada del edificio donde vivía Julia. Miró hacia las ventanas del segundo piso. Estaban abiertas. Pulsó el timbre y Julia le abrió. Lo acogió amistosamente. Estaba contenta de verlo. Le propuso escuchar música en casa. Luego, salieron a dar un paseo y se comieron un helado. Fueron al cine y se sentaron en un banco del paseo marítimo a tomar el fresco. A las once, se despidieron y Pedro volvió a casa. Ya no estaba enojado. Saludó a sus padres y se fue a dormir. La presencia de Julia lo había consolado. Era una verdadera amiga. No le había hecho ni una pregunta. Sólo se pasó la tarde con él, sin preguntarle nada.

23 Le passé composé *(pretérito perfecto)*

→ voir tableaux 43

- **Formation**

Le passé composé se forme avec l'auxiliaire ***haber*** au présent de l'indicatif + participe passé invariable (verbes en **-AR** : **-ado** ; verbes en **-ER**/**-IR** : **-ido**) : **yo he crecido** *(j'ai grandi)*.

- **Il exprime une action achevée mais dont les conséquences sur le présent sont encore perceptibles.**

  Este año **he engordado** un poco. *Cette année, j'ai un peu grossi.*

Attention Le participe passé ne s'accorde jamais lorsqu'il est employé avec l'auxiliaire ***haber***.

  Las lecciones que hemos estudiad**o**. *Les leçons que nous avons étudiées.*

En revanche, il s'accorde quand il est adjectif.

  La directora está enfadad**a**. *La directrice est fâchée.*

- **Les principaux participes passés irréguliers :**

abrir → abierto *(ouvert)*
decir → dicho *(dit)*
escribir → escrito *(écrit)*
descubrir → descubierto *(découvert)*
freír → frito *(frit)*
hacer → hecho *(fait)*
imprimir → impreso *(imprimé)*
morir → muerto *(mort)*
poner → puesto *(mis)*
resolver → resuelto *(résolu)*
romper → roto *(cassé)*
ver → visto *(vu)*
volver → vuelto *(revenu)*

et les dérivés de ces verbes : **describir** → descrito *(décrit)*, **devolver** → devuelto *(rendu)*...

EJERCICIO

Passé composé ou passé simple ?

✓ Ayer, yo ... a Jaime en la piscina. (ver)
✓ Estaba de mal humor porque había perdido las llaves. Pero no sé cuántas veces le ... que las dejase en el mismo sitio. (decir)
✓ Me ... que ésa era la última vez. (prometer)
✓ Esta mañana yo ... tarde de casa y no ... el tiempo de ir a la piscina. (salir) (tener)
✓ Así que no ... hablar con Jaime. (poder)

24 L'imparfait de l'indicatif (*imperfecto de indicativo*)

→ voir tableaux 43 44

- **Formation**

Verbes en **-AR** : radical + **-aba**, **-abas**, **-aba**, **-ábamos**, **-abais**, **-aban**
Verbes en **-ER/-IR** : radical + **-ía**, **-ías**, **-ía**, **-íamos**, **-íais**, **-ían**

Attention Il existe 3 imparfaits irréguliers : ceux de ***ser***, ***ir*** et ***ver*** → voir tableaux 44

- **Comme en français, l'imparfait est le temps du récit. Il évoque :**

– une action qui a duré :
En esa época muchas cosas **se hacían** a mano. *À cette époque, on faisait beaucoup de choses manuellement.*

– une action habituelle :
Todos los días **escribíamos** la fecha en la pizarra. *Tous les jours, nous écrivions la date au tableau.*

– une action qui se déroulait en même temps qu'une autre :
Cuando llegó mi madre **estábamos** estudiando. *Quand ma mère est arrivée, nous étions en train de travailler.*

- **L'imparfait de courtoisie : il sert à adresser une demande ressentie comme trop directe si elle était exprimée au présent.**

Quería un kilo de manzanas, por favor. *Je voudrais un kilo de pommes, s'il vous plaît.*

EJERCICIOS

1. Explique comment les choses ont changé.

Ex. : *Hoy la mayoría de la gente usa el coche para desplazarse* → *Antes...*

Hoy	Antes
Usar el coche para desplazarse	Usar el caballo para desplazarse
Enviar un correo electrónico	Escribir cartas
Ver el telediario en casa	Ver las noticias en el cine
Conversar por Skype o Facebook	Encontrarse para hablar
Enviar mensajes de texto	Enviar telegramas

2. Remplace la phrase proposée en employant un imparfait de courtoisie.

a. Quiero pedirle un favor, señor.
b. Hola, soy yo. Te llamo para pedirte algo.
c. Hola, quiero probarme estos pantalones negros, por favor.
d. Bueno, deseo darte las gracias por todo lo que hiciste por mí.

25 Le passé simple (*pretérito indefinido*)

→ voir tableaux 43 44

- **Formation**

Verbes en **-AR** : radical + **-é**, **-aste**, **-ó**, **-amos**, **-asteis**, **-aron**
Verbes en **-ER/-IR** : radical + **-í**, **-iste**, **-ió**, **-imos**, **-isteis**, **-ieron**

- **Le passé simple permet d'évoquer des actions ponctuelles et achevées.**

Ayer **me caí** de la bici. *Hier, je suis tombé de vélo.*

- **Il est d'un emploi plus fréquent en espagnol qu'en français ; il correspond souvent au passé composé français.**

Estuve de vacaciones en Bogotá. *Je suis allé en vacances à Bogota.*

EJERCICIO

Construis des phrases en choisissant le temps qui convient.

a. Levantarse de malhumor (esta mañana / ayer)
b. Soñar que me había tocado la lotería (esta noche / la noche pasada)
c. Hacer frío todos los días (este verano / el verano pasado)
d. Compartir momentos enriquecedores con amigos (este año / el año pasado)
e. Pasarse el tiempo leyendo cómics (esta tarde / el lunes pasado)
f. Hacer frío (estos últimos años / el siglo pasado)

26 Le plus-que-parfait (*pluscuamperfecto*)

→ voir tableaux 43

- **Formation**

Le plus-que-parfait se forme avec l'auxiliaire ***haber*** à l'imparfait de l'indicatif + participe passé invariable (verbes en **-AR** : **-ado** ; verbes en **-ER/-IR** : **-ido**) :

ella había salido *(elle était sortie)*

- **Comme en français, il exprime une action antérieure à un événement passé.**
  Cuando llegué, ya **te habías ido**. *Quand je suis arrivé, tu étais déjà parti.*

EJERCICIO

Raconte les faits. Aide Zorro à comprendre ce qui s'est passé à son retour chez lui.
Cuando Zorro volvió a la hacienda familiar, su padre Don Alejandro ya no estaba : le habían capturado también.
Habían...

dejar una nota | buscar joyas | encerrar a Bernardo | liberar los caballos | robar alimentos | dejar huellas | dejar la casa en desorden

27 Le futur (*futuro*)

→ voir tableaux 43 44

- **Formation**

Infinitif + **-é, -ás, -á, -emos, -éis, -án**

- **Le futur exprime une action, un événement à venir (futur absolu).**
  El año que viene **correré** el maratón de París. *L'année prochaine, je courrai le marathon de Paris.*
- **Il peut aussi évoquer une incertitude, une hypothèse (futur de probabilité).**

– Dans le présent (futur simple) :
  Serán las tres y media. *Il doit être trois heures et demie.*

– Dans le passé (futur antérieur) :
  ¿**Habrá llegado** tu hermano? *Crois-tu que ton frère est déjà arrivé ?*

EJERCICIOS

1. La voyante devine ton avenir dans sa boule de cristal. ¿Que voit-elle?
Ex. : mudarse de casa → *Te mudarás de casa.*
✓ Trabajar para una empresa extranjera
✓ Vivir en una casa a orillas del mar
✓ Poner mala cara cuando debas hacer horas extraordinarias
✓ Mantener relaciones conflictivas con algunos compañeros de la oficina
✓ Querer volver a España cuanto antes
✓ Aislarse lejos de las grandes ciudades
✓ Criar ganado, vender leche y huevos al mercado bio de la zona

2. Transforme les questions directes en questions hypothétiques.
Ex. : ¿Quién hace tanto ruido ? → *¿Quién hará tanto ruido?*
¿Qué equipo ha ganado el partido? → *¿Qué equipo habrá ganado el partido?*
a. ¿A qué hora llega el tren de Sevilla? → ...
b. ¿Crees que tu padre ha tomado el de las 7:30? → ...
c. ¿Qué es más importante para él? → ...
d. ¿Qué ha sido ese ruido? → ...

e. ¿Quién llama a estas horas? → ...
f. ¿Quién ha dejado esto aquí? → ...
g. ¿Por qué dice algo tan horrible? → ...
h. ¿Por qué ha hecho algo así? → ...

28 Le gérondif (*gerundio*)

→ voir tableaux 43 44

• **Formation**
Verbes en -**AR** : -**ando**
Verbes en -**ER**/-**IR** : -**iendo**

Attention Le *-i-* de ***-ien do*** se transforme en *-y-* lorsqu'il se trouve entre deux voyelles, c'est à dire lorsque le radical du verbe se termine par une voyelle : *traer* → ***trayendo***.

• **Le gérondif est toujours invariable. Comme en français, il joue généralement le rôle d'un complément de manière. Il marque l'action dans son développement et a souvent une valeur explicative.**
Voy al instituto **andando**. *Je vais au lycée à pied.*

• ***estar*** **+ gérondif : « être en train de »**
Estamos preparando una ensalada. *Nous sommes en train de préparer une salade.*

• ***seguir*** **+ gérondif : exprime la continuité**
Sigo pensando que es la mejor. *Je continue à penser que c'est la meilleure.*

• ***acabar*** **+ gérondif : « finir par »**
Acabaré aprobando las matemáticas. *Je finirai bien par réussir en mathématiques.*

• ***ir*** **+ gérondif : « peu à peu »**
El estadio **se va llenando**. *Le stade se remplit peu à peu.*

• ***pasarse el tiempo*** **+ gérondif : « passer son temps »**
Te pasas el tiempo chateando. *Tu passes ton temps à chatter.*

• ***llevar*** **+ complément de temps + gérondif**
Llevo dos horas esperándote. *Ça fait deux heures que je t'attends.*

Ejemplos

Aún **estoy dudando** un poco, pero **sigo pensando** que **acabaré inscribiéndome** en ese gimnasio. *J'hésite encore un peu, mais je pense que je finirai par m'inscrire à ce club de gym.*
Llevo meses pensándolo. *Ça fait des mois que j'y pense.*

EJERCICIOS

1. Transforme le verbe en employant *estar/ ir/ llevar / seguir* et *acabar* + gérondif selon l'aspect de l'action indiqué par les expressions soulignées.
✓ En estos momentos los jóvenes *llegan* al punto de encuentro. → ...
✓ Poco a poco *forman* grupos que *se concentran* alrededor del obelisco. → ...
✓ Continuamente *se suman* participantes a la manifestación. → ...
✓ Finalmente la policía *dispersa* a los que aún permanecen en la plaza. → ...
✓ Hace varios meses que manifiestan en distintos lugares estratégicos. → ...

2. Transforme les phrases pour indiquer la durée en employant la structure *llevar* + complément de temps + gérondif, en conjuguant le verbe *llevar* au temps qu'il convient.

a. Hace horas que espero su llamada. → ...
b. Vivían en la selva desde hacía muchos años. → ...
c. Hace cinco años que vive en esa ciudad. → ...
d. Contemplábamos el paisaje desde hacía horas. → ...
e. Viajaba por México desde hacía un mes. → ...

29 L'emploi du subjonctif (*subjuntivo*)

→ voir tableaux 43 44

Avec le subjonctif, on exprime une action éventuelle, subjective, ou non réalisée.

A Espagnol = français

- But : *para que*
  Te lo explico **para que lo entiendas**. *Je te l'explique pour que tu comprennes.*
- Volonté, désir, crainte : ***querer que, desear que, temer que...***
  Quiero que vengas conmigo. *Je veux que tu viennes avec moi.*
- Point de vue, sentiment : ***es necesario que, me gusta que, prefiero que...***
  ¿**Prefieres que nos veamos** mañana? *Préfères-tu que nous nous voyions demain ?*
- Doute : ***dudo que, no creo que...***
  No creo que sea una buena idea. *Je ne crois pas que ce soit une bonne idée.*
- Souhait : ***espero que, ojalá...***
  Ojalá apruebe el examen. *Pourvu que je réussisse l'examen.*
- Restriction : ***sin que***
  Ha salido **sin que lo sepa** su padre. *Il est sorti sans que son père le sache.*

B Espagnol ≠ français

- Pour exprimer la défense : ***no*** + verbe au subjonctif
  No pases tanto tiempo chateando. *Ne passe pas si longtemps à chatter.*
- Après « dire de », « demander de », « prier de », « interdire de »... : ***pedir que, decir que, mandar que, aconsejar que...***
  Te pido que me obedezcas. *Je te demande de m'obéir.*
- Pour exprimer un événement futur dans une subordonnée de :

– temps : introduite par ***cuando, mientras, en cuanto...***
  Te lo confirmo **cuando me llames** por teléfono. *Je te le confirmerai quand tu me téléphoneras.*
– manière : introduite par ***como...***
  Haz **como prefieras**. *Fais comme tu préfères.*
– lieu : introduite par ***donde, en que...***
  Quedemos **donde quieras**. *Retrouvons-nous où tu voudras.*

- Pour exprimer une condition : ***si*** + verbe au subjonctif
  Si tuviera dinero, me compraría este ordenador. *Si j'avais de l'argent, je m'achèterais cet ordinateur.*
  Si lo hubiera sabido, habría venido. *Si je l'avais su, je serais venu.*

- **Pour exprimer une éventualité**

– « peut-être » → ***quizás*, *tal vez*, *acaso*…**

Quizás venga mañana. *Il viendra peut-être demain.*

– « même si » → ***aunque***

Aunque te enfades, no salgo. *Même si tu te fâches, je ne sortirai pas.*

Ejemplos

Me han aconsejado que **descargue** la batería. *On m'a conseillé de décharger la batterie.*
Vamos al centro cuando tú **quieras**. *Nous irons dans le centre-ville quand tu voudras.*
Quizás **me equivoque**, pero creo que si **viviera** en Tarifa, me dedicaría al surf. *Je peux me tromper, mais je pense que si j'habitais à Tarifa, je me consacrerais au surf.*

EJERCICIOS

1. Traduis en espagnol (emploi du subjonctif = français).

a. Je ne crois pas que tous les immigrés connaissent quelques mots d'espagnol quand ils arrivent sur le territoire.
b. Pour qu'ils maîtrisent la langue, il faut qu'ils la pratiquent tous les jours un peu.
c. Ils craignent que les gens les rejettent mais je doute que ce soit le cas de tout le monde.
d. Ils préfèrent, je pense, que les espagnols fassent le premier pas et s'adressent à eux.

2. Traduis en espagnol (emploi du subjonctif ≠ français).

a. Si j'avais du temps, je visiterais toute l'Espagne et ses richesses.
b. Quand j'aurai mon examen en poche, je pourrai réaliser ce rêve.
c. Mais mon professeur me demande de me concentrer en cours et d'arrêter de regarder par la fenêtre.
d. « Peut-être pourras tu corriger l'exercice suivant… », me dit-il
e. « Je vous prie de bien vouloir m'excuser », répondis-je. Vous savez, j'écoute même si je n'en ai pas l'air.
f. « Ne te moque pas de moi », sourit le professeur. Pour commencer, je te conseille de prendre le bon livre : le cours d'espagnol, c'est juste après le mien.

30 Le conditionnel (*condicional*)

→ voir tableaux 43 44

- **Formation**

Infinitif + **-ía, -ías, -ía, -íamos, -íais, -ían**

- **Comme en français, il exprime une éventualité, une supposition.**

Te **ayudaría** si me lo pidieras. *Je t'aiderais si tu me le demandais.*

- **Outre sa valeur de conditionnel, il peut aussi indiquer une incertitude dans le passé.**

Serían las nueve cuando pasó el cartero. *Il devait être 9 h quand le facteur est passé.*

- **Il exprime également :**

– la courtoisie : ¿Me **podrías** reemplazar?
– la modestie, la nuance : **Preferiría** acabar hoy.
– la suggestion, le conseil : **Deberías** comer más fruta.

EJERCICIOS

1. Imagine ce que tu ferais si...

Ex. : *Me llevaría el coche, pero está nevando.*

... pero llevo retraso. ... pero sólo practicamos español. ... pero vivo muy lejos.
... pero necesitas dinero. ... pero les falta paciencia.

2. Conjugue les verbes entre parenthèses au conditionnel.

–Perdón, Señor. ¿(Poder) ... usted decirme dónde está la estatua del Lazarillo con el ciego?
–Bueno, (decir) ... que está cerca del puente romano, pero no estoy seguro.
–(Deber) ... preguntar en la oficina de turismo.
–Gracias. ¿(Molestarle) ... decirme la hora?
–Mire, son las dos y media.
–Es usted muy amable.
–(Decir) ... que los salmantinos solemos ser así.

31 L'impératif *(imperativo)*

→ voir tableaux 43 44

• **Formation**

L'impératif a deux personnes spécifiques : la 2e du singulier et la 2e du pluriel. Les autres personnes sont issues du subjonctif présent.

A L'impératif positif

• **Il exprime un ordre.**

Ven a buscarme a las diez. *Viens me chercher à 10 h.*

Attention L'enclise du pronom est obligatoire avec l'impératif positif.

Dímelo todo. *Dis-moi tout.*

→ voir 19 E

B L'impératif négatif

• **Il exprime une défense, une interdiction : négation + présent du subjonctif.**

No vengas esta noche. *Ne viens pas ce soir.*

Attention Jamais d'enclise du pronom avec l'impératif négatif.

No **me lo digas**. *Ne me le dis pas. (= Je ne veux pas le savoir.)*

→ voir 19 E

Ejemplos

Si no quieres derrochar agua **no te bañes, dúchate**. *Si tu ne veux pas gaspiller de l'eau, ne prends pas de bain, prends une douche.*

EJERCICIO

Lors d'un débat sur l'écologie, deux camps s'opposent et expriment vivement et tour à tour leur désaccord.

Ex. : Pensar en las generaciones futuras que ya no tendrán agua → *Pensad en las generaciones futuras que ya no tendrán agua.*

a. Escuchar las opiniones de los científicos → ...

b. No ser ingenuos porque no es tan catastrófico como lo afirmáis → ...
c. Movilizarse por la ecología → ...
d. No crear campañas de sensibilización sobre el fin del mundo que aterroricen a la gente → ...
e. Atreverse a denunciar los países que no respetan los acuerdos de Kioto → ...
f. Vivir al día sin preocuparse por mañana → ...
g. No explotar el subsuelo del parque Yasuni, que podría contaminar el planeta → ...

32 Ser et estar

Conjugaisons → voir 44

• Devant un nom, pronom, nombre, infinitif • Devant les tournures indiquant l'origine, l'appartenance, la matière	toujours *SER*	Mi padre **es veterinario**. ¿Éste de la foto **eres tú**? Las carabelas **eran tres**. Lo difícil **es ganar**. La paella **es de Valencia**. ¿**Es tuyo** ese videojuego? Mis zapatos **son de piel**.
• Devant un complément de lieu ou de temps • Devant un gérondif	toujours *ESTAR*	La Giralda **está en** Sevilla. **Estamos en** abril. **¿Están comiendo**?
• Devant un participe passé	*SER* = passif *ESTAR* = résultat d'une action	La comida **es preparada por** el cocinero. La comida **está servida**.
• Devant un adjectif	*SER* = caractéristique essentielle *ESTAR* = état, même durable, lié aux circonstances	Inés **es** encantadora. Mi habitación **está** desordenada.

• **Le sens d'un adjectif peut être modifié selon le verbe employé :**
Ser bueno. *Être bon, gentil.* ≠ Estar bueno. *Être en bonne santé.*
Ser malo. *Être méchant.* ≠ Estar malo. *Être malade.*
Ser listo. *Être intelligent.* ≠ Estar listo. *Être prêt.*
Ser rico. *Être riche.* ≠ Estar rico. *Être délicieux.*

EJERCICIO

Portrait d'une actrice.
¿Ser o estar?
✓ ... actriz.
✓ ... ella quien vive con J. B.
✓ Lo difícil ... tener éxito en los Estados Unidos.
✓ ... de Madrid.
✓ ¿... suyo el Oscar o lo comparte con otras actrices de la película *Vicky, Cristina, Barcelona*?
✓ ... en España actualmente.

✓ Ahora ... rodando una película.
✓ En *Abrazos rotos* ... dirigida por Pedro Almodóvar.
✓ La actriz confiesa que su piso ... siempre desordenado.
✓ ... baja.
✓ ... tres los principales actores de esta película.
✓ Nunca parece ... cansada porque siempre ... sonriendo.
✓ Siempre ... lista para trabajar con directores españoles .

33 La concordance des temps

Temps de la proposition principale	Temps de la proposition subordonnée
Présent Futur présent Passé composé Impératif	→ Présent du subjonctif
Imparfait Passé simple Plus-que-parfait Conditionnel	→ Imparfait ou plus-que-parfait du subjonctif

Te **mandaré** (*futur*) un sms para que te **acuerdes** (*prés. du subj.*). *Je t'enverrai un sms pour que tu t'en souviennes.*

Te **dejé** (*passé simple*) un mensaje para que me **contestaras** (*imp. du subj.*). *Je t'ai laissé un message pour que tu me répondes.*

Ejemplos

Siéntate correctamente para que no **te duela** la espalda. *Assieds-toi correctement si tu ne veux pas avoir mal au dos.*

¿**Me regalarías** esa camiseta si **fuera** mi cumpleaños? *Tu m'offrirais ce T-shirt si c'était mon anniversaire ?*

Hubiéramos ido a la piscina si no **hubiera sido** tan tarde. *Nous serions allés à la piscine s'il n'avait pas été si tard.*

EJERCICIO

Transforme les phrases suivantes en respectant la concordance des temps.

Me sorprende que me digas eso.
→ Ayer ...

Ayer me pidió que le llevara a la escuela en coche.
→ Esta mañana ...
→ Mañana ...

Te enviaré el documento por internet para que me des tu opinión al respecto.
→ Ayer ...
→ Ahora mismo...

Le prohíbo que se siente a mi lado.
→ La primera vez que lo vi,...
→ La próxima vez,...

V. LA PHRASE

34 Les conjonctions de coordination

• **Elles relient des éléments similaires de la phrase ou différentes phrases du même niveau entre elles. Elles sont invariables. Elles expriment :**

– L'addition, la succession : **y** (et)
Hoy tengo clase de historia **y** de francés. *Aujourd'hui j'ai cours d'histoire et de français.*

Attention **y** → **e** devant un nom commençant par **i** ou **hi** :
Me pongo estas botas en otoño **e** invierno. *Je mets ces bottes en automne et en hiver.*

– L'alternative, le choix : **o** (ou)
¿Te espero **o** me voy? *Je t'attends ou je m'en vais ?*

Attention **o** → **u** devant un nom commençant par **o** :
Elige uno **u** otro. *Choisis l'un ou l'autre.*

– La négation : **ni** (ni). Elle remplace **y** et **o** dans les phrases négatives.
No quiero queso **ni** postre. *Je ne veux pas de fromage ni de dessert.*

– L'opposition : **pero** (mais), **sino** (mais), **sin embargo** (pourtant, cependant), **más bien** (plutôt), **mientras que** (alors que), **en cambio** (en revanche)
El profesor es simpático **pero** exigente. *Le professeur est sympa mais exigeant.*
Alberto no es colombiano **sino** venezolano. *Alberto n'est pas colombien mais vénézuélien.*
Son las 7h, **sin embargo** no es aún de día. *Il est 7 h, pourtant il ne fait pas encore jour.*
Prefiero **más bien** ir ahora. *Je préfère plutôt y aller maintenant.*
La gente se amontona en las playas **mientras que** hay tanto sitio en el campo. *Les gens s'entassent dans les plages alors qu'il y a beaucoup de place à la campagne.*
En Madrid las tiendas están abiertas hasta muy tarde, en París **en cambio** cierran temprano. *À Madrid les magasins sont ouverts jusqu'à très tard, à Paris en revanche, ils ferment tôt.*

EJERCICIO

Relie les éléments des deux colonnes.

Tengo un hermano •	• es más bien anticuado.
Tengo clase de geografía •	• sin embargo irá a clase de judo.
Me gusta el inglés •	• sino el verde.
No me gusta el color rojo •	• e historia esta tarde.
Javier está cansado •	• pero no me atrevo a hablar en clase.
No es un ordenador reciente •	• y una hermana.

35 Les conjonctions de subordination

- **Elles relient une phrase principale à une subordonnée. Elles sont invariables. Elles expriment :**

– La cause : **que** (parce que) **porque** (parce que), **ya que**, **puesto que** (puisque, du moment que), **como** (comme), **por eso** (à cause de)

No salgo **porque** está lloviendo. *Je ne sors pas parce qu'il pleut.*
No voy a clase **ya que/puesto que** estoy enfermo. *Je ne vais pas en cours puisque je suis malade.*
Como llegué tarde, no me esperaron. *Comme je suis arrivé en retard, ils ne m'ont pas attendu.*

– La condition : **si** (si), **en el caso de que** (au cas où)

Si tú lo dices, será verdad. *Si tu le dis, ça doit être vrai.*

– Le but, la finalité : **para que** (pour que)

Grita **para que** lo oigan. *Il crie pour qu'on l'entende.*

– La concession : **aunque** + ind. / + subj. (bien que + subj. / même si + ind.)

Te acompaño al parque **aunque** no me **apetece**. *Je t'accompagne au parc, bien que je n'en aie pas envie.*
Aunque me lo **pida**, no lo haré. *Même s'il me le demande, je ne le ferai pas.*

– La conséquence : **que** dans *tanto, -a, os, -as... que* (tant que, tellement que), **así que** (si bien que, de telle sorte que)

Estaba tan cansado **que** se durmió en clase. *Il était si fatigué qu'il s'est endormi en classe.*
Está muy enfermo **así que** mañana no vendrá. *Il est très malade si bien qu'il ne viendra pas demain.*

– Une valeur explicative : **por (lo) tanto** (par conséquent), **o sea (que)** (autrement dit), **así que** (donc)

Tengo un examen el viernes, **o sea que** tengo que estudiar. *J'ai un contrôle vendredi, autrement dit, je dois travailler.*

EJERCICIO

Complète les phrases suivantes avec :
puesto que • como • aunque • aunque • por tanto • ya que

1) ... quiero comprarme una computadora, me gustaría trabajar este verano para ganar dinero.
2) ... mis padres no están de acuerdo, quiero trabajar los dos meses de verano.
3) Me gustaría trabajar en el turismo ... hablo francés, inglés y español.
4) ... encuentre un trabajo poco interesante, me convendrá.
5) ¡No me asusta el trabajo, ... soy un chico valeroso!
6) Al ir a casa de mi amigo Pablo, encontré a su padre que me propuso trabajar en su restaurante. ... estoy contentísimo.

36 Les prépositions

Les différents mots qui composent la phrase peuvent être introduits par des prépositions.

A *a*

- **Indique la direction ou la situation dans l'espace :**

Voy **al** instituto. *Je vais au lycée.*
Está **a** la salida del metro **a** la izquierda. *Il se trouve à la sortie du métro à gauche.*

- **Indique le temps ou l'espace où un événement a lieu :**

Te espero **a** la salida del cine **a** las tres. *Je t'attends à la sortie du cinéma à trois heures.*

- **Indique la manière :**
  ¿Este objeto está hecho **a** mano o **a** máquina? *Cet objet a été fait à la main ou à la machine ?*
- **Introduit un COD de personne ou un COI :**
  Esta tarde veo **a** mi hermano. *Ce soir, je vois mon frère.*
  Le he comprado un regalo **a** mi abuela. *J'ai acheté un cadeau pour ma grand-mère.*

B *ante*

- **Indique la localisation spatiale dans le sens de « devant », « en présence de » au sens propre comme au sens figuré :**
  Ante esas acusaciones, preferí irme. *Devant ces accusations, j'ai préféré partir.*

C *bajo*

- **Indique la localisation spatiale dans le sens de « sous », « en dessous» au sens propre comme au sens figuré :**
  Está **bajo** una mala influencia. *Il est sous une mauvaise influence.*

D *con*

- **Indique l'accompagnement :**
  Voy **con** mi madre a hacer las compras. *Je vais faire les courses avec ma mère.*
- **Indique le moyen ou la manière de faire quelque chose :**
  En Japón comen **con** palillos. *Au Japon, on mange avec des baguettes.*

E *contra*

- **Indique l'opposition, l'affrontement :**
  Es la nueva campaña de la lucha **contra** el cáncer. *C'est la nouvelle campagne de lutte contre le cancer.*
- **Indique le contact, l'appui :**
  Ella me apretó **contra** su mejilla y me besó. *Elle m'a serré contre sa joue et elle m'a embrassé.*
- **Indique l'échange :**
  Te cambio mi camiseta **contra** tus vaqueros. *J'échange mon tee-shirt contre ton jean.*

F *de*

- **Indique la propriété ou l'appartenance :**
  Ha venido en el coche **de** su padre. *Il est venu dans la voiture de son père.*
- **Indique l'origine :**
  Mi amiga **es** de Granada. *Mon amie est de Grenade.*
- **Indique la matière :**
  ¿Te gustan las cazadoras **de** cuero? *Est-ce que tu aimes les blousons en cuir ?*
- **Indique une caractéristique de quelque chose ou de quelqu'un :**
  Es un hombre **de** estatura media. *C'est un homme de taille moyenne.*

Attention On n'emploie pas la préposition ***de*** après certains adjectifs et certains verbes.
He intentado **Ø** aprender esta regla. *J'ai essayé d'apprendre cette règle.*
Es difícil **Ø** olvidarla. *C'est difficile de l'oublier.*
Es fácil **Ø** hablar español. *C'est facile de parler espagnol.*
Es imposible **Ø** decir lo contrario. *Il est impossible de dire le contraire.*

G *desde*

- **Indique le point de départ dans le temps ou dans l'espace :**
  No he visto a Carlos **desde** el mes pasado. *Je n'ai pas vu Carlos depuis le mois dernier.*
  Desde mi casa al instituto hay 200 metros. *Entre chez moi et le lycée il y a 200 mètres.*

H durante

- **Indique la durée :**
  Durante mi estancia en Sevilla aprendí mucho español. *Pendant mon séjour à Séville j'ai appris beaucoup d'espagnol.*

I en

- **Indique la situation dans l'espace ou dans le temps :**
  En primavera hay flores **en** los jardines del instituto. *Au printemps, il y a des fleurs dans les jardins du lycée.*
- **Indique le moyen :**
  Voy a ir a Barcelona **en** avión. *J'irai à Barcelone en avion.*

J entre

- **Indique une position intermédiaire, au sens propre comme au sens figuré :**
  Me senté en la mesa **entre** mis dos hermanas. *Je me suis attablée entre mes deux sœurs.*
- **Indique l'appartenance à un groupe :**
  Entre colegas, nos llevamos bien. *Entre collègues, on s'entend bien.*
- **Indique la coopération :**
  Hemos limpiado toda la casa **entre** mi padre y yo. *Nous avons nettoyé toute la maison entre mon père et moi.*

K hacia

- **Indique la direction vers un lieu :**
  Voy **hacia** el instituto. *Je vais vers le lycée.*
- **Indique le lieu ou le temps aproximatif :**
  Llegarán **hacia** las cuatro. *Ils arriveront vers quatre heures.*

L hasta

- **Indique la limite dans le temps ou dans l'espace :**
  Tengo clase **hasta** las cinco. *J'ai cours jusqu'à cinq heures.*

M mediante

- **Indique le moyen pour arriver à un but :**
  Rodrigo se ha dado a conocer **mediante** un blog. *Rodrigo s'est fait connaître grâce à un blog.*

N para

- **Indique le but :**
  ¿**Para** qué lo necesitas? *Pourquoi en as-tu besoin ?*
- **Indique le point de vue :**
  Para mí lo importante es participar. *Pour moi, l'important c'est de participer.*
- **Indique le délai :**
  Estará preparado **para** el jueves. *Ce sera prêt pour jeudi.*
- **Indique le destinataire :**
  He reservado una plaza **para** ti. *J'ai réservé une place pour toi.*

O por

- **Indique la cause :**
  No ha estudiado **por** pereza. *Il n'a pas étudié par paresse.*
- **Indique le lieu par où l'on passe :**
  El tren pasa **por** mi pueblo. *Le train passe par ma ville.*

- **Indique la manière, le moyen, l'instrument :**
  Están hablando **por** teléfono. *Ils sont en train de parler au téléphone.*
- **Indique l'échange :**
  Hemos comprado una televisión **por** 300 euros. *Nous avons acheté un téléviseur pour 300 euros.*
- **Introduit un complément d'agent :**
  Ha sido seleccionado **por** el Real Madrid. *Il a été sélectionné par le Real Madrid.*

P *pro*

- **Indique que l'on est pour quelqu'un ou quelque chose :**
  Es una manifestación **pro** gubernamental. *C'est une manifestation pro gouvernement.*

Q *según*

- **Indique le point de vue :**
  ¿Quién ganará **según** tú? *Selon toi, qui va gagner ?*

R *sin*

- **Indique le manque, la négation :**
  No se puede comprar **sin** dinero. *On ne peut rien acheter sans argent.*

S *sobre*

- **Indique la localisation dans l'espace dans le sens de « sur », « au-dessus de » :**
  He dejado las llaves **sobre** la mesa. *J'ai laissé les clés sur la table.*
- **Indique l'aproximation :**
  Volveré **sobre** las diez. *Je rentrerai vers dix heures.*

T *tras*

- **Indique la postériorité dans l'espace et dans le temps :**
  Tras el verano empiezan las clases. *Après l'été commencent les cours.*

U Les locutions prépositionnelles

Il existe en espagnol un grand nombre de locutions prépositionnelles. Voici les plus fréquentes :

- **relatives au lieu : al lado de** (à côté de), **alrededor de** (autour de), **cerca de** (près de), **debajo de** (sous), **delante de** (devant), **dentro de** (dans, dedans), **detrás de** (derrière), **encima de** (sur), **enfrente de** (en face de), **fuera de** (hors), **junto a** (à côté de), **lejos de** (loin de)
- **relatives au temps : antes de** (avant), **después de** (après)
- **relatives au sujet dont on parle : acerca de** (à propos de), **a pesar de** (malgré), **en cuanto a** (quant à), **en virtud de** (en vertu de), **gracias a** (grâce à), **por culpa de** (à cause de), **respecto a** (au sujet de)

EJERCICIOS

1. Complète avec les prépositions suivantes:

a • con • en • desde • de • en • para • por • durante • sin • sobre • hasta • con • de • en • para • para • desde • para

1) El profesor se esfuerza ... que todo resulte sencillo.
2) María está ... sus amigos preparando el examen de lengua española.
3) ... el profesor, hasta los menos aplicados podrían recibir el premio final.
4) Esperó ... que saliesen sus compañeros para darle la nota del examen.
5) Estudiarán la gramática histórica ... la lengua española partiendo del latín.

6) Entregaron todos los trabajos ... María que era la profesora responsable del grupo.
7) Siempre intenta pasar a limpio los apuntes ... poder estudiar mejor.
8) Todos tienen interés ... aprobar la exposición oral.
9) No han conseguido descubrir el significado del mensaje ... ayuda del traductor y eso, ... el aviso del profesor.
10) ... mucho que se esfuerce, los idiomas no son lo suyo.
11) Nadie sabe qué ocurrió ... las fotocopias ... Pablo. Las dejó ... la mesa.
12) El tutor está ... el despacho del profesor ... solucionar el problema.
13) El Centro participa ... un programa de animación a la lectura ... hace tres años ... el mes de octubre.

2. Complète avec les locutions prépositionnelles.
delante de • a su lado • dentro de • fuera • enfrente • encima de • antes de • después de • lejos • por culpa de • alrededor

a. El hombre esperaba ... la puerta de la sala de parto. El hombre prefirió esta vez esperar ...
b. ... poco, iba a saber si era un niño o una niña.
c. ... que lo llamaran por teléfono, estaba atendiendo a los clientes en su tienda.
d. ... una cliente muy habladora, iba a perder el nacimiento de su segundo hijo. Pero al fin y al cabo, pudo escaparse.
e. Sin embargo, tuvo que salir muy rápido porque el hospital estaba ...
f. ..., estaba su hijo mayor sentado en el mismo banco.
g. ..., la gente iba y venía.
h. ..., un joven miraba la tele y ... ésta, se encontraba un par de revistas con los programas de los canales.
i. ... el parto, el hombre había previsto celebrarlo en la habitación con una botella de champán aunque no sabía si iban a permitirlo.

37 Les adverbes

Le sens de certains mots peut être modifié par l'ajout d'un adverbe.

A Adverbes de lieu

- **Aquí, acá : indiquent ce qui est proche de la personne qui parle :**
  Aquí vive mi amigo Luis. *Mon ami Luis habite ici.*
- **Ahí : indique ce qui est à moyenne distance de la personne qui parle :**
  Desde **ahí** veremos mejor. *Depuis là-bas, nous verrons mieux.*
- **Allí, allá : indiquent ce qui est loin de la personne qui parle :**
  Compraré las entradas y te esperaré **allí**. *J'achèterai les entrées et je t'attendrai là-bas.*

B Adverbes de temps

- **Ya**

– *ya* → adverbe de temps en français
Ya he visto esa película. *J'ai déjà vu ce film.*
Ya veremos. *Nous verrons plus tard.*
– *ya* → bien (nuance de renforcement)
Ya lo sé. *Je le sais bien.*

• **Todavía, aún**

Pour dire « encore » dans le sens de « toujours »

¿**Todavía** no has hecho los deberes? *Tu n'as pas encore fait tes devoirs ?*

No, **aún** no he tenido tiempo. *Non, je n'ai pas encore eu le temps.*

• **Nunca (jamais)** → voir 38

Nunca la he visto. *Je ne l'ai jamais vue.*

C Adverbes de manière

• **Adjectifs qualificatifs au féminin + -mente**

limpio → limpia → limpiamente

Attention Si l'adjectif est invariable en genre :

libre → libremente; fácil → fácilmente

D Adverbes de quantité

• **Poco (peu), mucho (beaucoup), bastante (assez), demasiado (trop).**

Ils sont invariables.

Este año ha nevado **mucho**. *Cette année, il a beaucoup neigé.*

EJERCICIO

Réécris les phrases en remplaçant les expressions soulignées par des adverbes.

Ex. : Como sucede de forma habitual → *Como sucede habitualmente, los medios de comunicación informaron de lo acontecido.*

a. María de forma inconsciente logró su objetivo en el laboratorio. → ...

b. Cada año interviene en un congreso de biología que le permite ampliar sus conocimientos. → ...

c. El simposio se viene realizando de forma regular desde hace 10 años. → ...

d. Tras una breve introducción María comenzó de inmediato su exposición. → ...

e. Los participantes esperaron con paciencia que expusiese sus datos. → ...

f. La bióloga, con prudencia, fue explicando la base de su proyecto de investigación → ...

g. En la mesa de trabajo los asistentes tomaron la palabra de forma sucesiva. → ...

h. En su tesis concluyó que el planeta tierra experimenta cambios de forma cíclica. → ...

38 La phrase négative

Dans une phrase négative en espagnol, un mot négatif doit toujours précéder le verbe.

• **No (non, ne... pas), ni (ni)**

No conozco a su padre **ni** a su madre. *Je ne connais ni son père ni sa mère.*

• **Nada (rien), nadie (personne), ninguno (aucun), nunca (jamais), tampoco (non plus)**

Deux constructions possibles :

– *No* + verbe + mot négatif

¿**No** me ha llamado **nadie**? *Personne ne m'a appelé ?*

– Mot négatif + verbe

¿Nadie me ha llamado? *Personne ne m'a appelé ?*

39 La phrase interrogative

- La phrase interrogative est encadrée à l'écrit par un point d'interrogation à l'envers au début et un autre à l'endroit à la fin : ¿Cómo te llamas?
- Elle est marquée à l'oral par l'intonation de la voix. → voir 4
- Les mots interrogatifs portent toujours un accent écrit pour les différencier des pronoms relatifs :

qué (que), por qué/para qué (pourquoi), quién/quiénes (qui), dónde (où), cuándo (quand), cómo (comment), cuál/cuáles (quel/quelle/quels/quelles), cuánto, -a, os, -as (combien)

¿**Dónde** estuviste ayer? *Où étais-tu hier ?*

- Dans les phrases interrogatives indirectes, il n'y a pas de point d'interrogation mais le mot interrogatif conserve l'accent écrit :

Le pregunta **dónde** vive. *Il lui demande où il habite.*

Attention Contrairement à ***dónde***, ***adónde*** marque un mouvement, la direction vers laquelle on se dirige.

¿**Adónde** vais? Où allez-vous ?

40 La phrase exclamative

- La phrase exclamative est encadrée à l'écrit par un point d'exclamation à l'envers au début et un autre à l'endroit à la fin : ¡Qué alegría verte! *Quel plaisir de te revoir !*
- Elle est marquée à l'oral par l'intonation de la voix.
- Elle est introduite par des mots exclamatifs : qué (que/comme), cómo (comme), cuánto (combien), vaya (quel/quelle)...

¡**Vaya** contaminación! *Quelle pollution !*

- Elle peut se construire de différentes formes :

– ¡*Qué* + adj.! : ¡Qué grande!

– ¡*Qué* + adj. + verbe + nom! : ¡Qué grande es esta ciudad!

– ¡*Qué* + nom. + *más/tan* + adj.! : ¡Qué ciudad tan grande!

- Dans les exclamatives indirectes, il n'y a pas de point d'exclamation mais le mot exclamatif conserve l'accent écrit :

Me dijo **cuánto** me echa de menos. *Il m'a dit combien je lui manquais.*

EJERCICIO

Pour bien mettre en valeur des aspects du message, entraîne-toi à construire des phrases exclamatives en employant les différentes structures citées.

a. Espectáculo / deslumbrante → ...
b. Costumbre / extraña → ...
c. Civilización / antigua → ...
d. Ritos / misteriosos → ...
e. Ciudad / estresante → ...

41 Les périphrases verbales

A Formées avec l'infinitif

- **Ir a** + infinitif : pour exprimer une action future

  Vamos a ver qué nos cuenta hoy. *Nous allons voir ce qu'il raconte aujourd'hui.*

  Voy a decirle que no es posible. *Je vais lui dire que ce n'est pas possible.*

- **Empezar a, comenzar a, ponerse a, romper a** + infinitif : pour indiquer le début du déroulement de l'action

  ¿Cuándo **empiezas/comienzas a trabajar**? *Quand commences-tu à travailler?*

  ¿Por qué **te pones a explicarme** algo qué ya sé? *Pourquoi commences-tu à m'expliquer ce que je sais déjà ?*

  Y de pronto, **rompió a llorar**. *Et soudain, il commença à pleurer.*

- **Acabar de** : pour indiquer que l'action vient de se terminer, « venir de »

  ¡Acabo de entender! Je viens de comprendre !

  Acabábamos de salir del cine cuando empezó a llover. *Nous venions de sortir du cinéma lorsqu'il commença à pleuvoir.*

B Formées avec le gérondif

- Indiquent une action en cours → voir 28

C La réitération

- **Volver a** + infinitif : pour exprimer la réitération de l'action exprimée par l'infinitif

  ¿Cuándo **volverás a dedicarte** a tus estudios? *Quand te consacreras-tu de nouveau à tes études ?*

  Vuelvo a intentarlo. *J'essaye à nouveau.*

  No **vuelvas a** hacerlo. *Ne refais pas la même chose !*

EJERCICIO

Traduis les phrases suivantes en employant des périphrases verbales.

Quand vas-tu te mettre au travail ? → ...
Je viens de te le dire. → ...
Ne me redis pas la même chose. → ...
Tu dois réécrire tout ce passage. → ...
Réessaye ! → ...
Je ne recommencerai pas. → ...
Ne me contredis pas une nouvelle fois ! → ...
Je vais me mettre à crier. → ...

42 Quelques constructions à retenir

A La traduction de « c'est... que / qui »

- **Ser** + sujet + **quien / quienes / el que / la que / los que / las que**

  C'est Picasso qui a peint Guernica. **Fue** Picasso **quien** pintó el Guernica.

  Ce sont elles qui ont gagné. **Son** ellas **las que** han ganado.

Attention Cette construction est beaucoup moins utilisée en espagnol qu'en français.

B La traduction de « il y a »

- Pour présenter, localiser, énumérer : hay
  Aujourd'hui, il y a du poisson pour déjeuner. Hoy **hay** pescado para comer.
- Pour évoquer le temps : hace
  Il y a une semaine que je l'ai vu. Lo he visto **hace** una semana.

C La traduction de « il faut »

- Obligation personnelle : tener que, deber
  Il faut que tu te décides. **Tienes que** decidirte.
- Obligation impersonnelle : hay que, es necesario, hace falta
  Il faut faire du sport. **Es necesario** hacer deporte.

D La traduction de « devenir »

- Changement passager : ponerse + adjectif
  Il est devenu écarlate. **Se ha puesto** colorado.
- Changement progressif : hacerse + adjectif
  Elle est devenue adulte. **Se ha hecho** adulta.
- Changement radical, plus ou moins durable : volverse + adjectif
  Il est devenu fou. **Se ha vuelto** loco.
- Changement essentiel : convertirse en + nom
  Le têtard est devenu grenouille. El renacuajo **se ha convertido en** rana.

E La traduction de « ne... que »

- Se traduit généralement par sólo, solamente.
  Sólo queda un trozo de tarta. *Il ne reste qu'un morceau de tarte.*

Attention Jusqu'à la réforme orthographique de la Real Academia Española, ***sólo***, adverbe, devait porter un accent écrit quand il pouvait y avoir confusion avec l'adjectif ***solo***.
Voy **sólo** al cine. ≠ Voy **solo** al cine. *Je vais uniquement au cinéma. ≠ Je vais seul au cinéma.*

F La traduction de « y compris »

- Se traduit généralement par incluso.
  Es una película para todos los públicos, **incluso** para los más jóvenes. *C'est un film tous publics, y compris les plus jeunes.*

G *Soler* + infinitif

- Cette construction est utilisée pour exprimer l'habitude.
  Mis abuelos **suelen venir** los domingos. *Mes grands-parents ont l'habitude de venir le dimanche.*

H *Al* + infinitif

- Cette construction est utilisée pour indiquer que deux actions sont simultanées.
  Al llegar al aparcamiento vi que su coche había desaparecido. *En arrivant au parking j'ai vu que sa voiture avait disparu.*

I La traduction de « réussir »

- Se traduit par lograr, conseguir, llegar a.
  Por fin **he logrado** verla. *Enfin, j'ai réussi à la voir.*
  ¡Lo **he conseguido**! *J'ai réussi !*
  No **he llegado a** saber lo que pasa. *Je n'ai pas réussi à savoir ce qui se passe.*

J *Se me*

- Dans la tournure se me (te / le / nos / os / les) le verbe se conjugue comme *gustar*. → voir 19 F
  Se me ha olvidado tu nombre. *J'ai oublié ton prénom.*
  Se me han olvidado las gafas. *J'ai oublié les lunettes.*

Ejemplos

Hoy **hay** sol, **hace** un tiempo estupendo. **Se hará** de noche a las nueve. *Aujourd'hui il y a du soleil, il fait un temps magnifique. Il fera nuit à 9 heures.*
Se puede ir en autobús, no **hace falta** coger el coche. *Nous pouvons y aller en bus, ce n'est pas nécessaire de prendre la voiture.*
Al llegar a casa por las tardes, **suelo ver** la televisión. *En rentrant chez moi le soir, j'ai l'habitude de regarder la télévision.*
Cuando le llevan la contraria, **se pone** furioso. *Quand on le contredit, il devient furieux.*

EJERCICIOS

1. Complète le texte sur la nouvelle loi antitabac avec les expressions suivantes.
convertirse en • es necesario • hace • ponerse • hacerse • hay • al • soler • volverse • son ellos quienes

Empresarios y fumadores contra la nueva ley

✓ La ley antitabaco que entró en vigor ... unos meses en España ha hecho que los hosteleros mantengan reuniones periódicas puesto que ... han resultado más perjudicados.

✓ ... empresarios que no aceptan la nueva ley y que ... furiosos y han denunciado que el Estado, que ... rico a costa de sus impuestos, ... loco imponiendo tajantemente la nueva ley sin valorar las pérdidas que ésta pueda ocasionar.

✓ Los fumadores consideran que deben hacerse oír por lo que han comenzado a crear asociaciones y denuncian que ... prohibir fumar en bares y restaurantes lo que ... ser un lugar de relax, ... en un espacio excluyente para ellos.

✓ Pese a la aplicación en firme de la nueva ley, los hosteleros consideran que ... encontrar una solución conjunta que sea aceptable por ambas partes.

2. Transforme les phrases en employant la tournure affective : *se me*, *se te*, *se le*, *se nos*, *se os*, *se les* et en conjuguant le verbe au passé composé (pretérito perfecto).
Ex. : Manchar la camisa (yo) → *se me ha manchado la camisa*

a. Olvidar los libros (tú) → ...
b. Caer algo (el profesor) → ...
c. Pasar el tiempo volando (nosotros) → ...
d. Ocurrir una idea genial (yo) → ...
e. Quemar la comida (vosotros) → ...
f. Olvidar la hora (ellos) → ...

VI. TABLEAUX DE CONJUGAISON

43 Verbes réguliers

	Infinitif Gérondif Participe passé	Présent de l'indicatif	Impératif	Présent du subjonctif	Imparfait de l'indicatif	Passé simple	Imparfait du subjonctif	Futur de l'indicatif	Conditionnel
• Verbes en -AR	**cantar** *(chanter)* cantando cantado	canto cantas canta cantamos cantáis cantan	canta cante cantemos cantad canten	cante cantes cante cantemos cantéis canten	cantaba cantabas cantaba cantábamos cantabais cantaban	canté cantaste cantó cantamos cantasteis cantaron	cantara (-se) cantaras cantara cantáramos cantarais cantaran	cantaré cantarás cantará cantaremos cantaréis cantarán	cantaría cantarías cantaría cantaríamos cantaríais cantarían
• Verbes en -ER	**comer** *(manger)* comiendo comido	como comes come comemos coméis comen	come coma comamos comed coman	coma comas coma comamos comáis coman	comía comías comía comíamos comíais comían	comí comiste comió comimos comisteis comieron	comiera (-se) comieras comiera comiéramos comierais comieran	comeré comerás comerá comeremos comeréis comerán	comería comerías comería comeríamos comeríais comerían
• Verbes en -IR	**subir** *(monter)* subiendo subido	subo subes sube subimos subís suben	sube suba subamos subid suban	suba subas suba subamos subáis suban	subía subías subía subíamos subíais subían	subí subiste subió subimos subisteis subieron	subiera (-se) subieras subiera subiéramos subierais subieran	subiré subirás subirá subiremos subiréis subirán	subiría subirías subiría subiríamos subiríais subirían

FORMATION

• Infinitif
3 groupes : Verbes en *-AR*, en *-ER* et en *-IR*

• Participe passé
-AR : radical + *-ado*
-ER et *-IR* : radical + *-ido*

• Gérondif
-AR : radical + *-ando*
-ER et *-IR* : radical + *-iendo*

• Présent de l'indicatif
-AR : radical + *-o*, *-as*, *-a*, *-amos*, *-áis*, *an*
-ER : radical + *-o*, *-es*, *-e*, *-emos*, *-éis*, *-en*
-IR : radical + *-o*, *-es*, *-e*, *-imos*, *-ís*, *-en*

• Impératif
Deux personnes spécifiques : la 2e du singulier et la 2e du pluriel.
Les autres personnes sont issues du subjonctif présent.

• Présent du subjonctif
Les verbes en *-AR* ont un *-e* à toutes les personnes.
Les verbes en *-ER* et en *-IR* ont un *-a* à toutes les personnes.

• Imparfait de l'indicatif
-AR : radical + *-aba*, *-abas*, *-aba*, *-ábamos*, *-abais*, *-aban*
-ER et *-IR* : radical + *-ía*, *-ías*, *-ía*, *-íamos*, *-íais*, *-ían*
NB : Il y a seulement 3 imparfaits irréguliers : ceux de *ser*, *ir* et *ver*. (→ 44)

• Passé simple
-AR : radical + *-é*, *-aste*, *-ó*, *-amos*, *-asteis*, *-aron*
-ER et *-IR* : radical + *-í*, *-iste*, *-ió*, *-imos*, *-isteis*, *-ieron*

• Imparfait du subjonctif
Il est formé sur la 3e personne du pluriel du passé simple. On remplace *-ron* par *-ra* ou par *-se*.

• Futur
Infinitif + *-é*, *-ás*, *-á*, *-emos*, *-éis*, *-án*

• Conditionnel
Infinitif + *-ía*, *-ías*, *-ía*, *-íamos*, *-íais*, *-ían*

• Temps composés
Ils sont tous formés avec l'auxiliaire *haber* conjugué + participe passé invariable.

• Voix passive
Verbe *ser* conjugué + participe passé qui s'accorde.

44 Principaux verbes irréguliers

Infinitif Gérondif Participe passé	Présent de l'indicatif	Impératif	Présent du subjonctif	Imparfait de l'indicatif	Passé simple	Imparfait du subjonctif	Futur de l'indicatif	Conditionnel
andar	ando		ande	andaba	anduve	anduviera (-se)	andaré	andaría
(marcher)	andas	anda	andes	andabas	anduviste	anduvieras	andarás	andarías
andando	anda	ande	ande	andaba	anduvo	anduviera	andará	andaría
andado	andamos	andemos	andemos	andábamos	anduvimos	anduviéramos	andaremos	andaríamos
	andáis	andad	andéis	andabais	anduvisteis	anduvierais	andaréis	andaríais
	andan	anden	anden	andaban	anduvieron	anduvieran	andarán	andarían
caer	caigo		caiga	caía	caí	cayera (-se)	caeré	caería
(tomber)	caes	cae	caigas	caías	caíste	cayeras	caerás	caerías
cayendo	cae	caiga	caiga	caía	cayó	cayera	caerá	caería
caído	caemos	caigamos	caigamos	caíamos	caímos	cayéramos	caeremos	caeríamos
	caéis	caed	caigáis	caíais	caísteis	cayerais	caeréis	caeríais
	caen	caigan	caigan	caían	cayeron	cayeran	caerán	caerían
dar	doy		dé	daba	di	diera (-se)	daré	daría
(donner)	das	da	des	dabas	diste	dieras	darás	darías
dando	da	dé	dé	daba	dio	diera	dará	daría
dado	damos	demos	demos	dábamos	dimos	diéramos	daremos	daríamos
	dais	dad	deis	dabais	disteis	dierais	daréis	daríais
	dan	den	den	daban	dieron	dieran	darán	darían
decir	digo		diga	decía	dije	dijera (-se)	diré	diría
(dire)	dices	di	digas	decías	dijiste	dijeras	dirás	dirías
diciendo	dice	diga	diga	decía	dijo	dijera	dirá	diría
dicho	decimos	digamos	digamos	decíamos	dijimos	dijéramos	diremos	diríamos
	decís	decid	digáis	decíais	dijisteis	dijerais	diréis	diríais
	dicen	digan	digan	decían	dijeron	dijeran	dirán	dirían
estar	estoy		esté	estaba	estuve	estuviera (-se)	estaré	estaría
(être)	estás	está	estés	estabas	estuviste	estuvieras	estarás	estarías
estando	está	esté	esté	estaba	estuvo	estuviera	estará	estaría
estado	estamos	estemos	estemos	estábamos	estuvimos	estuviéramos	estaremos	estaríamos
	estáis	estad	estéis	estabais	estuvisteis	estuvierais	estaréis	estaríais
	están	estén	estén	estaban	estuvieron	estuvieran	estarán	estarían
haber	he		haya	había	hube	hubiera (-se)	habré	habría
(avoir)	has	he	hayas	habías	hubiste	hubieras	habrás	habrías
habiendo	ha (hay)	haya	haya	había	hubo	hubiera	habrá	habría
habido	hemos	hayamos	hayamos	habíamos	hubimos	hubiéramos	habremos	habríamos
	habéis	habed	hayáis	habíais	hubisteis	hubierais	habréis	habríais
	han	hayan	hayan	habían	hubieron	hubieran	habrán	habrían
hacer	hago		haga	hacía	hice	hiciera (-se)	haré	haría
(faire)	haces	haz	hagas	hacías	hiciste	hicieras	harás	harías
haciendo	hace	haga	haga	hacía	hizo	hiciera	hará	haría
hecho	hacemos	hagamos	hagamos	hacíamos	hicimos	hiciéramos	haremos	haríamos
	hacéis	haced	hagáis	hacíais	hicisteis	hicierais	haréis	haríais
	hacen	hagan	hagan	hacían	hicieron	hicieran	harán	harían
ir	voy		vaya	iba	fui	fuera (-se)	iré	iría
(aller)	vas	ve	vayas	ibas	fuiste	fueras	irás	irías
yendo	va	vaya	vaya	iba	fue	fuera	irá	iría
ido	vamos	vayamos	vayamos	íbamos	fuimos	fuéramos	iremos	iríamos
	vais	id	vayáis	ibais	fuisteis	fuerais	iréis	iríais
	van	vayan	vayan	iban	fueron	fueran	irán	irían
oír	oigo		oiga	oía	oí	oyera (-se)	oiré	oiría
(entendre)	oyes	oye	oigas	oías	oíste	oyeras	oirás	oirías
oyendo	oye	oiga	oiga	oía	oyó	oyera	oirá	oiría
oído	oímos	oigamos	oigamos	oíamos	oímos	oyéramos	oiremos	oiríamos
	oís	oíd	oigáis	oíais	oísteis	oyerais	oiréis	oiríais
	oyen	oigan	oigan	oían	oyeron	oyeran	oirán	oirían

Infinitif Gérondif Participe passé	Présent de l'indicatif	Impératif	Présent du subjonctif	Imparfait de l'indicatif	Passé simple	Imparfait du subjonctif	Futur de l'indicatif	Conditionnel
poder *(pouvoir)* pudiendo podido	puedo puedes puede podemos podéis pueden	 puede pueda podamos poded puedan	pueda puedas pueda podamos podáis puedan	podía podías podía podíamos podíais podían	pude pudiste pudo pudimos pudisteis pudieron	pudiera (-se) pudieras pudiera pudiéramos pudierais pudieran	podré podrás podrá podremos podréis podrán	podría podrías podría podríamos podríais podrían
poner *(mettre)* poniendo puesto	pongo pones pone ponemos ponéis ponen	 pon ponga pongamos poned pongan	ponga pongas ponga pongamos pongáis pongan	ponía ponías ponía poníamos poníais ponían	puse pusiste puso pusimos pusisteis pusieron	pusiera (-se) pusieras pusiera pusiéramos pusierais pusieran	pondré pondrás pondrá pondremos pondréis pondrán	pondría pondrías pondría pondríamos pondríais pondrían
querer *(aimer, vouloir)* queriendo querido	quiero quieres quiere queremos queréis quieren	 quiere quiera queramos quered quieran	quiera quieras quiera queramos queráis quieran	quería querías quería queríamos queríais querían	quise quisiste quiso quisimos quisisteis quisieron	quisiera (-se) quisieras quisiera quisiéramos quisierais quisieran	querré querrás querrá querremos querréis querrán	querría querrías querría querríamos querríais querrían
saber *(savoir)* sabiendo sabido	sé sabes sabe sabemos sabéis saben	 sabe sepa sepamos sabed sepan	sepa sepas sepa sepamos sepáis sepan	sabía sabías sabía sabíamos sabíais sabían	supe supiste supo supimos supisteis supieron	supiera (-se) supieras supiera supiéramos supierais supieran	sabré sabrás sabrá sabremos sabréis sabrán	sabría sabrías sabría sabríamos sabríais sabrían
salir *(sortir)* saliendo salido	salgo sales sale salimos salís salen	 sal salga salgamos salid salgan	salga salgas salga salgamos salgáis salgan	salía salías salía salíamos salíais salían	salí saliste salió salimos salisteis salieron	saliera (-se) salieras saliera saliéramos salierais salieran	saldré saldrás saldrá saldremos saldréis saldrán	sadría saldrías saldría saldríamos saldríais saldrían
ser *(être)* siendo sido	soy eres es somos sois son	 sé sea seamos sed sean	sea seas sea seamos seáis sean	era eras era éramos erais eran	fui fuiste fue fuimos fuisteis fueron	fuera (-se) fueras fuera fuéramos fuerais fueran	seré serás será seremos seréis serán	sería serías sería seríamos seríais serían
tener *(avoir)* teniendo tenido	tengo tienes tiene tenemos tenéis tienen	 ten tenga tengamos tened tengan	tenga tengas tenga tengamos tengáis tengan	tenía tenías tenía teníamos teníais tenían	tuve tuviste tuvo tuvimos tuvisteis tuvieron	tuviera (-se) tuvieras tuviera tuviéramos tuvierais tuvieran	tendré tendrás tendrá tendremos tendréis tendrán	tendría tendrías tendría tendríamos tendríais tendrían
traer *(apporter)* trayendo traído	traigo traes trae traemos traéis traen	 trae traiga traigamos traed traigan	traiga traigas traiga traigamos traigáis traigan	traía traías traía traíamos traíais traían	traje trajiste trajo trajimos trajisteis trajeron	trajera (-se) trajeras trajera trajéramos trajerais trajeran	traeré traerás traerá traeremos traeréis traerán	traería traerías traería traeríamos traeríais traerían
venir *(venir)* viniendo venido	vengo vienes viene venimos venís vienen	 ven venga vengamos venid vengan	venga vengas venga vengamos vengáis vengan	venía venías venía veníamos veníais venían	vine viniste vino vinimos vinisteis vinieron	viniera (-se) vinieras viniera viniéramos vinierais vinieran	vendré vendrás vendrá vendremos vendréis vendrán	vendría vendrías vendría vendríamos vendríais vendrían
ver *(voir)* viendo visto	veo ves ve vemos veis ven	 ve vea veamos ved vean	vea veas vea veamos veáis vean	veía veías veía veíamos veíais veían	vi viste vio vimos visteis vieron	viera (-se) vieras viera viéramos vierais vieran	veré verás verá veremos veréis verán	vería verías vería veríamos veríais verían

Verbes à diphtongue

Infinitif Gérondif Participe passé	Présent de l'indicatif	Impératif	Présent du subjonctif	Imparfait de l'indicatif	Passé simple	Imparfait du subjonctif	Futur de l'indicatif	Conditionnel
e → ie perder *(perdre)* perdiendo perdido	pierdo pierdes pierde perdemos perdéis pierden	 pierde pierda perdamos perded pierdan	pierda pierdas pierda perdamos perdáis pierdan	perdía perdías perdía perdíamos perdíais perdían	perdí perdiste perdió perdimos perdisteis perdieron	perdiera (-se) perdieras perdiera perdiéramos perdierais perdieran	perderé perderás perderá perderemos perderéis perderán	perdería perderías perdería perderíamos perderíais perderían
o/u → ue contar *(compter)* contando contado	cuento cuentas cuenta contamos contáis cuentan	 cuenta cuente contemos contad cuenten	cuente cuentes cuente contemos contéis cuenten	contaba contabas contaba contábamos contabais contaban	conté contaste contó contamos contasteis contaron	contara (-se) contaras contara contáramos contarais contaran	contaré contarás contará conteremos contaréis contarán	contaría contarías contaría contaríamos contaríais contarían

Verbes à affaiblissement

Infinitif Gérondif Participe passé	Présent de l'indicatif	Impératif	Présent du subjonctif	Imparfait de l'indicatif	Passé simple	Imparfait du subjonctif	Futur de l'indicatif	Conditionnel
e → i pedir *(demander)* pidiendo pedido	pido pides pide pedimos pedís piden	 pide pida pidamos pedid pidan	pida pidas pida pidamos pidáis pidan	pedía pedías pedía pedíamos pedíais pedían	pedí pediste pidió pedimos pedisteis pidieron	pidiera (-se) pidieras pidiera pidiéramos pidierais pidieran	pediré pedirás pedirá pediremos pediréis pedirán	pediría pedirías pediría pediríamos pediríais pedirían

Verbes à alternance

Infinitif Gérondif Participe passé	Présent de l'indicatif	Impératif	Présent du subjonctif	Imparfait de l'indicatif	Passé simple	Imparfait du subjonctif	Futur de l'indicatif	Conditionnel
e → *ie/i* sentir *(sentir)* sintiendo sentido	siento sientes siente sentimos sentís sienten	 siente sienta sintamos sentid sientan	sienta sientas sienta sintamos sintáis sientan	sentía sentías sentía sentíamos sentíais sentían	sentí sentiste sintió sentimos sentisteis sintieron	sintiera (-se) sintieras sintiera sintiéramos sintierais sintieran	sentiré sentirás sentirá sentiremos sentiréis sentirán	sentiría sentirías sentiría sentiríamos sentiríais sentirían
o → ue/u dormir *(dormir)* durmiendo dormido	duermo duermes duerme dormimos dormís duermen	 duerme duerma durmamos dormid duerman	duerma duermas duerma durmamos durmáis duerman	dormía dormías dormía dormíamos dormíais dormían	dormí dormiste durmió dormimos dormisteis durmieron	durmiera (-se) durmieras durmiera durmiéramos durmierais durmieran	dormiré dormirás dormirá dormiremos dormiréis dormirán	dormiría dormirías dormiría dormiríamos dormiríais dormirían

Verbes en *-acer*, *-ecer*, *-ocer*, *-ucir*

Infinitif Gérondif Participe passé	Présent de l'indicatif	Impératif	Présent du subjonctif	Imparfait de l'indicatif	Passé simple	Imparfait du subjonctif	Futur de l'indicatif	Conditionnel
c → cz conocer *(connaître)* conociendo conocido	conozco conoces conoce conocemos conocéis conocen	 conoce conozca conozcamos conoced conozcan	conozca conozcas conozca conozcamos conozcáis conozcan	conocía conocías conocía conocíamos conocíais conocían	conocí conociste conoció conocimos conocisteis conocieron	conociera (-se) conocieras conociera conociéramos conocierais conocieran	conoceré conocerás conocerá conoceremos conoceréis conocerán	conocería conocerías conocería conoceríamos conoceríais conocerían

Verbes en *-ducir*

Infinitif Gérondif Participe passé	Présent de l'indicatif	Impératif	Présent du subjonctif	Imparfait de l'indicatif	Passé simple	Imparfait du subjonctif	Futur de l'indicatif	Conditionnel
c → cz **c → *j*** conducir *(conduire)* conduciendo conducido	conduzco conduces conduce conducimos conducís conducen	 conduce conduzca conduzcamos conducid conduzcan	conduzca conduzcas conduzca conduzcamos conduzcáis conduzcan	conducía conducías conducía conducíamos conducíais conducían	conduje condujiste condujo condujimos condujisteis condujeron	condujera (-se) condujeras condujera condujéramos condujerais condujeran	conduciré conducirás conducirá conduciremos conduciréis conducirán	conduciría conducirías conduciría conduciríamos conduciríais conducirían

Verbes en *-uir*

Infinitif Gérondif Participe passé	Présent de l'indicatif	Impératif	Présent du subjonctif	Imparfait de l'indicatif	Passé simple	Imparfait du subjonctif	Futur de l'indicatif	Conditionnel
i → y construir *(construire)* construyendo construído	construyo construyes construye construimos construís construyen	 construye construya construyamos construid construyan	construya construyas construya construyamos construyáis construyan	construía construías construía construíamos construíais construían	construí construiste construyó construimos construisteis contruyeron	construyera (-se) construyeras construyera construyéramos construyerais contruyeran	construiré construirás construirá construiremos construiréis construirán	construiría construirías construiría construiríamos construiríais construirían

USO DE LA LENGUA

Les structures proposées aideront à prendre la parole ou à s'exprimer par écrit pour interroger, refuser, décrire, demander des renseignements et utiliser d'autres fonctions de la langue qui rendent possible la communication.

1. **Exprimer des opinions, dire ce que l'on sait d'un sujet**
2. **Exprimer des goûts, des souhaits et des sentiments**
3. **Exercer une influence sur son interlocuteur**
4. **Structurer son discours**

Cette liste prend appui sur l'inventaire des fonctions proposé par le *Plan Curricular del Instituto Cervantes* pour les niveaux B1 et B2.

1. EXPRIMER DES OPINIONS / DIRE CE QUE L'ON SAIT D'UN SUJET

A Donner son avis

- **En mi opinión...**
- **Desde mi punto de vista...**
- **(A mí) me parece que**
  Me parece que estás equivocado.
- **(Yo) pienso que...**
  Pienso que las cosas no son así.
- **(Yo) no creo / no pienso / (A mí) no me parece que** + *présent du subjonctif*
  No creo que las cosas sean así. / A mí no me parece que valga la pena ir.

B Demander l'avis de quelqu'un

- **¿(Tú) qué piensas?**
  + **de** + *nom*
  ¿Qué piensas de la política actual?
  + **de que**
  ¿Qué piensas de que se prohíba fumar?
- **¿Te parece que?**
  ¿Te parece que debemos consultar a tus padres?
- *opinion* + **¿Tú qué piensas / crees? / ¿A ti qué te parece?**
  Van a bajar los salarios. ¿A ti qué te parece?
- **Según tú** + *phrase interrogative*
  Según tú, ¿quién va a ganar las elecciones?

C Demander à quelqu'un de juger quelque chose

- **¿Qué tal está?** + *substantif*
  ¿Qué tal está esa película?
- **Te parece bien / mal** + *substantif / infinitif*
  ¿Te parece bien el cambio? / Me parece mal llegar tan tarde.

D Porter un jugement sur quelque chose

- **Es (una) buena / mala idea** + *infinitif*
  Es una buena idea ir a la playa el fin de semana.
- **Es (una) buena / mala idea + que** + *subjonctif*
  Es una mala idea que abandones los estudios.
- **Es bueno/malo** + *infinitif*
  Es bueno comer sano.
- **Es bueno / malo que** + *présent du subjonctif*
  Es malo que comas tanto.
- **¡Qué bien / mal / interesante / aburrido...!** + *substantif / infinitif*
  ¡Qué interesante la película de anoche! / ¡Qué bien levantarse tarde!

E Approuver et désapprouver

- **Me parece (muy) mal / bien** + *substantif / infinitif*
  Me parece muy bien tu manera de pensar. / Me parece muy mal no ayudarles.
- **Me parece (muy) mal / bien** + *présent du subjonctif*
  Me parece muy mal que mientas.
- **¡Qué bien / mal / interesante / aburrido...!** + *présent du subjonctif*
  ¡Qué mal que me dejes solo!

F Se positionner pour ou contre

- **(No) estoy a favor / en contra**

+ de + *substantif / infinitif*

No estoy a favor del cambio. / No estoy en contra de llegar a un acuerdo.

+ de que + *présent du subjonctif*

No estoy a favor de que se aumente el precio de las entradas.

- **(No) estoy de acuerdo con...**

+ *substantif / infinitif*

No estoy de acuerdo con la nueva ley. / Estoy de acuerdo con prohibir la entrada a los extremistas.

+ que + *présent du subjonctif*

No estoy de acuerdo con que salgamos tan tarde.

G Exprimer son accord

- **Sí, yo también / tampoco creo / pienso que...**

  Sí, yo también pienso que el resultado está mal. / Yo tampoco pienso que el resultado esté mal.
- **Sí es verdad / cierto que / evidente que...**

  Sí es verdad que la ciudad ha cambiado mucho.
- **Sí está claro que...**

  Sí, está claro que no quiere ayudarnos.

H Exprimer son désaccord

- **A mí me parece que no / sí**

  Los jóvenes cada día leen menos. / A mí me parece que no.
- **No, no es verdad que** + *présent du subjonctif*

  No, no es verdad que los jóvenes lean menos que antes.
- **No, no es cierto que** + *présent du subjonctif*

  No, no es cierto que la juventud sea menos solidaria.
- **(Yo) no estoy de acuerdo** + **con** + *présent du subjonctif*

  No estoy de acuerdo con que vayamos a la playa a esta hora.
- **¡Qué va!**

  ¡Qué va!, no estoy de acuerdo contigo.

I Se montrer sceptique

- **¿Tu crees?**
- **Bueno depende...**

J Présenter un contrargument

- **Tienes razón pero / aunque...**

  Tienes razón pero deberías considerar también otra posibilidad...
- **Sí, es cierto pero / sin embargo...**

  Sí, es cierto, pero también hay gente que piensa que...
- **Sí, pero / aunque por otra parte...**

  Sí, aunque por otra parte nadie está de acuerdo con esa idea.

K Exprimer la probabilité

- **Quizá(s)** + *indicatif*

  Quizás llegó tarde y por eso no nos llamó.
- **Quizá(s) / Tal vez** + *subjonctif*

  Quizás / Tal vez venga mañana.
- **Es posible / Es probable que** + *subjonctif*

  Es probable que llueva.
- **A lo mejor** + *indicatif*

  A lo mejor no sabe que hemos llegado.

- **Posiblemente / Probablemente** + *indicatif / subjonctif*
  Probablemente no sabía nada. / Probablemente siga viviendo en la misma casa.

L Exprimer l'obligation et la nécessité

- **Es obligatorio / necesario** + *infinitif*
  Es obligatorio presentar el DNI a la entrada.
- **Es obligatorio / necesario + que** + *présent du subjonctif*
  Es necesario que escuches los consejos que te damos.
- **Debes** + *infinitif*
  Debes estudiar más y salir menos.
- **No puedes** + *infinitif*
  No puedes hacer sólo lo que te da la gana.

2. EXPRIMER DES GOÛTS, DES SOUHAITS ET DES SENTIMENTS

A Exprimer son goût et son intérêt

- **Me gusta / me encanta que** + *subjonctif*
  Me encanta que aprendas varios idiomas.
- **Me interesa que** + *présent du subjonctif*
  Me interesa que me expliques ese teorema.

B Exprimer de l'aversion pour

- **Odio** + **que** + *présent du subjonctif*
  Odio que me molesten a cualquier hora.
- **No soporto...**
  \+ *substantif / infinitif*
  No soporto la hipocresía. / No soporto estar solo.
  \+ **que** + *présent du subjonctif*
  No soporto que me griten.
- **Me molesta...**
  \+ *substantif / infinitif*
  Me molesta la hipocresía. / Me molesta trabajar en esas condiciones.
  \+ **que** + *présent du subjonctif*
  Me molesta que hablen tan alto.

C Exprimer des préférences

- **Prefiero** + *substantif / infinitif* + **a** + *substantif /infinitif*
  Prefiero el fútbol al baloncesto. / Preferiría irme de vacaciones a pasar el verano aquí.
- **Prefiero que** + *présent du subjonctif*
  Prefiero que vayas tú.
- **Me gusta / interesa más que** + *présent du subjonctif*
  Me interesa más que me cuentes cómo pasó.

D Exprimer de l'indifférence

- **No me importa.**
  No me importa. Las dos opciones me convienen.
- **Me da igual.**

E Exprimer des souhaits

- **Quiero que** + *présent du subjonctif*

  Quiero que me cuentes la verdad.
- **Tengo ganas de... / Me apetece...**

  + *substantif / infinitif*

  Tengo ganas de salir. / No me apetece salir.
- **Me encantaría** + *infinitif*

  Me encantaría viajar.
- **Espero**

  + *infinitif*

  Espero aprobar todos los exámenes.

  + **que** + *présent du subjonctif*

  Espero que me invites.

F Exprimer la joie et la satisfaction

- **¡Fantástico! ¡Estupendo!**
- **Me alegro** + *quantitatif*

  Me alegro mucho / muchísimo.

  + **de que** + *présent du subjonctif*

  Me alegro de que te contraten en ese trabajo.

G Exprimer la tristesse et l'affliction

- **Siento** + *infinitif*

  Siento no poder ayudarte.
- **Me da pena / lástima**

  + *substantif / infinitif*

  Me da pena la pobreza de esa gente. / Me da pena no poder ir.

  + **que** + *présent du subjonctif*

  Me da pena que no puedas ir.

H Exprimer la crainte et le souci

- **Tengo miedo** + **de**

  Tengo miedo de no saber hacerlo bien.

  + **de que** + *présent du subjonctif*

  Tengo miedo de que se arrepienta.
- **Me preocupa que** + *présent du subjonctif*

  Me preocupa que no estudies.

I Exprimer l'espoir

- **¡Ojalá! / Ojalá que** + *présent du subjonctif*

  Ojalá que te den una respuesta positiva.

J Exprimer la honte

- **Me da vergüenza**

  + *infinitif*

  Me da vergüenza cantar en público.

  + **que** + *présent du subjonctif*

  Me da vergüenza que me saquen fotos.

K Exprimer la surprise

- **Me sorprende/ me extraña**

  + *infinitif*

  Me sorprende ver que nada ha cambiado.

  + **que** + *présent du subjonctif*

  Me extraña que no llame. / ¡No me lo puedo creer!

3. EXERCER UNE INFLUENCE SUR SON INTERLOCUTEUR

A Conseiller

- **Podrías** + *infinitif*
  Podrías buscar trabajo.
- **Tendrías que** + *infinitif*
  Tendrías que estudiar más.
- **Debes / Deberías** + *infinitif*
  Deberías cambiar de actitud.
- *Impératif*
  No te preocupes. / Arréglate un poco.

B Interdire

- **No** + *présent du subjonctif*
  ¡No me hables mal!
- **Te prohíbo que** + *présent du subjonctif*
  Te prohíbo que me hables en ese tono.

C Inviter

- **¿Te apetece** + *substantif / infinitif*?
  ¿Te apetece un café? / ¿Te apetece salir a dar una vuelta?

4. ORGANISER SON DISCOURS

A Pour structurer l'information

- **En primer lugar / Por un lado / Por una parte**
- **En segundo / Tercer lugar / Por otro lado / Por otra parte**
- **En conclusión / Para terminar / Finalmente**

B Pour connecter des éléments

- **Además / Sobre todo** *(pour ajouter)*
  Me encanta el cine, además voy mucho al teatro. / Me gusta la música, sobre todo la clásica.
- **Así que / Por lo tanto** *(pour exprimer la conséquence)*
  No he estudiado nada, así que es poco probable que apruebe.
  Tengo que estudiar, por lo tanto este fin de semana me quedo en casa.

C Pour mettre en valeur un élément

- **Sobre todo / En particular**
  Me encanta la literatura, en particular / sobre todo la anglosajona.

D Pour conclure un récit

- **Finalmente / En conclusión / En resumen / Para terminar / Al final**
  Al final me gustaría agradeceros por vuestra atención.

LÉXICO

ESPAÑOL – FRANCÉS / FRANCÉS – ESPAÑOL

Ce lexique reprend le vocabulaire utilisé dans les séquences, y compris celui des encarts LENGUA, et propose également un lexique fonctionnel pour la classe. Il ne remplace pas le dictionnaire, mais pourra en compléter l'usage.

ABRÉVIATIONS UTILISÉES
adj. adjectif
adv. adverbe
amér. américanisme
conj. conjonction
f. féminin
fam. familier
fig. figuré
loc. prép. locution prépositionnelle
loc. conj. locution conjonctive
m. masculin
n. nom
pl. pluriel
prép. préposition
pron. pronom
sg. singulier
[ue] indique la particularité du verbe
v. verbe
v.i. verbe irrégulier

ESPAÑOL – FRANCÉS

A

abogado n. m. avocat
abrazar v. prendre dans ses bras ; étreindre
abrazo n. m. accolade, étreinte
aburrir v. ennuyer, lasser ; dégoûter ; rebuter
acabar v. achever, finir, terminer
acequia n. f. canal d'irrigation ; (amér.) ruisseau
acera n. f. trottoir
acercarse v. pr. s'approcher
acierto n. m. discernement ; habileté
aclarar v. éclaircir
acoger v. accueillir
acomodado(a) adj. aisé(e)
aconsejar v. conseiller aconsejar que (+ subj.) : conseiller de
acontecimiento n. m. événement
acordarse [ue] v. pr. se souvenir, se rappeler
acoso n. m. harcèlement
acostar(se) [ue] v. (se) coucher
acostumbrarse v. pr. s'habituer
actor n. m. acteur
actuación n. f. jeu (d'un acteur)
actuar v. agir ; jouer (acteur) ; tourner (film)
acudir v. i. venir ; se rendre à, se rendre (dans un lieu)
acuerdo n. m. accord **estar de acuerdo:** être d'accord
adarga n. f. bouclier
adicto(a) adj. dépendant(e), accro
afición n. f. goût ; penchant ; passion
aficionado(a) adj. passionné(e)
afortunadamente adv. heureusement
afueras n. f. pl. périphérie
agarrar v. saisir ; attraper
agotado(a) adj. épuisé(e)
agradecer v. i. remercier ; être reconnaissant
agrupar v. grouper (réunir)
aguacate n. m. avocat (fruit)
agudamente adv. gravement
agüero n. m. augure **ser de buen/de mal agüero:** être de bon/de mauvais augure
ahogar(se) v. (se) noyer ; (s')étouffer
ahorrar v. économiser ; épargner
aislado(a) adj. isolé(e)
alabar v. vanter
albedrío n. m. arbitre ; guise **el libre albedrío:** le libre arbitre
albergar v. héberger
alcalde n. m. maire
alcance n. m. portée
alcanzar v. atteindre, rattraper ; saisir ; suffire
alegrar(se) v. (se) réjouir
alegre adj. joyeux(se)
alegría n. f. joie **estar loco de alegría:** être fou de joie
alentador(a) adj. encourageant(e)
aliado(a) adj. allié(e)
aliciente n. m. encouragement
aliviar v. alléger ; soulager ; calmer
alma n. f. âme
alquilar v. louer
altar n. m. autel
altura n. f. hauteur
alzamiento n. m. soulèvement
amamantar v. allaiter
amargo(a) adj. amer(ère)
ámbito n. m. domaine ; cadre
ambos(as) adj./pron. tous (toutes) les deux
amenaza n. f. menace
amistad n. f. amitié
amistoso(a) adj. amical(e)
amo n. m. maître
amuleto n. m. amulette, porte-bonheur
añadir v. ajouter
analfabetismo n. m. analphabétisme

ancho(a) adj. large, ample
anciano(a) n. vieux, vieille
andante adj. errant(e)
andar v. i. marcher ; se déplacer **¡Anda!** (interj.) : Allez !
angustia n. f. angoisse
animar v. encourager **animarse a:** se décider à ; oser
ánimo n. m. esprit, âme ; (fig.) courage **estado de ánimo:** état d'esprit ; **¡Ánimo!** (interj.) : Courage !
ansia n. f. soif **ansia de libertad:** désir, soif de liberté
antemano de loc. d'avance ; à l'avance
antepasado(a) n. ancêtre
antiguo(a) adj. ancien(ne)
antorcha n. f. torche ; flambeau
apagar v. éteindre
apagón n. m. coupure de courant
apariencia n. f. apparence
apasionado(a) adj. passionné(e)
apertura n. f. ouverture
aplastar v. écraser
apodar v. donner un surnom (apodo)
apoderarse v. pr. s'emparer de
aprobar [ue] v. approuver ; réussir un examen
aprovechar v. profiter
apuntar v./ v. pr. noter ; relever **apuntarse:** s'inscrire ; participer ; être partant
área n. f. domaine ; secteur ; zone
arma n. f. arme
armadura n. f. armure
armonía n. f. harmonie
arraigado(a) adj. enraciné(e)
arrancar v. arracher
arreglárselas v. pr. se débrouiller
arrepentirse [ie/i] v. pr. se repentir
arriesgar v. risquer
arrodillado(a) adj. agenouillé(e)
arruinarse v.pr. se ruiner
artesano(a) adj./n. artisan(e)
asco n. m. dégoût, répugnance **dar asco:** dégoûter
asegurar v. assurer ; affirmer
asemejarse v. ressembler
asentamiento n. m. installation
asesinar v. assassiner
asignatura n. f. matière (enseignement)
asombrar(se) v. (s')étonner
asombro n. m. surprise, étonnement
áspero(a) adj. rugueux(se), âpre
astuto(a) adj. astucieux(se) ; rusé(e)
asunto n. m. sujet, question ; affaire
asustar v. effrayer, faire peur
atardecer n. m. soir, tombée du jour
atasco n. m. embouteillage
atemorizar v. effrayer, faire peur
atender [ie] **(a)** v. s'occuper (de)
atento(a) adj. attentif(ve) ; attentionné(e)
ateo adj. athée
atesorar v. amasser
atractivo(a) adj. séduisant(e)
atraer v. i. attirer
atrasado adj. en retard
atrasar v. retarder
atraso n. m. retard
atravesar [ie] v. traverser
atreverse (a) v. pr. oser
atrevido(a) adj. osé(e) ; effronté(e) ; audacieux(se) ; insolent(e)
atropellar v. renverser
audacia n. f. audace
auge n. m. essor
aula n. f. salle de classe
aumentar v. augmenter
auriculares n. m. pl. écouteurs
ausencia n. f. absence
ave n. f. oiseau
aventurero(a) n. m. aventurier(ère)
avergonzado(a) adj. honteux(se)
avería n. f. panne
averiguar v. vérifier
ayuda n. f. aide
ayuntamiento n. m. mairie
azúcar n. m. sucre

B

bachillerato n. m. baccalauréat
bailar v. danser **sacar a bailar:** inviter à danser ; faire danser
bailarín n. m. danseur
bajar v. descendre ; baisser ; télécharger (informatique)
bambas n. f. pl. chaussures de sport
bañador n. m. maillot de bain
bandera n. f. drapeau
banderola n. f. banderole
baño n. m. bain baignade
barato(a) adj. bon marché
barba n. f. barbe ; menton
barco n. m. bateau
barrera n. f. barrière
barril n. m. baril
barrio n. m. quartier **barrio de chabolas:** bidonville
bastar v. suffire
bautismo n. m. baptême
bautizar v. baptiser
bebida n. f. boisson
beneficiarse (de) v. pr. profiter (de)
besar v. embrasser
beso n. m. baiser ; bise
bienestar n. m. bien-être
bolsillo n. m. poche
bolso n. m. sac à main
bonaerense adj. de Buenos Aires
bondad n. f. bonté
bonito(a) adj. joli(e)
borrar v. effacer
bosque n. m. bois ; forêt
botella n. f. bouteille
brazo n. m. bras
brillar v. briller
brindar v. offrir
brocha n. f. brosse **a brocha gorda:** à gros coups de pinceau
broma n. f. plaisanterie
bromear v. plaisanter
brotar v. pousser ; bourgeonner
bruja n. f. sorcière
bueno(a) adj. bon(ne)
burlarse (de) v. pr. se moquer (de)
buscar v. chercher
búsqueda n. f. recherche
buzón n. m. boîte aux lettres

C

caballo n. m. cheval
cabello n. m. cheveux ; chevelure
cacique n. m. personnage important ; chef
cadena n. f. chaîne
caer(se) v. i. tomber **caerle bien/mal a uno:** aimer/ne pas aimer
calabozo n. m. cachot, geôle (prison)
calavera n. f. tête de mort
calentamiento n. m. réchauffement
calentar [ie] v. chauffer
calidad n. f. qualité (d'une chose/d'une personne)
cálido(a) adj. chaud(e) **un color cálido:** une couleur chaude
callado(a) adj. silencieux(se) (pour une personne)
callejero(a) adj. de la rue
calor n. m. chaleur
camarero(a) n. garçon de café ; serveuse
camino n. m. chemin ; route
camisa n. f. chemise **camisa floreada:** chemise à fleurs
camiseta n. f. tee-shirt
campeonato n. m. championnat
campesino(a) adj./n. paysan(ne)
campo n. m. champ ; campagne
cansancio n. m. fatigue
capaz adj. capable
capirote n. m. (de penitente) cagoule
capricho n. m. caprice
cara n. f. visage **plantar cara:** faire face
cárcel n. f. prison
carecer de v. i. manquer de
careta n. f. masque
caridad n. f. charité
cariño n. m. affection
cariñoso(a) adj. affectueux(se)
carne n. f. chair ; viande
caro(a) adj. cher(ère) (prix)
carrera n. m. course ; parcours ; cursus (études) ; carrière
carretera n. f. route
carro n. m. chariot
carta n. f. lettre
cartel n. m. affiche
cartera n. f. portefeuille
cartero n. m. facteur
casarse v. pr. se marier
castigar v. punir
castigo n. m. punition
casualidad n. f. hasard
cauteloso(a) adj./n. prudent(e)
caza n. f. chasse

caza n. m. avion de chasse
cazadora n. f. blouson
celador n. m. surveillant
celebrar v. célébrer
celo n. m. zèle **los celos:** la jalousie
celoso(a) adj. jaloux
cementerio n. m. cimetière
ceniza n. f. cendre
cerco n. m. cercle
cerebro n. m. cerveau
chabola n. f. baraque de bidonville
chaqueta n. f. veste
charla n. f. discussion
chaval n. m. jeune ; (fam.) enfant
chispa n. f. étincelle ; lueur
chiste n. m. blague
chocar v. heurter
ciego(a) adj./n. aveugle
circense adj. de cirque
cirugía n. f. chirurgie
cirujano n. m. chirurgien
cita n. f. rendez-vous
ciudad n. f. ville
ciudadano(a) adj./n. citadin(e) ; citoyen(ne)
clarividente adj. clairvoyant(e)
claro(a) adj. clair(e)
clase n. f. cours ; sorte, espèce **dar clase:** faire cours **ir a clase:** aller en cours
clavar v. clouer
clave n. f. clé
cobarde adj./n. lâche ; poltron(ne)
cobrar v. toucher ; percevoir
coche n. m. voiture
coger v. prendre
colgar [ue] v. pendre ; accrocher (un tableau) ; mettre en ligne (informatique)
collar n. m. collier
colocar v. placer, mettre ; poser
combatir v. combattre
comodidad n. f. confort
compadecerse de v. pr. compatir à ; plaindre
compaginación n. f. mise en pages
compartir v. partager
competir [i] v. rivaliser ; concurrencer
compra n. f. achat **ir de compras:** faire des courses
comprobar [ue] v. vérifier ; constater
comprometerse en v. pr. s'engager **comprometerse por:** s'engager en faveur de
compromiso n. m. engagement
computadora n. f. ordinateur
concejal(a) n. conseiller(ère) municipal(e)
concienciar v. faire prendre conscience, alerter
concluir v. i. conclure ; finir
condena n. f. condamnation
condenar v. condamner
conducir v. i. conduire
confiar en v. faire confiance ; avoir confiance en
confortar [ue] v. réconforter
confundir v. confondre
conjunto n. m. ensemble
conmover [ue] v. émouvoir
conocimiento n. m. connaissance
conquistar v. conquérir
conseguir [i] v. atteindre ; obtenir ; réussir à ; arriver à
consejo n. m. conseil
constancia n. f. constance
consumismo n. m. surconsommation
contaminar v. polluer
contar [ue] v. raconter ; compter
contestatario adj. contestataire
contingente n. m. contingent
contrario(a) adj. contraire ; opposé(e) **al contrario:** au contraire
contratación n. f. embauche
contratar v. embaucher
contrato n. m. contrat
convertido(a) adj. converti(e)
convertirse [ie/i] **en** v. pr. devenir ; se transformer en
convidar v. inviter
convincente adj. convaincant(e)
convivencia n. f. vie en commun
convivir v. coexister, vivre ensemble ; cohabiter
copla n. f. couplet ; chanson
correo n. m. courrier
correr v. courir ; couler (eau) ; passer (temps)
corriente n. f. courant
cortés adj. courtois(e) ; poli(e)
cortesía n. f. courtoisie ; politesse
cosechar v. récolter
costa n. f. côte ; dépense **a toda costa:** à tout prix
costar [ue] v. coûter **le cuesta Ø:** il a du mal à **costar un ojo de la cara:** coûter les yeux de la tête
costumbre n. f. coutume ; habitude **costumbres:** coutumes ; mœurs
crear v. créer
crecer v. i. grandir, croître, augmenter
crédulo(a) adj. crédule
creencia n. f. croyance
creer v. croire
criar v. élever
crucifijo n. m. crucifix
cruz n. f. croix **la Cruz Roja:** la Croix Rouge
cruzar v. traverser
cuadro n. m. tableau
cualidad n. f. qualité (une parmi d'autres)
cuchillo n. m. couteau
cuenta n. f compte ; addition **darse cuenta de/que:** se rendre compte de/que
cuento n. m. conte ; histoire
cuidado n. m. soin ; attention **¡Cuidado!**
cuidar v. prendre soin de s'occuper de
culpa n. f. faute (morale)
culpabilidad n. f. culpabilité
culpable n. m. coupable
cultivo n. m. culture (au sens agricole)
culto n. m. culte
culto(a) adj. cultivé(e)
cultura n. f. culture (au sens culturel)
cumbre n. f. sommet
cumpleaños n. m. anniversaire
cumplir v. accomplir ; réaliser ; respecter ; tenir (promesse/parole) **cumplir años:** avoir ; fêter (son anniversaire)
curar(se) v./v. pr. guérir ; (se) soigner
cursar v. faire des études
cursillo n. m. stage
curso n. m. année scolaire
custodiar v. garder ; surveiller

D

daño n. m. dégât ; mal ; dommage **hacer(se) daño:** (se) faire mal
dar pena v. causer de la peine
darse cuenta de que v. pr. se rendre compte que
dato n. m. donnée ; renseignement ; élément
de repente loc. soudain
débil adj. faible
debilidad n. f. faiblesse
decepcionar v. décevoir
decidir v. décider
dedicar v. dédier ; consacrer **dedicar su vida a:** consacrer sa vie à
dedicarse a v. pr. faire se consacrer à
deducir v. i. déduire
deficiente adj. médiocre
dejar v. laisser ; abandonner **dejar de:** arrêter de
delación n. f. dénonciation
demostrar [ue] v. démontrer
dependiente n. m. vendeur ; employé
deporte n. m. sport
deportista n. sportif(ive)
deportivo(a) adj. sportif(ive)
depuración n. f. épuration
derecho n. m. droit **tener derecho a:** avoir le droit de
derrocar v. renverser (un gouvernement)
derrochar v. gaspiller
derrota n. f. défaite
derrumbar v. démolir ; abattre
derrumbe n. m. effondrement
desafiar v. défier
desafío n. m. défi
desaforado(a) adj. démesuré(e) ; excessif(ive)
desafortunado(a) adj. malheureux(se)
desagradar v. déplaire
desalentarse v. pr. se décourager
desarrollar v. développer
desarrollo n. m. développement **desarrollo sostenible:** développement durable
descalzo(a) adj. nu-pieds
descansar v. se reposer
descargar v. télécharger
desconfiar de v. se méfier de
desconocer v. ignorer
desconocido(a) adj. inconnu(e)
descubrimiento n. m. découverte
desdicha n. f. malheur
desear v. désirer, souhaiter
desechable adj. jetable
desecho n. m. déchet
desempeñar un papel v. jouer un rôle
desempleo n. m. chômage
desenlace n. m. dénouement
deseo n. m. désir, souhait
desfilar v. défiler
desgracia n. f. malheur
desgraciadamente adv. malheureusement
desigualdad n. f. inégalité

desinteresarse de v. pr. se désintéresser de
deslumbrar v. éblouir
desorden n. m. désordre
despabilado(a) adj./n. débrouillard(e)
despacho n. m. bureau
despacio adv. lentement ; doucement
despedir [ie] v. licencier
despedirse [i] **de** v. pr. dire au revoir ; faire ses adieux à
despejarse v. pr. se distraire, se divertir
despertar(se) [ie] v./v. pr. (se) réveiller
despiadado(a) adj. impitoyable
despido n. m. renvoi
despistado(a) adj. distrait(e)
despliegue n. m déploiement
desposeído(a) adj. dépossédé(e) ; pauvre
despreciar v. mépriser
desprecio n. m. mépris
desprenderse v. pr. se dégager
despreocupación n. f. insouciance
destacar v. souligner ; ressortir ; se détacher
destapar v. ouvrir ; découvrir ; déboucher
destierro n. m. exil
destino n. m. destin ; destination
destreza n. f. habileté
destrozar v. mettre en pièces
desvivirse (por) v. pr. se mettre en quatre (pour)
detener(se) [ie] v./ v. pr. (s') arrêter
deterioro n. m. détérioration
determinación n. m. détermination
determinar v. décider
deuda n. f. dette
devolver [ue] v. rendre ; rembourser
diario n. m. journal **el diario de a bordo:** le journal de bord
dificultar v. rendre difficile
difundirse v. se répandre
dios n. m. dieu
dirigirse a v. pr. s'adresser à ; se diriger vers
discapacitado(a) adj./n. handicapé(e)
discriminación n. f. discrimination
disculparse v. pr. s'excuser
diseño n. m. dessin ; conception (graphique)
disfraz n. m. déguisement
disfrazarse v. pr. se déguiser
disfrutar de v. jouir de, profiter de
disgusto n. m. contrariété ; chagrin
disparado(a) adj. lancé(e)
disparo n. m. tir, coup de feu
disponer v. i. disposer
distancia n. f. distance
distinto(a) adj. différent(e)
distraerse v. pr. se distraire
distrito n. m. circonscription
diversión n. f. distraction
divertirse [ie/i] v. pr. se distraire, s'amuser
dividir v. diviser ; partager
divisar v. apercevoir
doblar v. doubler (cinéma) ; plier ; tourner
documentación n. f. papiers d'identité
doler [ue] v. avoir mal à ; faire mal
doloroso(a) adj. douloureux(se)
dominio n. m. domaine ; maîtrise **dominio del idioma:** maîtrise de la langue
duda n. f. doute, hésitation
dueño(a) n. patron(ne)
dulce adj. doux(ce) ; sucré(e)
duradero(a) adj. durable

E

echar v. jeter ; lancer ; expulser **echar a** (+ inf.) : se mettre à **echar de menos:** avoir la nostalgie de regretter
edad n. f. âge ; temps ; époque **la Edad Media:** le Moyen Âge
eficacia n. f. efficacité
efímero(a) adj. éphémère
ejecutar v. exécuter
ejemplar adj. exemplaire
ejemplo n. m. exemple
ejército n. m. armée
elegir [i] v. élire ; choisir
elogio n. m. éloge
empeñarse en v.pr. s'engager à
empleado n. m. employé
emprender v. entreprendre
empresa n. f. entreprise
empujar v. pousser
enamorado(a) adj./n. amoureux(se)
enamorarse v. pr. tomber amoureux
encabezar v. être à la tête
encanto n. m. charme ; enchantement
encapuchado adj. encapuchonné ; rebouché
encarcelar v. emprisonner
encargarse v. pr. se charger ; prendre en charge
encender [ie] v. allumer
encerrar [ie] v. enfermer
encontrar [ue] v. trouver
encuentro n. m. rencontre
encuesta n. f. sondage ; enquête
enemigo(a) adj./n. ennemi(e)
enfadarse v. se fâcher ; se mettre en colère
enfermarse v. pr. tomber malade
enfermedad n. f. maladie
enfoque n. m. cadrage ; façon d'envisager un sujet
enfrentamiento n. m. affrontement
enfrentar v. affronter
engañar v. tromper
enganchado(a) adj. (fam.) accro
enganchar v. accrocher
engaño n. m. tromperie
enlazar v. relier
enmarcar v. encadrer
enriquecerse v. pr. s'enrichir
ensayo n. m. répétition
enseñanza n. f. enseignement
enseñar v. enseigner ; montrer
ensimismamiento n. m. réflexion profonde, méditation
entender [ie] v. comprendre
enterarse (de) v. apprendre (une nouvelle)
entereza n. f. intégrité ; fermeté
entierro n. m. enterrement
entorno n. m. environnement
entregar v. livrer ; remettre
entremeterse en v. pr. se mêler de
entresacar v. trier ; tirer (une conclusion)
entretener [ie] v. amuser ; distraire ; occuper
entretenerse v. pr. se distraire ; s'attarder
entrevista n. f. entretien ; interview
entristecer v. i. attrister
entrometido(a) adj. indiscret(ète)
equidad n. f. équité
equivocación n. f. erreur ; quiproquo (théâtre)
esbozar v. ébaucher
escaso(a) adj. rare ; peu abondant(e)
escenificación n. f. mise en scène
escoger v. choisir
esconderse v. pr. se cacher
escudo n. m. bouclier ; écusson
escurridizo(a) adj. glissant(e), fuyant(e)
esfuerzo n. m. effort
eslogan n. m. slogan
esoterismo n. m. ésotérisme
espabilado(a) adj. vif/vive ; dégourdi(e)
espada n. f. épée ; dos
espantar v. faire peur, effrayer
espantoso(a) adj. épouvantable ; effrayant(e)
espectáculo n. m. spectacle
espejo n. m. miroir
esperanza n. f. espoir
esperar v. attendre ; espérer
espíritu n. m. esprit
espléndido(a) adj. splendide
espolvorear v. saupoudrer
espontáneo(a) adj. spontané(e)
esquema n. m. schéma
esquina n. f. coin (d'une maison, d'une rue)
estación n. f. saison ; gare
estancia n. f. séjour
estimado(a) adj. cher/chère
estrecho(a) adj. étroit(e)
estrella n. f. étoile ; star
estribillo n. m. refrain
estufa n. f. radiateur ; cuisinière ; (fig.) étuve
estupendo(a) adj. (fam.) super ; extraordinaire
evento n. m. événement
examinarse v. pr. passer un examen
éxito n. m. succès
experimentar v. éprouver (un sentiment)
expresar(se) v./ v. pr. (s')exprimer
extender [ie] v. étendre ; dérouler
extinguir v. éteindre
extrañar v. étonner **no es de extrañar:** il ne faut pas s'étonner
extraño(a) adj. bizarre

F

faena n. f.. travail
fajo n. m. liasse
falda n. f. jupe
falso(a) adj. faux/fausse
falta n. f. manque ; faute **la falta de:** le manque de
faltar v. manquer faire défaut
fama n. f. renommée réputation
famoso(a) adj. célèbre
fantasma n. m. fantôme
fastidiar v. ennuyer ; embêter

fatal adj. fatal ; très mauvais ; lamentable
fauna n. f. faune
fe n. f. foi
feliz adj. heureux(se)
feo(a) adj. laid(e)
ferrocarril n. m. chemin de fer
fervor n. m. ferveur
festejar v. fêter
fichero n. m. fichier
fiel adj. fidèle ; loyal(e)
fijarse v. se fixer ; faire attention à
fin n. m. fin ; but **el fin de semana:** le week-end **con el fin de:** dans le but de
fingir Ø v. faire semblant (de)
firmar v. signer
flagelación n. f. flagellation
flecha n. f. flèche
flequillo n. m frange (de cheveux)
flora n. f. lflore
fogonero n. m. chauffeur (d'une locomotive à vapeur)
folleto n. m. dépliant
fomentar v. encourager ; favoriser
fontanero n. m. plombier
forjar v. forger
foro n. m. forum
fracasar v. échouer
fracaso n. m. échec
fraude n. m. fraude
frente n. m. front (combat, guerre)
frente n. f. front (visage) **de frente:** en face
frescura n. f. fraîcheur
fuente n. f. source ; fontaine

G

gafas n. f. pl. lunettes
gafe n. f (fam.) poisse
gana n. f. envie **tener** [ie] **ganas de:** avoir envie de **dar ganas de:** donner envie de
ganadería n. f. élevage
ganar v. gagner **ganarse la vida:** gagner sa vie
gastar v. dépenser ; user
gasto n. m. dépense **gastos** (pl.) : frais
generoso(a) adj. généreux(se)
genio n. m. caractère
gente n. f. les gens (le monde)
gentío n. m. foule, multitude
gesto n. m. expression (sur le visage)
gira n. f. tour ; tournée **irse de gira:** partir en tournée
globo n. m. ballon ; bulle (de BD)
gobernar [ie] v. gouverner
golpe n. m. coup ; coup d'État **de golpe:** soudain
golpear v. frapper
gordo(a) adj. gros(se)
gozar de v. jouir de
grabar v. filmer ; enregistrer ; graver
gracioso(a) adj. amusant(e), drôle
grandeza n. f. grandeur
grima n. f. dégoût, horreur
gritar v. crier
guapo(a) adj. beau/belle (personne)
guardar v. garder ; ranger (dans un meuble) **estar guardado:** être rangé
guía n. m. guide (d'un musée)
guía n. f. guide ; indicateur ; plan d'une ville
guionista n. scénariste
guiri n. m. (fam.) étranger
gusto n. m. goût **estar a gusto:** se trouver bien

H

habilidad n. f. habileté
habitación n. f. pièce (d'appartement) ; chambre
hábito n. m. habitude
hablar v. parler **hablar en primera persona:** parler à la première personne
hacer como si v. faire semblant (de)
hacer de v. faire fonction de ; faire le (l'idiot)
hacerse v. i. pr. devenir **hacerse rico:** devenir riche
hacia prép. vers ; envers ; en direction de
hada n. f. fée **un cuento de hadas:** un conte de fées
hallar(se) v./ v. pr. (se) trouver
hambre n. f. faim ; famine
harto(a) adj. rassasié(e) ; fatigué(e) ; las/lasse **estar harto(a) (de):** en avoir assez (de)
hazaña n. f. exploit
hecho n. m. fait **de hecho:** en fait
hembra n. f. femelle
heredar v. hériter (de)
herencia n. f. héritage
herida n. f. blessure
herir v. blesser
hermoso(a) adj. beau/belle
herramienta n. f. outil
hierro n. m. fer
hígado n. m. foie
hincha n. m. fan (de foot)
hipoteca n. f. hypothèque
hispanohablante n. m. hispanophone
hoja n. f. feuille
holgazán adj. paresseux, fainéant
hombro n. m. épaule
homenajear v. rendre hommage (à)
honra n. f. honneur
horda n. f. horde
hormiga n. f. fourmi
huelga n. f. grève
huella n. f. trace **dejar huella:** laisser une trace
hueso n. m. os
huir v. i. fuir
humedal n. m. zone humide
humilde adj. humble
humo n. m. fumée
huracán n. m. ouragan

I

icono n. m. icône
idear v. imaginer
idioma n. m. langue (parlée ou non)
igualdad n. f. égalité
ilusión n. f. illusion ; joie, plaisir **hacer ilusión:** faire plaisir
impactar v. faire de l'effet
impedir [i] v. empêcher
imperio n. m. empire
implicarse v. pr. s'impliquer
imponer(se) v. i./v. pr. (s')imposer
importar v. importer **le importa un bledo:** il s'en moque complètement
imprescindible adj. indispensable
improviso de loc. à l'improviste
inalcanzable adj. inaccessible
incoporarse v. pr. se redresser, s'asseoir
incredulidad n. f. incrédulité
índice n index ; indice
indigente adj. indigent, pauvre
indignación n. f. indignation
ineluctable adj. inévitable
inesperado(a) adj. inattendu(e)
infeliz adj. malheureux(se)
infiel adj. infidèle
infierno n. m. enfer
informe n. m. rapport
ingenioso(a) adj. ingénieux(se)
ingenuo(a) adj. naïf/naïve
ingresar v./i. entrer ; rentrer
iniciar(se) v./ v. pr. commencer
injerirse v. pr. s'ingérer
innovador(a) adj. novateur(trice)
inolvidable adj. inoubliable
inservible adj. inutilisable
instituto n. m. lycée
intercambio n. m. échange
inverosímil adj. invraisemblable
inversión n. f. investissement
investigar v. faire des recherches ; enquêter
invocar v. invoquer
involucrarse v. pr. s'impliquer
ir de fiesta v. sortir faire la fête **ir de juerga:** (fam.) aller faire la bringue
ira n. f. colère
ironía n. f. ironie
irreverente adj. irrévérencieux(se)
irse v. i. partir

J

jabón n. m. savon
jamón n. m. jambon
jarrón n. m. vase
jaula n. f. cage
jefe n. m. chef
jerarquía n. f. hiérarchie
joya n. f. bijou ; joyau
juego n. m. jeu
juerga n. f. (fam.) bringue
juez n. m. juge
jugar [ue] v. jouer
juntar v. allier ; associer
jurado n. m. jury
justicia n. f. justice
juventud n. f. jeunesse
juzgar v. juger

L

labio n. m. lèvre
labor n. f. travail ; ouvrage
laboral adj. du travail
ladrón(ona) adj./n. voleur(se)
lágrima n. f. larme
lamentar v. être désolé (de) ; regretter (de)
lámpara n. f. lampe
lápiz n. m. crayon
largo(a) adj. long(ue)
lastimoso(a) adj. pitoyable
leal adj. loyal(e) ; fidèle
legado n. m. legs ; héritage
lejano(a) adj. lointain(e)
lema n. m. devise ; slogan
letanía n. f. litanie ; procession
letrero n. m. écriteau
levantamiento n. m. soulèvement
ley n. f. loi
leyenda n. f. légende
liberar v. libérer
libertad n. f. liberté
librar v. délivrer, sauver
lidia n. f. combat
lienzo n. m. tableau ; toile
ligereza n. f. légèreté
ligero(a) adj. léger(ère)
limosna n. f. aumône
limpiar v. nettoyer
limpieza n. f. propreté ; nettoyage
lindo(a) adj. joli(e) ; gracieux(se)
lío n. m. (fam.) confusion
listo(a) adj. **ser listo(a):** être intelligent(e) **estar listo(a):** être prêt(e)
llama n. f. flamme
llamar v. appeler **llamar la atención:** attirer l'attention
llamativo(a) adj. vif (vive) **colores llamativos:** des couleurs vives
llanto n. m. pleurs
llave n. f. clé ; robinet
llegar v. arriver **llegar a ser una estrella:** devenir une star
lleno(a) adj. plein(e), rempli(e)
llevar v. porter
llevarse(pr) v. s'entendre llevarse bien/mal con alguien
llorar v. pleurer
llover [ue] v. (imp.) pleuvoir
lluvia n. f. pluie
lobo n. m. loup
loco(a) adj. fou/folle
locura n. f. folie
logrado(a) adj. réussi(e) **un anuncio logrado:** une publicité réussie
lograr v. réussir à, obtenir
lomo n. m. dos ; échine
lucha n. f. lutte
lugar n. m. lieu ; place **en lugar de:** au lieu de
lujo n. m. luxe
luto n. m. deuil **llevar ropa de luto:** porter des vêtements de couleur noire
luz n. f. lumière

M

macho n. m. mâle
macizo(a) adj. massif(ve) **oro macizo:** or massif
madera n. f. bois (matière)
madrina n. f. marraine
madrugada n. f. aube ; point du jour
madrugar v. se lever tôt
mal adv. mal **está mal Ø:** ce n'est pas bien de
maldad n. f. méchanceté
maldito(a) adj. maudit(e)
malgastar v. gaspiller
malo(a) adj. méchant(e)
maltratado(a) adj. maltraité(e)
manada n. f. troupeau ; bande
mandar v. commander, ordonner ; envoyer
mando n. m. télécommande
manejable adj maniable
manifestar (ie) v. i. manifester
mano n. f. main **echar una mano:** rendre service
manso(a) adj. calme ; doux(ce)
manta n. f. couverture
mantener [ie] v. entretenir
mapa n. m. carte géographique
maquinista n. m. mécanicien
marabunta n. f. (fig.) foule
marcha n. m. ambiance ; fête **ir de marcha:** sortir ; faire la fête
marco n. m. cadre
margen n. m./n. f. bord, rive ; marge
marginación n. f. marginalisation
marginar v. exclure, marginaliser
marido n. m. mari
marinero n. m. marin ; matelot
martillo n. m. marteau
masacre n. m. massacre
máscara n. f. masque
matanza n. f. massacre ; meurtre ; tuerie
matar v. tuer
matricularse v. pr. s'inscrire
matrimonio n. m. couple ; mariage ; ménage
mayor adj. plus grand ; plus âgé ; majeur ; important **el mayor número:** le plus grand nombre
mayoría n. f. majorité
medio n. m. milieu ; moyen
medio ambiente n. m. environnement
mejorar v. améliorer
memoria n. m. mémoire **de memoria:** par cœur
mendigo a. n. mendiant(e)
mente n. f. esprit ; entendement
mentir [ie/i] v.i. mentir
mentiroso(a) adj. menteur(se)
mercado n. m. marché
mercancía n. f. marchandise
merecer v. i. mériter **merecer la pena:** valoir la peine
mestizaje n. m. métissage
meta n. f. but ; objectif
metrópoli n. f. métropole
mezcla n. f. mélange
mezclarse v. pr. se mélanger
mezquindad n. f. mesquinerie
miedo n. m. peur **dar miedo:** faire peur
milagro n. m. miracle
minusválido(a) adj. handicapé(e)
mirar v. regarder
misterio n. m. mystère
mitad n. f. moitié
mito n. m. mythe
modelo n. m. modèle
modo n. m. mode ; manière, façon **el modo de vida:** le mode de vie
mojar v. mouiller
molestar v. gêner, déranger
molesto(a) adj. gênant(e) **estar molesto:** être mal à l'aise
monarca n. m monarque
monte n. m. mont, montagne ; forêt, bois
montón n. m. tas **un montón de cosas:** un tas de choses
morder [ue] v. mordre
morir v.i. mourir
mostaza n. f. moutarde
mostrar [ue] v. montrer
motín n. m. émeute, insurrection
moverse [ue] v. pr. bouger ; se mouvoir
movilización n. m. mobilisation
movilizar v.i. mobiliser
muchedumbre n. f. foule
mudarse v. pr. déménager
muerte n. f. mort
muestra n. f. modèle ; échantillon
muleta n. f. cape rouge du matador
multidumbre n. f. foule
muñeca n. f. poupée ; poignet

N

nacer v. i. naître ; (p.p.) nacido **recién nacido:** nouveau-né
nacimiento n. m. naissance
nadar v. nager
nariz n. f. nez
naturaleza n. f. nature
náufrago(a) n. naufragé(e)
nave n. f. vaisseau
navegar v. naviguer ; surfer (internet)
Navidad n. f. Nativité ; Noël
necesitado(a) n. indigent(e)
necesitar (Ø) v. avoir besoin (de)
negarse [ie] **a** v. pr. refuser (de)
nervioso(a) adj. nerveux(se)
nevar [ie] v. imp. neiger
nexo n. m. lien
nieve n. f. neige
niñez n. f. enfance
nivel n. m. niveau
noticia n. f. nouvelle (actualité)
novedad n. f. nouveauté
novela n. f. roman
novelista n. romancier(ère)
novio(a) n. fiancé(e) ; petit(e) ami(e)
nuevo(a) adj. nouveau(elle) ; neuf(ve)
numeroso(a) adj. nombreux(se)

O

obedecer v. i. obéir
objetivo n. m. objet ; but
obra n. f. œuvre **la obra maestra:** le chef d'œuvre
obrero(a) n. ouvrier(ère)
obtener [ie] v. obtenir
ocio n. m. loisir
ocioso(a) adj. oisif(ve) ; désœuvré(e)
ocultar v. cacher
ocupar v. occuper
ocurrir v. se produire, se passer **se le ocurre Ø:** il a l'idée de
odiar v. haïr, détester
ofender v. offenser
oficina n. f. bureau (à l'extérieur de chez soi)
oficina de empleo n. f . agence pour l'emploi
ofrenda n. f. offrande
oído n. m. ouïe ; oreille
oír v. i. entendre
ojo n. m. œil
ola n. f. vague
oler [ue] **a** v. sentir **oler bien/mal:** sentir bon/ mauvais
olor n. m. odeur
olvidar v. oublier
olvido n. m. oubli
opinar v. penser
oponer v. i. pr. opposer
oponerse v. i. s'opposer
oportunidad n. f. opportunité, chance
orden n. m. ordre (rangement)
ordenador n. m. ordinateur
orgullo n. m. fierté, orgueil
orgulloso(a) adj. fier(ère); orgueilleux(se)
originarse en v. pr. tirer son origine de
orilla n. f. bord, lisière, rive ; limite **a orillas del mar:** au bord de la mer
oscuro(a) adj. obscur(e)
oyente n. m. auditeur

P

pájaro n. m. oiseau
palabra n. f. mot ; parole
pálido(a) adj. pâle
palo n. m. bâton ; bois
pantalla n. f. écran
pañuelo n. m. mouchoir ; foulard
papel n. m. papier ; rôle
paradoja n. f. paradoxe
paraíso n. m. paradis
parar(se) v./ v. pr. (s') arrêter
parecer n. m. avis ; opinion **a mi parecer:** à mon avis
parecer v. i. apparaître ; paraître ; sembler **si le parece bien:** si ça lui va
pareja n. f. couple
paro n. m. chômage ; arrêt de travail
párrafo n. m. paragraphe
parte n. f. partie ; part
pasajero n. m. passager
pasamontañas n. m. inv. passe-montagne
pasar v./ v. pr. passer (se) ; avoir lieu **pasarlo bien/pipa:** bien s'amuser ; **pasarse el tiempo** (+ gér.) **:** passer son temps à Pasar de (fam.) se ficher de.
pase n. m. passe (tauromachie)
paseo n. m. promenade **dar un paseo:** se promener
patio n. m. cour **patio de recreo:** cour de récréation
patrocinador n. m. sponsor ; partenaire
patrocinar v. sponsoriser **patrocinado por:** sponsorisé par
patrocinio n. m. parrainage
pausado adj. posé
pauta n. f. règle ; consigne
paz n. f. paix
peatón n. m. piéton **paso de peatones:** passage piétons
peculiar adj. particulier(ère)
pedazo n. m. morceau
pegamento n. m. colle
pegar v. coller
pelea n. f. bagarre
peligro n. m. danger **estar en peligro:** être en danger
peligroso(a) adj. dangereux(se)
pelo n. m. poil ; cheveux **corte de pelo:** coupe de cheveux
pena n. f. peine
pendiente adj. pendant(e), suspendu(e) **estar pendiente de la televisión:** être collé à la télévision
penitencia n. f. pénitence
penoso(a) adj. pénible
pensamiento n. m. pensée
pensar [ie] v. penser **pensar en:** penser à
peor adj. plus mauvais(e) ; pire (adv.) pis ; plus mal
perder [ie] v. perdre
pérdida n. f. perte
perdurar v. durer longtemps
peregrino n. m. pèlerin
perezoso(a) adj. paresseux(se)
perfil n. m. profil **de perfil:** de profil
periódico n. m. journal ; quotidien
periodista n. m. journaliste
permanecer v. i. rester ; demeurer
permiso n. m. permission
permitir (Ø) v. permettre (de) ; autoriser à
perseguir [i] v. poursuivre
pertenecer a v. appartenir à
pesadilla n. f. cauchemar
pesado(a) adj. lourd(e) ; pesant(e)
pesar n. m. chagrin ; souci ; regret **a pesar de:** malgré
peso n. m. poids ; pesanteur
piadoso(a) adj. pieux(se)
pie n. m. pied **estar de pie:** être debout
piedad n. f. piété
piel n. f. peau ; cuir
pierna n. f. jambe
piña n. f. ananas
pinchar v. piquer **una rueda pinchada:** une roue crevée
pinta n. f. air **tener pinta de:** avoir l'air de
pintar v. peindre
pionero(a) adj. et n. pionnier(ère)
piso n. m. sol ; plancher ; étage ; appartement
planear v. imaginer ; envisager ; projeter
plantear v. poser ; envisager **plantear un problema:** poser un problème
plata n. f. argent (métal) ; (fam.) fric
poblador(a) n. habitant(e)
pobreza n. f pauvreté
poderoso(a) adj. puissant(e)
polideportivo n. m. palais omnisports
político n. m. homme politique
portada n. f. couverture (livre) ; une (1re page de journal)
portátil adj. portable (ordinateur)
porvenir n. m. avenir
posición n. f. situation **la posición social:** la situation sociale
postre n. m. dessert
potenciar v. donner de la force
precio n. m. prix ; valeur
precioso(a) adj. précieux(se) ; très beau/belle
precisar v. préciser ; avoir besoin de
predecir v. prédire ; anticiper
preferir [ie/i] v. préférer
prejuicio n. m. préjugé
premio n. m. récompense, prix
prenda n. f. vêtement
prensa n. f. presse
prepotencia n. f. supériorité
prescindir v. se passer
preso(a) adj./n. prisonnier(ère); détenu(e) **caer preso de:** tomber sous l'emprise de
presupuesto n. m. budget
prevalecer v. prévaloir
principiante adj. débutant(e)
probar [ue] v. prouver ; mettre à l'épreuve ; essayer ; goûter **probar fortuna:** tenter sa chance
procesado n. m. accusé
procesador n. m. traitement **procesador de textos:** traitement de texte
procurar (Ø) v. essayer (de)
promover v. promouvoir
propiciar v. favoriser
proporcionar v. fournir
propósito n. m. propos
propuesta n. f. proposition
pueblo n. m. village ; peuple
puente n. m. pont
puesta en escena n. f. mise en scène
puñado n. m. poignée
punto n. m. point **estar a punto de:** être sur le point de

Q

quedar v. rester ; demeurer **quedar con alguien:** donner rendez-vous
quedarse v. pr. rester
queja n. f. plainte
quejarse v. pr. se plaindre
quemar v. brûler

quieto(a) adj. tranquille
quimera n. f. chimère, illusion
quitar v. enlever, ôter

R

rabia n. f. rage
raíz n. f. racine
raro(a) adj. étrange, bizarre
rasgo n. m. trait ; caractéristique
rato n. m. instant
ratón n. m. souris (y compris en informatique)
real adj. réel ; royal
realce n. m. relief **poner de realce:** mettre en valeur
rebaño n. m. troupeau **un rebaño de ovejas:** un troupeau de moutons
rebelde adj. rebelle
rebeldía n. f. rébellion
rechazar v. rejeter ; refuser
rechazo n. m. rejet
recio adj. rude
reclutar v. recruter
recobrar v. retrouver
recogimiento n. m. recueillement
récord n. m. record **batir récords:** battre des records
recordar [ue] **(Ø)** v. se souvenir (de) ; se rappeler
recorrer v. parcourir
recorrido n. m. parcours
recrearse v. pr. se distraire
recreo n. m. récréation
recuerdo n. m. souvenir
recurso n. m. ressource
red n. f. réseau **las redes sociales:** les réseaux sociaux
redada n. f. rafle
reducir v. réduire
referirse v. se référer
reflejar v. refléter
refrán n. m. proverbe
regalar v. offrir
regalo n. m. cadeau
regañar v. gronder
registrar v. fouiller
regresar v. rentrer ; revenir
rehusar v. refuser
reinado n. m. règne
reino n. m. royaume
reivindicar v. revendiquer
relatar v. raconter
relato n. m. récit
relevante adj. remarquable ; brillant
relieve n. m. relief
reloj n. m. horloge ; montre ; pendule
remedio n. m. remède **no tener otro remedio:** ne pas avoir d'autre moyen
remoto(a) adj. lointain(e)
rendimiento n. m. rendement
rendir homenaje v. rendre hommage
reñir [i] v. réprimander ; se disputer
repente de n. m. soudain
reportero(a) n. reporter
represión n. f. répression
reprimir v. réprimer
requerir [ie] v. exiger
requisito n. m. condition requise **cumplir los requisitos:** remplir les conditions requises
resaltar v. détacher ; délier ; lâcher
residuo n. m. déchet
resolver [ue] v. résoudre
respaldar v. soutenir, appuyer
respecto(a) loc. au sujet de, par rapport à
restringir v. restreindre
resultar v. résulter
reto n. m. défi
retomar v. reprendre
retraso n. m. retard
retrato n. m. portrait
retumbar v. retentir, résonner
reunir(se) v./ v. pr. (se) réunir
revista de prensa n. f. revue de presse
rezar v. prier
rezo n. m. prière
riesgo n. m. risque
riqueza n. f. richesse
risa n. f. rire
robar v. voler
robo n. m. vol
rodar [ue] v. rouler ; (una película) tourner
rodear v. entourer
rogar [ue] v. supplier
romper v. casser, briser, rompre
rosario n. m. rosaire
rostro n. m. visage
rubor n. m. rougeur ; honte
ruedo n. m. centre de l'arène
ruido n. m. bruit
ruidoso(a) adj. bruyant(e)
rumbo n. m. cap ; route ; (fig.) direction
rumoroso(a) adj. murmurant(e) ; gazouillant(e)

S

sabiduría n. f. savoir ; sagesse
sabio adj. savant(e) ; sage
sabor n. m. saveur, goût
sacar v. sortir ; extraire ; ôter **sacar beneficios:** faire des bénéfices
sacudido(a) adj. secoué ; (fig.) sauvage, farouche
salir v. i. sortir ; partir
salud n. f. santé
saludable adj. sain ; salutaire
salvar v. sauver
saneamiento n. m. assainissement
sangre n. f. sang
sangriento(a) adj. sanglant(e)
santera n. f. gardienne d'un sanctuaire
santiguarse v. pr. se signer
satisfacer v. i. satisfaire
sed n. f. soif
seguir [i] v. i. suivre ; (+ gér.) continuer à
según prép. selon
seguro(a) adj. sûr(e) **estar seguro de sí:** être sûr de soi
selva n. f. forêt
semblante n. f. figure, mine
sembrar v. semer
semejante adj. semblable
semejanza n. f. ressemblance
semilla n. f. graine, semence
señalar v. marquer ; montrer
sencillez n. f. simplicité
sencillo(a) adj. simple, facile
sensatez n. f. bon sens
simular v. simuler
sindicato n. m. syndicat
siquiera adv. au moins **ni siquiera:** même pas
sitio n. m. place, endroit
sobresaliente adj. excellent (appréciation scolaire)
sobresalir v. dépasser ; se distinguer
sol n. m. soleil
soledad n. f. solitude
solicitud n. f. demande
solidaridad n. f. solidarité
sollozar v. sangloter
soltar [ue] v. détacher ; délier ; lâcher
soltero(a) adj. célibataire
sombra n. f. ombre
sombrero n. m. chapeau
someterse v. pr. se soumettre
sonar v. résonner ; avoir l'air ; dire quelque chose **suena raro:** ça a l'air bizarre ; **me suena:** ça me dit quelque chose
soñar [ue] v. i. (con) rêver (de)
sondeo n. m. sondage
sonrisa n. f. sourire
sorprenderse v. pr. s'étonner, être surpris
sortear v. éviter, esquiver
sospecha n. f. soupçon, suspicion
sostenibilidad n. f. caractère durable
sostenible adj. durable
subsuelo n. m. sous- sol
subtítulo n. m. sous-titre
suburbio n. m. banlieue
suceder v. arriver ; se produire
suceso n. m. événement
suciedad n. f. saleté
sucio(a) adj. sale
suelo n. m. sol
suerte n. f. sort ; chance **la mala suerte:** la malchance ; **tener buena suerte:** avoir de la chance
sufrir v. i. souffrir (de)
suministrar v. fournir
superarse v. pr. se dépasser, se surpasser
sustituir v. i. remplacer
susto n. m. peur
susurrado(a) adj. susurré(e)

T

tabla n. f. planche
talante n. m. humeur
talento n. m. talent
taller n. m. atelier
tamaño n. m. taille
tarea n. f. tâche ; travail (à accomplir)
tarjeta n. f. carte (à jouer ; de crédit)

tasa n. f. taux
techo n. m. toit ; plafond
teclado n. m. clavier
telediario n. m. journal télévisé
temblar [ie] v. trembler
temer v. craindre
temprano adv. tôt
tenacidad n. f. ténacité
tenso(a) adj. tendu(e)
ternura n. f. tendresse
tesoro n. m. trésor
testimonio n. m. témoignage
tienda n. f. boutique, magasin
tierno(a) adj. tendre
timbre n. m. sonnette
tinieblas n. f. pl. ténèbres
tino n. m. prudence, modération
tío n. m. oncle ; type
tirar v. jeter
títere n. m. marionnette, pantin
titular v. intituler ; se qualifier
tocar v. toucher **tocar música:** jouer de la musique
tomar v. prendre **tomar por:** prendre pour
tonelada n. f.. tonne
tontería n. f. bêtise
tópico n. m. lieu commun, cliché, idée reçue
torpe adj. maladroit(e)
tozudo(a) adj. têtu(e)
traba n. f. entrave
traer v. i. apporter, amener
tragar(se) v. pr. avaler
trago n. m. gorgée ; coup ; boisson
traición n. f. trahison
trampa n. f. piège **caer en la trampa:** tomber dans le piège
transgredir v. transgresser
trasladar v. déplacer ; transférer
tratarse de v. pr. s'agir (de)
tripulación n. f. équipage
trocear v. couper en morceaux
tronco n. m. tronc
tropa n. f troupe
trozo n. m. morceau ; bout
tumbado(a) adj. allongé(e)
tumbarse v. pr. s'allonger ; s'étendre ; se coucher
turno n. m. tour **es tu turno:** c'est ton tour
tutear v. tutoyer

U

ubicarse v. se trouver
ufólogo n. m. chercheur en ovnis
umbral n. m. seuil
urbanización n. f. lotissement
urbe n. f. cité
usar v. utiliser ; faire usage de
uso n. m. usage
usos n. pl. habitudes ; usages
usuario(a) n. usager ; utilisateur(trice)

V

vacilar v. hésiter (à) **vacilar (en):** vaciller ; chanceler
vacío n. m. vide
vacunar v. vacciner **vacunarse:** se faire vacciner
valer v. i. Valoir ; coûter **valerse:** se débrouiller tout seul
valeroso(a) adj. courageux(se)
valiente adj. courageux(se)
valor n. m. valeur ; courage
valorar v. évaluer
vanguardia n. f. avant-garde **ser vanguardista:** être à l'avant-garde
vaqueros n. m. pl. jean (pantalon)
vaso n. m. verre
vaticinar v. prédire
vecindad n. f. voisinage
vecino(a) adj./n. voisin(e)
vejez n. f. vieillesse
vela n. f. bougie ; voile
velada n. f. veillée ; soirée
velocidad n. f. vitesse
vencedor n. m. vainqueur
vendedor de ultramarinos n. m. épicier
vender v. vendre
ventaja n. f. avantage
verdadero(a) adj. vrai(e)
vergonzoso(a) adj. timide
vergüenza n. f. honte
verosímil adj. vraisemblable
verso n. m. vers
vertiente adj. versant
vestido n. m. vêtement ; robe
vestir [i] v. habiller ; porter (un vêtement)
vetar v. opposer ; mettre son véto à
vez n. f. fois
viaje n. m. voyage
victoria n. f. victoire
vigilar v. surveiller
virrey n. m. vice-roi
vistoso(a) adj. voyant(e)
vivencia n. f. vécu ; expérience
vivienda n. f. logement
voluntad n. f. volonté
voluntario n. m. bénévole
volver [ue] v. revenir
volverse [ue] v. pr. devenir
voz (voces) n. f. voix **en voz alta/baja:** à voix haute/basse
vuelta n. f. tour **dar una vuelta:** faire un tour

Y

yacimiento n. m. gisement

Z

zapatilla n. f. chaussons
zapato n. m. chaussure
zumo n. m. jus

FRANCÉS – ESPAÑOL

ABRÉVIATIONS UTILISÉES
adj. adjectif
adv. adverbe
amér. américanisme
conj. conjonction
f. féminin
fam. familier
fig. figuré
loc. prép. locution prépositionnelle
loc. conj. locution conjonctive
m. masculin
n. nom
pl. pluriel
prép. préposition
pron. pronom
sg. singulier
ue. indique la particularité du verbe
v. verbe
v.i. verbe irrégulier

A

abonnement, n. m., la suscripción
accent, n. m., **tilde ;** acento
accrocher à, v., colgar de
accueillir, v., acoger
achats, v., las compras, **faire des achats :** ir de compras
acte, n. m., el acto
acteur (actrice), n. f., el actor (la actriz)
addition (au restaurant), n. f., la cuenta ; la suma
adresser à (s'), v. pr., dirigirse a
affamé, adj., hambriento
affection, n. f., el cariño, **avoir de l'affection pour :** tener [ie] cariño a
affiche, n. f., el cartel
affreux (horrible), adj., horroroso
affrontement, n. m., el enfrentamiento
affronter, v., enfrentarse a/con
afin de, loc. prép., con el fin de
agacer, v., irritar
âge, n. m., la edad
agenouillé, adj., arrodillado
agir, v., actuar
agir de (s'), v. pr., tratarse de
aimable, adj., amable
aimer, v., plaire ; gustar
aimer quelqu'un, v., querer [ie] a alguien ; amar
aîné(e), adj., mayor
ajouter, v., añadir
aliment, n. m., el sustento ; el alimento
aller-retour, n. m., la ida y vuelta
allier (s'), v. pr., aliarse con
allongé, adj., tumbado
allumer, v., encender [ie]
allusion, n. f., la alusión
ambiance, n. f., ambiente
ambiguïté, n. f., la ambigüedad
ambitieux, adj., ambicioso
améliorer, v., mejorar
amener, v., traer
amical, adj., amistoso(a)
amitié, n. f., la amistad
amoureux (être), n. m., estar enamorado
ample (large), adj., amplio ; ancho
ampoule, n. f., la bombilla ; la ampolla
amusant, adj., divertido ; gracioso
amuser (être drôle), v., divertir [ie/i] ; hacer gracia
ancêtres, n. m. pl., los antepasados
âne, n. m., el burro
ange, n. m., el ángel
angoisse, n. f., la angustia
anniversaire, n. m., el cumpleaños ; el aniversario
anxiété, n. f., la ansiedad
apercevoir, v., ver ; divisar
apercevoir que (s'), v. pr., darse cuenta de que
apparemment, adv., aparentemente ; al parecer
apparence, n. f., la apariencia
appartenir, v., pertenecer ; ser de
appeler, v., llamar
apport, n. m., el aporte
apprendre que, v., enterarse de que
approcher de (s'), v. pr., acercarse a
approprier (s'), v. pr., apropiarse de
arènes (corrida), n. f., la plaza de toros
argent, n. m., **(métal) :** la plata , **(monnaie) :** el dinero ; **dépenser de l'argent :** gastar dinero
arme, n. f., el arma
armée, n. f., el ejército
armure, n. f., la armadura
arrêter, v., parar ; detener
arrêter de, v., dejar de ; cesar de
arriver (à Madrid), v., llegar
arriver à (parvenir à), v., conseguir [i] Ø ; lograr Ø
assassin, n. m., el asesino
assis, adj., sentado ; **assis (être) :** estar sentado
atelier, n. m., taller
atteindre, v., alcanzar ; llegar a ; (sentiment) afectar
attentif, adj., atento, **être attentif :** estar atento.
attirant(e), adj., atractivo(a)
attirer, v., atraer (comme traer)
audacieux, adj., atrevido
auditeur, n. m., el oyente
augmenter, v., aumentar ; crecer
aumône, n. f., limosna ; **faire l'aumône :** pedir limosna
aura, n. f., el aura (n.f.)
autel, n. m., el altar
avaler, v., tragar(se)
avancée, n. f., el avance
avantage, n. m., la ventaja
avant-dernier(e), n. m., el (la) penúltimo(a)
avant-garde, n. f., la vanguardia
avare, adj., avaro ; tacaño
avenir, n. m., el porvenir ; el futuro
aveugle, adj., ciego
avoir beau, v., por más que ; por mucho que
avoir du mal, v., costar
avoir lieu, v., pasar ; transcurrir ; verificarse ; tener [ie] lugar ; ocurrir
avoir une idée, v., ocurrírsele algo a alguien ; se le ocurrió consultar a una vidente

B

bagarre, n. f., la pelea
baigner (se), v. pr., bañarse
baisser, v., bajar, **baisser (la tête) :** agachar (la cabeza)
balade, n. f., el paseo, **faire une balade :** dar un paseo, dar una vuelta
banlieue, n. f., las afueras ; el suburbio
baskets, n. m., las zapatillas (de deporte)
battre (se), v. pr., pelear(se)
beauté, n. f., la belleza ; la hermosura
bénéfice, n. m., el beneficio, **faire des bénéfices :** sacar beneficios
bénévolat, n. m., el voluntariado, **être bénévole :** ser voluntario(a)
besoin, n. m., la necesidad, **avoir besoin (de) :** necesitar Ø
bidonville, n. m., el barrio de chabolas
bien-être, n. m., el bienestar
bijou, n. m., la joya
bilan, n. m., el balance
bizarre, adj., raro ; extraño
blesser, v., herir ; (sentiment) ofender
blessure, n. f., la herida
blouson, n. m., la cazadora
blue-jean, n. m., los vaqueros
bois, n. m., la madera (matière)
bonheur, n. m., la felicidad
bonté, n. f., la bondad
bouclier, n. m., el escudo
bouger, v., moverse [ue]
bougie, n. f., la vela
bourgeoisie, n. f., burguesía
bourreau, n. m., el verdugo
boutique, n. f., la tienda
bracelet, n. m., la pulsera
bruit, n. m., el ruido
bruyant, adj., ruidoso
bureau, n. m., el despacho, **les bureaux :** las oficinas
but, n. m., el objetivo ; el propósito ; la meta

C

cacher, v., esconder, ocultar, **caché :** oculto, escondido
cadeau, n. m., el regalo
cagoule, n. f., el capirote ; el pasamontañas
cahier, n. m., el cuaderno
caisse, n. f., la caja, **(cinéma ; gare) :** la taquilla ; **la caisse enregistreuse :** la caja registradora

campagne, n. f., el campo
capable, adj., capaz
caprice, n. m., el capricho
captivant(e), adj., cautivador(a)
carte (de crédit), n. f., la tarjeta, **(géographique) :** el mapa
carte d'identité, n. f., el documento nacional de identidad (DNI)
cas, n. m., el caso, **au cas où :** por si acaso
casser, v., romper, **cassé :** roto
cauchemar, n. m., la pesadilla
célibataire, adj., soltero
cesser de, v., dejar de
chagrin, n. m., el pesar ; la pena, **avoir du chagrin :** estar triste
chahuter, v., armar jaleo
chaîne, n. f., la cadena ; el canal (television)
chaise, n. f., la silla, **chaise longue :** tumbona
championnat, n. m., el campeonato
chance, n. f., la suerte, **avoir de la chance :** tener [ie] suerte ; **tenter sa chance :** probar [ue] fortuna
chantage, n. m., el chantaje
chaos, n. m., el caos
chapeau, n. m., el sombrero
charge, n. f., la embestida, la carga
chargé(e), adj., cargado(a), **(responsable) :** encargado(a)
charmant(e), adj., encantador(a), **le prince charmant :** el principe azul
charme, n. m., el encanto
chasseur, n. m., el cazador
chaud, adj., **(temps)** caloroso ; **(ambiente)** cálido **(chose) ;** caliente
chef, n. m., el jefe
chef-d'œuvre, n. m., la obra maestra
chemin de fer, n. m., el ferrocarril
chewing-gum, n. m., el chicle
chez, prép., en casa de ; a casa de, **rentrer chez soi :** volver a casa
chiffon, n. m., el trapo, **(vêtements) :** trapos
chiffre, n. m., la cifra
choisir, v., escoger (comme coger) ; elegir [i]
choix, n. m., la opción, **ne pas laisser / avoir le choix :** no dejar / tener [ie/i] opción
chômage, n. m., el paro ; el desempleo
chute, n. f., la caída
cible, n. f., blanco
citoyen, n. m., el ciudadano
classeur, n. m., la carpeta
clavier, n. f., teclado
coffre, n. m., el baul, **(voiture) :** el maletero ; **(banque) :** la caja fuerte
cohabiter, v., convivir
colère, n. f., la cólera, la ira, **être en colère :** estar furioso
collé, adj., pegado
compagnie, n. f., la compañía, **tenir compagnie :** hacer (irrég.) compañía
comporter, v., constar de
comporter (se), v. pr., comportarse
composer, v., componer, **composé :** compuesto
compte, n. m., la cuenta, **se rendre compte de :** darse cuenta de que
concerner, v., concernir [ie], **en ce qui concerne :** respecto a, en lo que se refiere a
concurrence, n. f., la competencia
condamner, v., condenar
conduire, v., conducir
confrérie, n. f., la cofradía
conquérir, v., conquistar
consacrer à (se), v. pr., dedicarse a
conseil, n. m., el consejo
conseiller (municipal), n. m., el concejal
consister à, v., consistir en
consommateur, n. m., el consumidor
consommation, n. f., el consumo
contenir, v., contener
contenter de (se), v. pr., contentarse con ; conformarse con
contravention, n. f., la multa
contrepartie, n. f., la compensación ; la contrapartida
convaincant, adj., convincente
convaincre, v., convencer ; persuadir
convenable (tenue) , adj., decente ; conveniente
convivial, adj., amistoso
coquillage, n. m., el caracol
corne, n. f., el cuerno
corps, n. m., el cuerpo
costume, n. m., el traje
coup, n. m., el golpe, **tout à coup :** de pronto, de repente
coup de corne, n. m., la cogida
couple, n. m., la pareja, (marié) ; un matrimonio
couplet, n. m., la copla
cour, n. f., el patio
courage, n. m., el valor ; el ánimo
courageux, adj., valiente
cours (d'histoire), n. m., la clase
couteau, n. m., el cuchillo
coûter, v., costar [ue] ; valer (irrég.)
coutume, n. f., la costumbre
craindre, v., temer, **craindre que :** temer que + subj.
cri, n. m., el grito
croix, n. f., la cruz
croyance, n. f., la creencia
cruauté, n. f., la crueldad
culte, n. m., el culto
culture (agricole) , n. f., el cultivo, **(intellectuelle) :** la cultura

D

danger, n. m., el peligro, **courir des dangers :** correr peligros
débarquer, v., desembarcar
débarrasser de (se)(quelqu'un/quelque chose), v. pr., deshacerse de (alguien/algo)
débattre, v., debatir
débrancher, v., desconectar, **(appareil électrique) :** desenchufar
débrouiller (se), v. pr., arreglárselas ; buscarse la vida
déchet, n. m., el desperdicio ; el desecho
découverte, n. f., el descubrimiento
défaite, n. f., la derrota
défaut, n. m., el defecto
défendre, v., defender [ie] ; prohibir
défi, n. m., el reto
défier, v., desafiar
dégager (se) (une impression), v., desprenderse (una impresión)
déguisement, n. m, el disfraz
déité, n. f., la deidad
demander (poser une question), v., preguntar
démodé, adj., pasado de moda ; anticuado
démon, n. m., el demonio
dénouement, n. m., el desenlace
dépêcher (se), v. pr., darse prisa, apresurarse a
dépenser de l'argent, v., gastar dinero
dépliant, n. m., el folleto
dérouler (se), v. pr., desarrollarse
désintéresser de (se), v. pr., desinteresarse (de)
désir, n. m., el deseo ; el anhelo
désolé (être), v., sentirlo, **je suis désolé(e) :** lo siento
destinataire, n. m., el destinatario
détendre (se), v. pr., relajarse
détracteur, n. m., el detractor
dette, n. f., la deuda
développement, n. m., el desarrollo
devenir, v., volverse, **devenir triste :** ponerse triste
deviner, v., adivinar
diable, n. m., el diablo
dieu, n. m., el dios (los dioses)
différer, v., diferir
dire au revoir, v., despedirse
disparaître, v., desaparecer (irrég.)
disputer (se), v., reñir [i] ; discutir
divertissant, adj., divertido
divinité, n. f., la divinidad
documentaire, n. m., el documental
dommage (c'est), n. m., es una lastima ; es una pena
donnée, n. f., el dato
douleur, n. f., el dolor
doute, n. m., la duda, **il n'y a pas le moindre doute :** no cabe la menor duda
douter de (se), v. pr., sospechar
doux, adj., suave ; dulce
drapeau, n. m., la bandera
drôle, adj., gracioso, divertido (comique ; amusant)
durée, n. f., la duración

E

ébahi, adj., atónito
échanger (contre), v., cambiar (por)
échec, n. m., el fracaso
échelle, n. f., la escalera
éclairer, v., alumbrar
éclater, v., estallar
économiser, v., ahorrar
écran, n. m., la pantalla
effort, n. m., el esfuerzo
effrayant(e) , adj., espantoso(a)
effrayer, v., asustar

éloigné (espace), adj., alejado
embaucher, v., contratar
émission, n. f., la emisión, **émission de télévision :** programa televisión
émouvant, adj., emocionante ; conmovedor
émouvoir, v., conmover [ue]
empêcher de, v., impedir [i] Ø
empereur, n. m., el emperador
emporter, v., llevar
en fin de compte, loc. adv., al fin y al cabo
en vigueur, loc. adv., vigente
encourager, v., alentar [ie] ; animar, (fig) fomentar
enfance, n. f., la niñez ; la infancia
enfermer, v., encerrar [ie]
engager à (s') , v. pr., comprometerse (a)
énigme, n. f., el enigma
ennui, n. m., el fastidio ; el aburrimiento
ennuyer (s') , v. pr., aburrirse
enquête, n. f., la investigación
enraciné, adj., arraigado
enrichir (s') , v. pr., enriquecerse
ensanglanté, p. p., ensagrentado
enseignement, n. m., la enseñanza
enseigner, v., enseñar
entendre, v., oír (irrég.)
entraîner, v., acarrear, entrenar
envahisseur, n. m., el invasor
envie, n. f., la gana, **avoir envie de :** tener [ie/i] ganas de
environnement, n. m., el entorno ; el medio ambiente
épée, n. f., la espada
éprouver (un sentiment), v., experimentar
équipage, n. m., la tripulación
équipe, n. f., el equipo
esclavage, n. m., la esclavitud
espionner, v., espiar
espoir, n. m., la esperanza, **dans espoir de/que :** con esperanza de/que
esprit, n. m., el espíritu ; la mente, **venir à l'esprit (à l'idée) de quelqu'un :** ocurrírsele a alguien
essayer de, v., tratar de ; intentar Ø ; procurar Ø
état d'esprit, n. m., el estado de ánimo
éteindre, v., apagar
étoile, n. f., la estrella
étrange, adj., extraño ; raro
étranger, n. m., el extranjero
évader (s') , v. pr., evadirse
événement, n. m., el evento ; el acontecimiento
évoluer, v., evolucionar
excuser, v., disculpar
exemplaire, adj., ejemplar
exploit, n. m, la hazaña ; la proeza
exprès, adv., a propósito
expression (sur le visage), n. f., el gesto, **le faire exprès :** hacerlo a propósito, adrede
exprimer, v., expresar

F

faible, adj., débil ; desvalido, **facile à :** fácil de + inf. ; **facile de :** fácil + inf.
faim, n. f., el hambre, casi + verbe au présent ; **j'ai failli tomber :** casi me caigo
fainéant(e), adj., holgazán ; vago(a) ; perezoso(a)
faire (avoir) de l'effet, v., impactar ; tener impacto
faire allusion à, v., aludir a
faire partie, v., formar parte
faire peur, v., dar miedo
faire plaisir, v., complacer
faire prendre conscience, v., concienciar
faire semblant de, v., fingir Ø ; hacer como que ; hacer como quien
farce, n. f., la broma, **faire une farce :** gastar una broma
fatigue, n. f., el cansancio
feindre, v., fingir ; hacer como si
femme de ménage, n. f., la asistenta
fer à cheval, n. m., la herradura
feu, n. m., el fuego
fictif, adj., ficticio
fiction, n. f., la ficción
fier, v., orgulloso ; ufano
fier à (se), v. pr., fiarse de
fierté, n. f., el orgullo
fixe, adj., fijo
flamboyant, adj., resplandeciente ; brillante
flamme, n. f., la llama
fléchette, n. f., la flechilla
fleuve, n. m., el río
foi, n. f., la fe
fois, n. f., una vez (unas veces)
folie, n. f., la locura
fonder, v., fundar
fonte, n. f., el deshielo
force, n. f., la fuerza
forêt , n. f., la selva
forum, n. m., el foro
fou, adj., loco
fouiller (lieu ; personne), v., registrar ; excavar
foulard, n. m., el pañuelo
foule, n. f., la muchedumbre ; la multitud
fournir, v., proporcionar
frimer, v., chulear ; fardar
fuir, v., huir (verbes en -uir) ; escapar

G

gagner sa vie, v., ganarse la vida
gaspiller, v., despilfarrar ; malgastar
gâté, adj., mimado, **un enfant gâté :** un niño mimado
gêner, v., molestar
genou, n. m., la rodilla
geste, n. m., el ademán, el gesto
gloire, n. f., la gloria
grand magasin, n. m., el gran almacén
grandeur, n. f., la grandeza, **(taille d'une personne) :** alto ; **plus grand :** mayor
guider, v., guiar

H

habitude, n. f., la costumbre
haïr, v., odiar
halo, n. m., el halo
handicapé, adj., discapacitado ; minusválido
harcèlement, n. m., el acoso
hasard, n. m., el azar
héritage, n. m., la herencia ; el legado
hériter, v., heredar
hésiter, v., vacilar ; dudar, **hésiter à :** dudar en ; vacilar en
heureusement, adv., afortunadamente
hispanophone, adj., hispanohablante
hommage, n. m., el homenaje, **rendre hommage :** rendir culto / homenaje
honnête, adj., honrado
honte, n. f., la vergüenza

I

illusion, n. f., la ilusión
impitoyable, adj., despiadado
impliquer (s'), v. pr., implicarse ; involucrarse
inconvénient, n. m., el inconveniente
incroyable, adj., increíble ; inaudito
inégalité, n. f., la desigualdad
influer sur, v., influir (verbes en -uir) en, **avoir de influence sur :** ejercer influencia sobre/en
inscrire sur un site (s'), v. pr., registrarse
insouciance, n. f., la despreocupación
intégrer, v., incorporarse
interdire de, v., prohibir que (+ subj.)
intéresser à (s'), v. pr., interesarse por
invraisemblable, adj., inverosímil
isolé, adj., aislado

J

jalousie, n. f., los celos
jaloux(se), adj., celoso(a)
jeter, v., echar ; tirar
joie, n. f, la alegría
jouer, v., jugar [ue], **jouer un rôle :** desempeñar un papel ; **jouer de la musique :** tocar Ø música ; **jouer dans un film :** actuar
journal, n. m., el diario ; el periódico
joyeux, adj., alegre
juger, v., juzgar

L

lâche, adj., cobarde
laid, adj., feo
lampe, n. f., la lámpara
lance, n. f., la lanza
lancer, v., tirar
larmes, n. f. pl., las lágrimas

lendemain, n. m., el día siguiente, **(complément de temps) :** al día siguiente
lettre (alphabet), n. f., la letra, **(courrier) :** una carta
liberté, n. f., la libertad
lien, n. m., el vínculo ; el nexo
lit, n. m., la cama
locataire, n. m., el inquilino
location, n. f., el alquiler
lointain (espace), adj., alejado, **(espace et temps) :** remoto
loisir, n. m., el ocio
longtemps, adv., mucho tiempo, **il y a longtemps :** hace mucho tiempo, en tiempos remotos
lunettes, n. f., las gafas
lutte, n. f., la lucha, **la lutte pour la vie :** la lucha por la vida
lutter (pour), v., luchar (por)

M

magasin, n .m., la tienda
magazine, n. m., la revista
maillot (de bain), n. m., el traje de baño, **maillot de foot :** camiseta
mairie, n. f., el ayuntamiento ; la alcaldía
maître (le chef), n. m., el amo ; el jefe, **(d'école) :** el maestro
majeur, adj., mayor de edad
majorité, n. f., la mayoría
maladie, n. f., la enfermedad
malchance, n. f., la mala suerte
malheur, n. m., la desgracia
malin(e), adj., astuto(a)
manifestation, n. f., la protesta ; la manifestación
manque, n. m., la falta
manquer de, v., carecer de, manquer **(faire défaut) :** faltar (**il en manque deux :** faltan dos)
marcher, v., andar ; caminar
mariage , n. m., la boda, el casamiento
marier (se), v. pr., casarse
match, n. m., el partido
méchanceté, n. f., la maldad
méchant, adj., malo, **être méchant :** ser malo
médicament, n. m., la medicina ; el medicamento
méfiance, n. f., el recelo, la desconfianza
méfier de (se), v. pr., desconfiar (de)
meilleur, adj., mejor
mélange, n. m., la mezcla
mélanger, v., mêler ; mezclar
mêler de (se), v. pr., meterse en
menacer, v., amenazar ; menacer de ; amenazar con
mensonge, n. m., la mentira
mépris, n. m., el desprecio ; el menosprecio
mépriser, v., despreciar ; menospreciar
mérite, n. m., el mérito
mesure, n. f., la medida
mesure que (à) ; au fur et à mesure que, loc. conj., a medida que
métier, n. m., el oficio
métis, n. m., el mestizo
métissage, n. m., el mestizaje
metteur en scène (ciné.), n. m., el director
mettre en évidence, v., evidenciar, **se mettre à :** ponerse a
miracle, n. m., el milagro
mise au point, n. f., el enfoque, la puntualización
mise en scène, n. f., la escenificación
montée, n. f., la subida
montrer, v., mostrar [ue]
moquer de (se), v. pr., burlarse de
morale, n. f., la moraleja
morceau, n. m., el trozo ; el pedazo
morcelé, adj;, troceado
mot de passe, n. m., la contraseña
mouvant, adj., movedizo

N

nager, v., nadar
naïf, adj., ingenuo ; inocente
naître, v., nacer (verbes en –acer)
naïveté, n. f., la ingenuidad
natalité, n. f., la natalidad
navire, n. m., el buque ; la nave
négliger, v., descuidar ; desatender
neige, n. f., nieve
nettoyer, v., limpiar
n'importe quel ; n'importe qui, pron., cualquiera, **n'importe quoi :** cualquier cosa ; **n'importe où :** dondequiera ; **n'importe quand :** en cualquier momento ; cuando sea
niveau, n. m., el nivel, **niveau de vie :** el nivel de vida ; **au niveau de :** a nivel de
nombreux, adj., numerosos
noter, v., notar ; apuntar, **prendre des notes :** tomar apuntes
nouer, v., amarrar
nourrir (se), v. (pr.), alimentar(se)
nuage, n. m., la nube
nuancer, v., matizar
nuire, v., perjudicar
nuisible, adj., dañino ; perjudicial

O

obéir, v., obedecer (verbes en –ecer)
obéissant, adj., obediente
objectif, n. m., el objetivo, la meta
objectivité, n. f., la objetividad
obtenir, v., conseguir [i] (comme seguir) ; obtener [ie] (comme tener)
occuper (un lieu), v., tomar, ocupar
occuper de (s'), v. pr., cuidar, ocuparse de, atender [ie]
oppresseur, n. m., el opresor
optique, adj., óptico (ilusión óptica)
ordonner, v., mandar Ø, ordenar
ordre, n. m., la orden
origine, n. f., el origen (n. m.), **tirer son origine de :** originarse en
oser, v., atreverse (a) ; osar
oubli, n. m., el olvido, **tomber dans l'oubli :** caer en el olvido
ouverture, n. f., la apertura
ouvrier, n. m., el obrero

P

papiers d'identité, n. m., la documentación
papillon, n. m., la mariposa
paradoxe, n. m., la paradoja
paraître, v., parecer
parasol, n. m., el quitasol, la sombrilla
parcours, n. m., el recorrido
parenté, n. f., el parentesco
parents, n. m. pl., los padres
parodie, n. f., la parodia
paroles (d'une chanson), n. f., la letra
part, n. f., la parte, **d'une part :** por una parte ; **d'autre part :** por otra parte ; nulle part : en ninguna parte ; **quelque part :** en alguna parte
partager, v., compartir
partir, v., irse ; marcharse ; salir, partir en vacances ; irse de vacaciones
partisan, n. m., el partidario
passer (se), v. pr., ocurrir ; pasar ; suceder ; acontecer
pause, n. f., la pausa
paysan, n. m., el campesino
peau, n. f., la piel
peine, n. f., la pena
peintre, n. m., el pintor
pèlerinage, n. f., la peregrinación
pendentif, n. m., el colgante
pénible, adj., fastidioso
pénitent, n. m., el penitente
penser à, v., pensar [ie] en
pénurie, n. f., la penuria
permettre, v., permitir Ø
perroquet, n. m., el loro
persévérant, adj., tenaz
personnification, n. f., la personificación
peuple, n. m., el pueblo
peur, n. f., el miedo, **faire peur :** dar miedo
pied, n. m., el pie
piège, n. m., la trampa, **tomber dans le piège :** caer en la trampa
piéton, n. m., el peatón, **le passage pour piétons :** el paso de peatones
pitié, n. f., la compasión, la piedad
pitoyable, adj., lastimoso
plaire, v., gustar
plaisanter, v., bromear
plan, n. m., el plano, **au premier plan :** en el primer plano, en el primer término ; **un gros plan :** un primer plano
plein, adj., lleno
plein temps (à), loc. adv., a jornada completa
pleurer, v., llorar
pleurs, n. m. pl., el llanto

pleuvoir, v., llover [ue]
pluie, n. f., la lluvia
plupart, n. f., la mayor parte ; la mayoría, **la plupart du temps :** casi siempre
plutôt, adv., más bien
point de vue, n. m., el punto de vista, **du point de vue de :** desde el punto de vista de
poli, adj, educado, cortés
politique, n. f., la política
pollution, n. f., la contaminación, la polución
porte-bonheur, n. m., el amuleto
portée, n. f., el alcance
porter, v., llevar, cargar
portrait, n. m., el retrato, **faire le portrait de :** retratar a
poser, v., poner ; colocar, **poser un problème :** plantear un problema ; **(pour une photo) :** posar
pousser, v. , empujar, crecer
pouvoir, v., poder [ue]
pratiquer, v., practicar
précieux, adj., precioso
prédire, v., predecir (v.i.)
préjugé, n. m., el prejuicio
prendre, v., tomar ; coger, **prendre au sérieux :** tomar en serio ; **ne pas prendre au sérieux :** tomar a broma ; bromear ; prendre
prendre la tête, v., encabezar, liderar
prendre pour (se) , v. pr., dárselas de
prêter attention à, v., fijarse en
prier, v., rezar ; **prier de :** rogar [ue] que + subj
prince, n. m., el príncipe
princesse, n. f., la princesa
prix, n. m., el precio (de un producto) ; el premio (de un concurso)
procédé, n. m., el procedimiento ; el recurso
produire, v., producir (verbes en –ucir)
produire (se), v., ocurrir ; pasar ; suceder ; acontecer
profil, n. m., el perfil
profiter, v., aprovechar, **profiter de l'occasion :** aprovechar la ocasión ; **tirer un gain de :** sacar provecho de
proie, n. f., la presa, **être proie de :** ser presa de
projection, n. f., la proyección
promenade, n. f., el paseo
proposer, v., proponer (comme poner), **proposer de :** proponer que + subj.
provocant, adj., provocativo
publicité, n. f., el anuncio, la publicidad
publier, v., publicar
puissance, n. f., la potencia ; el poder ; la fuerza
puits, n. m., el pozo
punir, v., castigar

Q

quartier, n. m., el barrio
quoi qu'il en soit, loc., sea lo que sea
quotidien, n. m., cotidiano ; diario

R

racine, n. f., la raíz
raconter, v., relatar ; contar [ue] ; narrar
rage, n. f., la rabia
ranger, v., guardar, **être rangé :** estar guardado
rappeler (se), v. pr., recordar (ue)
rapport, n. m., la relación, **par rapport à :** con relación a
rassemblement, n. m., la reunión ; la agrupación
rassembler, v. pr., agrupar ; reunir
rassurer (se), v., tranquilizar(se)
réagir, v., reaccionar
réalisateur, n. m., el director (de cine)
rebelle, adj., rebelde
rébellion, n. f., la rebelión
réchauffement, n. m., el calentamiento
recherche, n. f., la búsqueda ; la investigación , **être à la recherche de :** estar en busca de
récit, n. m., el relato
réclamer, v., exigir, reclamar
réconforter, v., confortar
recueillement, n. m., el recogimiento
recul, n. m., el retroceso
réfléchir, v., reflexionar
réforme, n. f., la reforma
refrain, n. m., el estribillo
refuser de, v., negarse [ie] a
régime, n. m., el régimen (regímenes), la dieta
règne, n. m., el reinado
régression, n. f., el retroceso
regretter , v., arrepentirse ; **déplorer :** sentir [ie/i], **(l'absence de quelqu'un ou de quelque chose) :** echar de menos
rejet, n. m., el rechazo ; **(en poésie) :** el encabalgamiento
relever (dans un document), v., entresacar
relief, n. m., el relieve, **mettre en relief :** poner de relieve, de realce, de manifiesto ; destacar
relier, v., relacionar ; vincular
remarquer, v., notar, **faire remarquer :** advertir [ie/i]
remercier, v., dar las gracias
remonter, v., volver a subir, **remonter à l'Antiquité :** remontarse a la Antigüedad
rencontre, n. f., el encuentro
rencontrer, v., encontrar [ue] ; conocer
rendement, n. m., el rendimiento
rendez-vous, n. f., la cita, **donner rendez-vous :** dar cita ; **avoir rendez-vous :** quedar con
rendre compte (se), v. pr., darse cuenta (de que)
rendre service, v., echar una mano
renforcer, v., reforzar [ue]
rentrer, v., regresar
renvoyer (à quelque chose), v., remitir
répandre (se), v. pr., difundise
reposer (se), v. pr., descansar
réprimander, v., reñir [i]
réseau, n. m., la red
respectueux, adj., respetuoso
ressembler (se), v. pr., parecerse
ressembler à, v., parecerse a (comme parecer)
ressentir, v., sentir [ie/i] ; experimentar
reste, n. m., el resto ; lo demás
rester, v., quedar ; **rester bouche bée :** quedarse boquiabierto
restreindre, v., restringir
résumé, n. m., el resumen, **en résumé :** en resumidas cuentas
retour, n. m., el regreso ; la vuelta
réussir, v., aprobar ; **réussir à :** lograr Ø ; conseguir [i] Ø
rêve, n. m., el sueño
réveiller, v., despertar [ie]
revendication, n. f., la reivindicación
revendiquer, v., reivindicar
revenir, v., volver [ue] ; regresar
rêver de , v., soñar con [ue], **rêver de :** soñar con
révolte, n. f., la revuelta
richesse, n. f., la riqueza
risque, n. m., el riesgo, **prendre des risques :** tomar riesgos
risquer, v., arriesgar
rituel, n. m., el ritual
robe, n. f., el vestido
rôle, n. m., el papel ; el rol, **jouer un rôle :** desempeñar un papel
roman, n. m., la novela
romancier, n. m., el novelista (la novelista)
royaume, n. m., el reino
rude, adj., recio, rudo
rusé, adj., astuto
rythme, n. m., el ritmo

S

sable, n. m., la arena
saint, n. m., el santo
saisir, v., agarrar
saison, n. f., la estación
salaire, n. m., el salario ; el sueldo
sang, n. m., la sangre
santé, n. f., la salud
satire, n. f., la sátira
satisfaire, v., satisfacer (comme hacer)
sauver, v., salvar
savant, n. m., el sabio
savoir, v / n. m, el saber
scénario, n. m., el guión (cine)
scène, n. f., la escena, **être sur scène :** estar en el escenario ; **entrer en scène :** salir a escena
science-fiction, n. f, ciencia ficción
sécher, v., secar
ségrégation, v. f., la segregación
semblable, adj., parecido ; semejante
sembler, v., parecer
sensibiliser, v., sensibilizar
sentir (odorat), v., oler (huele a)
séquence filmique, n. f, la secuencia fílmica
séquestration, n. f., el secuestro
sérieux, adj., serio
servir à, v., servir para
sigle, n. m., la sigla

signaler, v., señalar
signer (se), v. pr., santiguarse
simple, adj., sencillo
soigné, adj., esmerado
sol, n. m., el suelo
solidarité, n. f., la solidaridad
solitude, n. f., la soledad
sommeil, n. m., el sueño, **avoir sommeil :** tener [ie/i] sueño
sorte de, n. f., una especie de
sortir (en se déplaçant), v., salir, **(tirer ; ôter) :** sacar
soucieux, adj., preocupado, **être soucieux :** estar preocupado
soudain, adj., repentino
soudain, adv., de repente ; de súbito
souffrance, n. f., el sufrimiento, el dolor
souhait, n. m., el deseo
souhaiter, v., desear
soulèvement, n. m., el levantamiento
souligner, v., subrayar
source, n. f., la fuente
souriant, adj., sonriente
sourire, n. f., la sonrisa
sourire, v., sonreír [i]
souris, n. f., el ratón
sous-développé, adj., subdesarrollado
soutien, n. m., el apoyo
souvenir, n. m., el recuerdo
souvenir de (se), v. pr., recordar [ue] Ø
souvent, adv., a menudo ; muchas veces, acordarse [ue] de
sponsoriser, v., patrocinar
spontané, adj., espontáneo
sport, n.m., el deporte
sportif, adj., deportivo
sportif, n. m., el deportista
spot publicitaire, n. m., el anuncio
star, n. f., la estrella
strophe, n. f., la estrofa
succéder, v., suceder, **fig :** heredar
succès, n. m., el éxito
suffire de, v., bastar con, **il suffit de :** basta con
suggérer, v., sugerir [ie/i], **suggérer de :** sugerir [ie/i] que + subj.
suivre, v., seguir [i]
sujet de (au), loc. prép., a própósito de ; acerca de, **à ce sujet :** al respecto
supporter, v., sostener ; aguantar ; soportar (aguantar el ruido)
sûr, adj., seguro
surmonter, v., superar
surnaturel, adj., sobrenatural
surprenant, adj., sorprendente
surprendre, v., extrañar ; sorprender
surpris (être), v., sorprenderse
surveiller, v., vigilar
susciter, v., sucitar, infundir
suspendu, adj., pendiente
suspense, n. m., el suspense

T

tableau (art), n. m., el cuadro ; el lienzo
tâche (de sang), n. f., la mancha
taille, n. f., el tamaño
talent, n. m., el talento
témoignage, n. m., el testimonio
témoin, n. m., el testigo, **être témoin de :** ser testigo de
temps, n. m., el tiempo, **de temps en temps :** de vez en cuando
tendresse, n. f. , la ternura
terme (un mot), n. m., el término
terminer, v., acabar, terminar
tête, n. f., la cabeza
théâtre, n. m., el teatro
tirer une conclusion, v., sacar una conclusión
titre, n. m., el título
toit, n. f., el techo
tolérance, n. f., la tolerancia
tomber, v., caer(se) ; irrég
toucher, v., tocar, (fig) emocionar
tournée, n. f., la gira
tourner, v., dar vueltas a ; girar, **tourner un film :** rodar una película
tournoi, n. m., el torneo
traduire, v., traducir
trahir, v., traicionar
trahison, n. f., la traición
transformer en (se), v. pr., convertirse [ie/i] en
travailler à l'étranger, v., trabajar en el extranjero
traverser, v., cruzar, atravesar [ie]
trembler, v., temblar [ie]
triomphe, v., el triunfo
tromper, v., engañar, **se tromper :** equivocarse
tromperie, n. f., el engaño
trouver, v., encontrar [ue] ; hallar, **(réussir ; voir juste) :** acertar [ie]
trouver (se), v. pr., estar ; hallarse
tuer, v., matar
tunique, n. f., la túnica

U

unique, adj., único
urgent, adj., urgente
utilisation, n. f., el uso

V

vacances, n. f. pl., las vacaciones, **être en vacances :** estar de vacaciones ; **partir en vacances :** irse de vacaciones
vague, n. f., la ola
vainqueur, n. m., el vencedor
valeur, n. f., (le courage) el valor ; **les valeurs :** las valores, **mettre en valeur :** poner de realce
valoir, v. ir., valer
vanter, v., alabar
venir, v., venir, **venir de (+inf.) :** acabar de ; **venir à l'esprit (à l'idée) de quelqu'un :** ocurrírsele a alguien
vérifier, v., comprobar [ue].
verre, n. m., el cristal (matière) ; el vaso ; la copa (pour les alcools)
vers (d'un poème), n. m., el verso, **un vers octosyllabique :** un verso octosilábico
vêtements, n. m. pl., la ropa
vide, n. m., el vacío ; adj. estar vacío
vie quotidienne, n. f., la vida cotidiana
vieux, adj., viejo, **(pour les objets) :** antiguo
vif, adj., llamativo, **des couleurs vives :** colores llamativos
visage, n. m., la cara ; el rostro
viser, v., apuntar
vite, adv., pronto ; de prisa, **le plus vite possible :** cuanto antes
vitesse, n. f., la velocidad ; la rapidez
vivant, adj., viviente
vivre ensemble, v., convivir
voix, n. f., la voz (voces)
vol (délit), n. m., el robo, **(en l'air) :** el vuelo
voler (délit), v., volar, robar
voleur, n. m., el ladrón
volonté, n. f., la voluntad, **une volonté de fer :** una voluntad férrea
vouloir, v., querer [ie]
voyager, v., viajar, **voyager dans le monde :** viajar por el mundo
voyant, adj., vistoso
voyante, n. f., la vidente
vrai , adj., real ; verdadero, **c'est vrai :** es verdad ; es cierto ; **il est vrai que :** es verdad que
vraisemblable, adj., verosímil
vue, n. f., la vista

W

week-end, n. m., el fin de semana

PARA NAVEGAR

NUEVAS TECNOLOGÍAS

LEXIQUE

El ordenador, la computadora *(am.)*

el monitor
le moniteur

la pantalla
l'écran

el lector CD
le lecteur de CD

el ratón, el mouse *(am.)*
la souris

el teclado (una tecla)
le clavier (une touche)

la webcam
la webcam

la impresora
l'imprimante

el pen,
el pen-drive,
el lápiz
la clé USB

el altavoz
le haut-parleur

Internet

la red: *le Web*
la dirección de correo electrónico: *l'adresse électronique*
un sitio Web, una página Web: *un site web, une page web*
la portada, la página inicial: *la page d'accueil*
el buscador, el motor de búsqueda: *le moteur de recherche*
la contraseña: *le mot de passe*

navegar: *naviguer*
conectarse: *se connecter*
teclear: *taper (sur un clavier)*
hacer clic, cliquear, pulsar, pinchar: *cliquer*
descargar, bajar: *télécharger*
salvar, guardar: *sauvegarder*
insertar: *insérer*
copiar / pegar: *copier / coller*

RECHERCHES SUR INTERNET

Pour réussir vos "*ciberinvestigación*"

Une sélection de sites vous est proposée* dans les pages *Nuevas Tecnologías* pour effectuer vos recherches sur Internet. Ce ne sont que des pistes ; il est possible que certains liens ne soient plus actifs. Dans ce cas, passez par un moteur de recherche et des mots clés pour retrouver l'information recherchée.

* Sur *nuevas-voces.com* accédez d'un simple clic à notre sélection de sites et à des conseils méthodologiques pour trouver rapidement les informations.

CLAVIER 

Obtenir les caractères spécifiques à l'espagnol sur un clavier

• Sur un ordinateur de bureau

Pour écrire les caractères spéciaux de l'alphabet espagnol et la ponctuation, il suffit de maintenir enfoncée **la touche ALT** et de taper le code numérique indiqué ci-dessous. Attention, pour utiliser ces combinaisons, il faut penser à activer **la touche NumLock** du pavé numérique (à droite du clavier).

Majuscules

Á	ALT + 181
É	ALT + 144
Í	ALT + 214
Ó	ALT + 224
Ú	ALT + 233
Ñ	ALT + 165

Minuscules

á	ALT + 160
í	ALT + 161
ó	ALT + 162
ú	ALT + 163
ñ	ALT + 164

Ponctuation

¿	ALT + 168
¡	ALT + 173

• Sur un ordinateur portable

Par exemple sous *Microsoft Office 2007*, sous l'onglet ***Insertion***, puis dans le groupe ***Symboles***, cliquez sur ***Symbole*** puis sur ***Autres symboles***.
La fenêtre ***Caractères spéciaux*** s'ouvre et vous permet de sélectionner le caractère à insérer.

▸ Plus d'informations sur le site :
www.nuevas-voces.com

LOGICIELS : MODE D'EMPLOI

OPENOFFICE : suite bureautique

OpenOffice est une suite bureautique complète et gratuite proposant entre autres un traitement de texte *(Writer)*, un tableur *(Calc)* et un logiciel de présentation multimédia *(Impress)*.
Ces différents outils vous permettront de vous familiariser avec les logiciels de bureautique et d'acquérir des compétences utiles dans un environnement professionnel.

▸ Plus d'informations sur le site :
nuevas-voces.com

OPENOFFICE IMPRESS : créer vos présentations multimédia

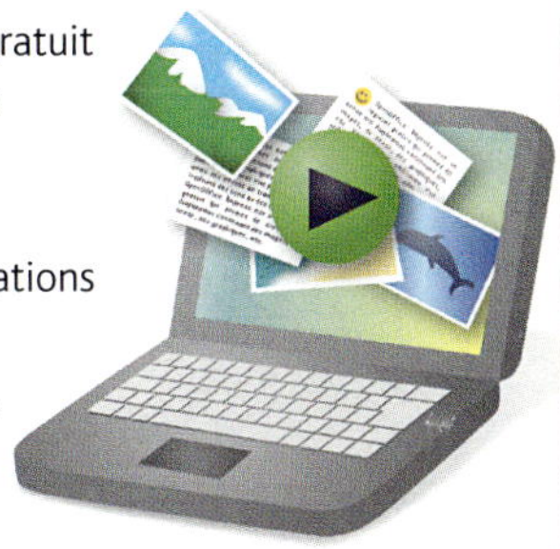

OpenOffice Impress est un logiciel gratuit qui permet de créer des diaporamas contenant des images, du texte, des graphiques, etc.
Vous pourrez améliorer vos présentations avec des effets de transition ou en insérant des sons ou des clips vidéo.

▸ Un mode d'emploi accessible à tous sur le site *nuevas-voces.com*

AUDACITY : créer et monter vos fichiers audio

Audacity est un logiciel gratuit et très simple d'utilisation : il permet d'enregistrer, de lire, d'importer et d'exporter des fichiers audio mais surtout d'enregistrer votre voix et de l'écouter.
Vous pourrez traiter vos sons avec les commandes *Couper*, *Copier* et *Coller*, combiner les pistes et ajouter des effets à vos enregistrements.

▸ Un mode d'emploi accessible à tous sur le site *nuevas-voces.com*

Crédits photographiques et illustrations

Couverture :		Bertrand Desprez/Agence Vu
8, 9		Santiago Bustelo
10	1	© EL DESEO D.A. S.L.U
10	2	*Ché Guevara*, 1960 Alberto Díaz Gutierrez dit, Korda/© ADAGP, Banque d'Images, Paris 2011
10	3	John Greim/Age Fotostock
10	4	Fototeca Aragón/Efe/Sipa Press
10	5	Lorenvu/Nivier/Niko/Sipa Press
10	6	*The legend of Zorro*, 2005, Antonio Banderas, Columbia Pictures/Cooper, Andrew/Album/Akg Images
11	1	Rafael Manzanares/Efe/Sipa Press
11	2	Bettmann/Corbis
11	3	© Joaquín S. Lavado (QUINO)/Caminito S.a.s. Literary
11	4	Action Press/Abaca Press
11	5	Frederic J. Brown/AFP
12		Carlos Capello/Efe/Sipa Press
14		Oscar Carriquí
15	1	Macarena Salas
15	2	Sergio Larraín/Magnum Photos
16		Allen Bryan/Corbis
17		*El camino de San Diego*, Carlos Sorín/Archives du 7e Art
18	1	Enrique Flores
18	2	Bertrand Gardel/Hemis.fr
18	3	Bertrand Desprez/Agence Vu
19	1	*Diarios de motocicleta*, Walter Salles, Focus Features, 2004/Album/Akg Images
19	2	Akg Images
19	3	Lalo Yasky/AFP
20		www.rafaelnadal.com/es
21		Domenech Castelló/Efe
22	1	Arid Ocean-Fotolia.com
22	2	*El Dorado*, Carlos Saura, 1988, producteurs Chrysalide Films et Cia Ibero Americana de TV/Archives du 7e Art
22	3	Cuboimages/Leemage
23		Fernando Botero/The Bridgeman Art Library
24		César Orozco
25		Domenech Castelló/EPA/Maxppp
28, 29		Marcos López
31		Juan Mora
32		Aaron Foster/Photographer's Choice/Getty Images
33		© Joaquín S. Lavado (QUINO)/Caminito S.a.s. Literary
34		ZumaPress/Efe
35		Alberto Godoy
36	1	Paul White/AP Photo/Sipa Press
36	2	J. Casares/Efe
37	1	Jorge Zapata/Efe
37	2	Anaya Touring
38	1	Helene Cyr/Age Fotostock
38	2, 3	Ruta Ufológica de Chile, Municipalidad de San Clemente
39	1	Jason Horowitz/Corbis
39	2	Ricardo Suárez/Efe
39	3	Chico Sánchez/Efe
39	4	Janik Rojas
40	1	www.artehistoria.com
40	2	Uwe Dreilich-Fotolia.com
41		Dario Alpern
42	1	Efe
42	2	Héctor Retamal/AFP
43		*Manual ilustrado de Magia Blanca*, autor Zoveck Estudio. Sonia Romero, Julio Carrasco, México
44		Amor & Suerte.com
45	2	Lonely Planet
45	3	Celia Díaz/Editorial Almuzara
45	1	Raga-Prisma Archivo/Leemage
48, 49		© Eneko
50		Salvador Sas/Efe/Sipa Press
51	1	NL Photos-Fotolia.com
51	2	TAJ-Fotolia.com
51	3	Pascal Martin-Fotolia.com
51	4	Karen Koltrane-Fotolia.com
52		Cortesía de Grupo Planeta
53		*Las 13 rosas*, Enrique Cerezo Pros, Cinematográficas/Pedro Costa Prod. Cine, 2007/Album/Akg Images
54	1	Morell/Efe/Sipa Press
54	2	Centenario Miguel Hernández S.L/David Seymour/Magnum
56		Marcelo Hernández/AP/Sipa Press
57		Luis Magán/*El País*
58	1	Wila, c. 1936, Gráficas Valencia, Valencia, OOR, MIP/Postermil
58	2	UCSD
58	3	Martí Bas, 1936, Ultra, Barcelona, FP, SDP/Postermil
58	4	Anónimo, 1931, Lyf, Madrid/Postermil
58	5	Efe
58	6	Parrilla, 1937, Cromo, Madrid, BI, SPBA/Postermil
58	7	Fox Photos/Getty Images
59	1	© Eneko
59	2	Centenario Miguel Hernández S.L.
60	1	«ESPAÑA. Ministerio de Cultura. Portal de Archivos Españoles (PARES)»
60	2	Anónimo, c. 1937, Gráficas Reunidas, Madrid, Altavoz DF/Postermil
60	3	Salinas, 1936, N.C./Postermil
60	4	Nathalie Desserme/Picturetank
61		AberCPC/Alamy
62	1	Alejandro Bolívar/Efe
62	2	www.abuelas.org.ar
63	1	Prisma/Leemage
63	2	© Succession Picasso 2011/Aisa/Leemage
64		Photo du film «Le cas Pinochet», 2001 de Patricio Guzmán
65	2	Sergio Langer
65	1	© Succession Picasso 2011/Patric Gérin/RMN
68, 69		© Adagp, Paris 2011/©Atelier Cruz-Díez Paris
70		Renfe/Agencia Sra Rushmore
71		Giacomo Costa
72	1	© Succession Picasso 2011/Photo Josse/Leemage
72	2	Ecologistas en Acción
73	1	Tan Kian Khoon-Fotolia.com
73	2	Sport Graphic-Fotolia.com
73	3	Eltico- Fotolia.com
75		Desigual
76	1	© Adagp, Paris 2011/Herman Braun-Vega
76	2	Juan Manuel Castro Prieto/Agence Vu
77	1	Maria Mora
77	2	Noelia Espinosa
77	3	Vincent Migeat/Agence Vu
78		Joan Tomas
79	1	Vanguardia-Archivo
79	2	Consuelo Bautista/*El País*
79	3	Gogo Images/Age Fotostock
80	1	Ciudad de las Artes y las Ciencias, Valencia
80	2	Zero Creatives/Cultura/Getty Images
81	1	Alfonso de Tomas-Fotolia.com
81	2	Richard Villalon-Fotolia.com
81	3	Joseph Helfenberger-Fotolia.com
81	4	Marc-Fotolia.com
82	1	*Madrid científico*, 1911
82	2, 3	*Comprar, tirar, comprar*, Cosinma Dannoritze, producción Media 3.14, Article Z en coproducción con Arte France, Televisión Española, Televisió de Catalunya en colaboración con NRK, RTBF, SBS-TV, TG4, Televisión Suisse Romando, YLE
83		© Adagp, Paris 2011/Collection Centre Pompidou, Dist. RMN
84		Juan Manuel Castro Prieto/Agence Vu
85		www.consumehastamorir.com
88, 89		Santiago Sierra/Bernardo Pérez/*El País*
90		Plataforma Editorial
91		© Joaquín S. Lavado (QUINO)/Caminito S.a.s. Literary
92	1	Ernesto Mastrascusa/AFP
92	2	http://www.desdecuba.com/generaciony
93		El Roto
94	1	Museo del Prado, Madrid/Giraudon/The Bridgeman Art Library
94	2	Agencia Elite, Agencia Delphoss, Agencia View/El Corte Inglés
95	1	SOGECINE/EGEDA
95	2,3,4	Ecologistas en Acción/Consumehastamorir.com
96		Plain picture
97		Obra Social Caja Madrid
98	1	Brand & Pictures/Jupiterimages/Getty Images
98	2	IG-Investiga
98	3	Casa de Cultura García Lorca/Asociación de Vecinos de Carabanchel Alto
99	1	Ecologistas en Acción
99	2	Banco de Tiempo de Pinoso. Imagen cedida por el Excmo. Ayuntamiento de Pinoso
99	3	Noelia Espinosa
100	1,2,3	*El País*
100	4	Kai Försterling/Efe
101	1	*El Mundo*
101	2	*El País*
101	3	*La Nación*
102	2	Imagen facilitada por el MARM
102	1	www.consumehastamorir.com
103		*La cultura como provocación*, Jorge Romero Brest edición de Edgardo Giménez, Marta Minujín
104	1	Emilie Chaboud
104	2	Morteza Nikoubazl/Reuters
105		protegeles.com
108, 109		Nilo Jiménez/Efe
110	1	Partido Obrero Regional Córdoba, Argentina
110	2	www.adiunt.org/Conadu Histórica-CTA

112 Agradecemos la colaboración de la Fundación Dos de Mayo, Nación y Libertad de la Comunidad de Madrid (España)
113 1 RTVE
113 2 *ABC*
113 3 *La Razón*
113 4 *El País*
114 Presidencia de la Nación Argentina
115 www.minci.gob.ve/www.bicentenario.gob.ve
116 Terra Nostra Films
117 3 Susana González/Intermittent/Getty Images
117 1 AFP
117 2 Heriberto Rodríguez/Reuters
118 1 Gonzalo de las Heras/*El Correo*
118 2, 3 P. Rotger-Iberfoto/Aisa/Leemage
119 1 The Image Works/Roger-Viollet
119 2 Aisa/Leemage
119 3 Leo La Valle/EPA/Maxppp
119 4 Maria Mora
120 1 Sitographics
120 2 Geoatlas/Graphi-Ogre
120 3 http://www.videospin.com/
121 Oronoz/Photo12.com
122 1 © Adagp, Paris 2011/Mireille Vautier
122 2 Scott Gries/AFP
123 ADO/Iberfoto/Aisa/Leemage
124 1 Comugnero Silvano-Fotolia.com
124 2 Marcos Brindicci/Reuters
125 1 Fernando Vicente
125 2 Cultures France
128, 129 Juan Valvuena/Nophoto
131 Maestranza Films/Egeda
132 © Eneko
133 J.Ragel/EPA/Maxppp
134 1 Elda González
134 2 Denis Doyle/The New York Times/Réa
135 Atlético de Madrid
136 María Teijeiro/Cultura/Getty Images
137 Gobierno de Aragón
138 1 Arid Ocean-Fotolia.com
138 2 Bertrand Desprez/Agence Vu
138 3 Lordprice Collection/Alamy
139 1 Manuel Lérida/EPA/Maxppp
139 2 Avec l'aimable autorisation de EMI MUSIC FRANCE
140 1, 2 Cortesía de UNHCR/ACNUR
140 3 Art Photo Picture-Fotolia.com/María Mora
141 *Bienvenido a Casa*, 2006 Alejo Saura, David Trueba, una película de Fernando Trueba P.C. S.A./Guillermo Rodríguez/Album/Akg Images
142 Brandon Quester
143 © DACS/Photo © Christie's Images/The Bridgeman Art Library
143 © 2011 Banco de México Diego Rivera Frida Kahlo Museums Trust, México, D.F.-Adagp, Paris 2011
145 1 *Brinco* Judi Werthein, 2005 (México/USA). Cortesía de InSite_05 y Judi Werthein. Foto: Alfredo Di Stefano
145 2 María Mora
146-149 Paco Roca © 6 pieds sous terre
150, 151 Diseño Afiche www.panky.cl
152 Manuel Bruque/Efe
153 1 María Mora
153 2 Ulises Ruíz/Efe
154 1, 2 Ouka Leele/Agence Vu
154 3 *Entre tieblas*, Pedro Almodóvar, Tesauro/Album/Akg/Images
154 4 Gtresonline/Abacapress
157 RTVE
158 1 María Mora
158 2 Rodrigo Selles/Latinphoto.org
159 Ecologistas en Acción
160 1 Juan Gatti, Studio Gatti/©EL DESEO, D.A., S.L.U.
160 2 Mar San Alberto/nr/Efe
160 3 Kiko Huesca/Efe
160 4 Ouka Leele/Agence Vu
160 5 © Pablo Navarro/EL DESEO, D.A., S.L.U.
161 1 Lucas Vallecillos-Iberfoto/Aisa/Leemage
161 2, 3 Ivan Franco/Efe
162 1 http://latomatina.es/Ayuntamiento Bunyol
162 2 Manuel Bruque/Efe
163 François Perri/Réa
165 Colección Gasca/Iberfoto/Aisa/Leemage
166 1 Federación de Estudiantes de la Universidad de Chile
166 2 Sara España/*El País*
167 1 Ayuntamiento de Valencia
167 2 Fundación Carnaval de Barranquilla, afiche promocional del Carnaval de Barranquilla 2011 «Sinfonía de Torito»
170, 171 Ana Juan
172 Javier Lizón/Efe
173 Educacionsinfronteras.org
174 José Jacome/Efe
175 P. Realpe/Archivolatino-Réa
176 Diego Giudice/Archivo Latino/Réa
177 Hijas de la Tierra
178 François Guenet/Akg Images
179 Presidencia Nación Argentina
180 1 Diego Giudice/Archivo Latino-Réa
180 2 Jesús Inostraza/Archivo Latino-Réa
180 3 Source: International Bank for Reconstruction and Development/The World Bank: «Una guía del Banco Mundial. Segunda Edición». http://web.worldbank.org
181 1 Stringer/Reuters
181 2 Prisma Bildagentur/Alamy
181 3 María Mora
182 1 Instituto Cervantes
182 2 IvicaNS-Fotolia.com
183 Mark Andersen/Rubberball/Getty Images
184 1 Fondo de cooperación para agua y saneamiento, Ministerio de Asuntos Exteriores y Cooperación, AECID
184 2 Brigitte Grignet/Agence Vu
185 Fotógrafo Franc Aleu/La Fura dels Baus
186 Roberto Escobar/Efe
187 Erlich

Table des références de textes

12 Bang Londres published in *El Mundo* 05/04/2010
14 *El País*
16 Taken from 2666. Copyright ©Roberto Bolano, 2004/Anagrama. All rights reserved
19 «MC GUEVARA'S o CHE DONALD'S» (Kevin Johansen) © Warner Chappell Music Argentina. Droits exclusifs pour France, Territoires SACEM (Luxembourg exclu), RTL (Programmes Français): Warner Chappell Music France
24 *El País*
26, 27 © Federico Falco, 2010
30 Gabriel García Márquez, fragmento de *El olor de la Guayaba* © Gabriel García Márquez y Plinio Apuleyo Mendoza, 1982
32 Mirada Malva Editores
34 © Pedro Juan Gutiérrez, fragmento de *Animal Tropical*
36 *El País*
38 1 *Sentido, valores y creencias en los jóvenes*, Andrés Canteras Murillo, 2003, ©Injuve, Instituto de la Juventud
38 2 *El País*
39 ww.semanasanta.info
42 *Diario Hoy*, New York
44 *El Pais*
46, 47 Jaime Bayly, Fragmento de *El Canalla sentimental* ©Jaime Bayly, 2008
50, 52 *El País*
55 Centenario Miguel Hernández S.L.
56 *El País*
57 Juan Gelman, Editorial Planeta, Argentina
59 1 «Ley de Memoria Historica», BOE, num. 310, 27/12/2007/Ministerio de la Presidencia
62 *Desapariciones* paroles & musique: Rubén Blades ©2008 Rubén Blades Publishing (administré par Universal Music Publishing). Avec l'aimable autorisation d'Universal Music Publishing
63 George Steer/The Times
64 Manuel Vicent, *Ojos de león verde*, Alfaguara, 2008/Santillana
66, 67 ©Juan José Millás
71 *El País*
73 http://marinerodepacotilla.blogstop.com
74 Irene Jiménez, Páginas de Espuma, 2010
78 *El País*
79 1 Antonio Jiménez Barca, *El País*, 27/10/2005
79 2 Generacin 'ni-ni', Enrique del Val Blanco/*El Universal*, 18/08/2009
79 3 TNS Gallup/*La Nación*, 01/06/2008
82 Susana Rodríguez, 04/01/2011/RTVE
84 Santiago Roncagliolo, *Jet Lang*, Alfaguara, 2007/Santillana
86, 87 © Herederos Mario Benedetti
90 *La Vanguardia*
92 *El País*
95 SOGECINE/Egeda
96 *El País*
98 voltairnet.org
102 Juan-Felipe Carrasco, Greenpeace
104 *El Mundo*
106-107 Leo Masliah
111 «ME GUSTAN LOS ESTUDIANTES» (Violeta Parra) © Editorial Lagos. Droits exclusifs pour France et Territoires SACEM: Warner Chappell Music France
112 © 2007 Arturo Pérez-Reverte

116		Terranostra Films
117		Efe, México, 19/07/2007
119	1	Educación y Memoria, http://portal.edu.ar
122		Carlos Fuentes. Fragmento de *El espejo enterrado* © Carlos Fuentes, 1992
124		*El País*
126, 127		Andrés Gómez
130		Maestranza Films/EGEDA
132		*El País*
135		Atlético de Madrid
136		Javier Távara
138		Larousse
139	1	Nicolás Castellano, Cadena Ser, 02/04/2010
139	2	*5.3.7. Cuba*, paroles & musique: Francisco Repilado © Universal MGB Autores Asociados (administré par Universal Music Publishing MGB France). Avec l'aimable autorisation d'Universal Music Publishing MGB France
142		Bastien Inzaurralde
144		Manuel Rivas, *A cuerpo abierto*, Alfaguara, 2008/Santillana
152		Santiago Roncagliolo, *Jet Lang*, Alfaguara, 2007/Santillana
155		cje.org
156		© Juan José Millas
161	3	*El novio de mi nieta*, Agarrate Catalina
164		Rafael Alberti. «El aburrimiento», *Roma, peligro para caminantes* © Rafael Alberti, 1968. El alba del Alhelí, S.L.
166		*El País*
168, 169		Juan Bonilla, "El que apaga la luz » publicado en « Cien años de cuentos », Alfaguara, 1994/Santillana
172, 176		*El País*
178		Gabriel García Márquez. Fragmento de *Botella al mar para el dios de las palabras* © Gabriel García Márquez, 1997
186		*El País*
189		Diego Muñoz Valenzuela
193		© Herederos de Federico García Lorca
201	1	Bernardo Atxaga
201	2	© Juan José Millás
235-241		*Plan curricular del Instituto Cervantes, B1 y B2*, Editorial Nueva, S.L.

Références sonores

19	p 5	*Mc Guevars's o Che Donald's* intérprété par Kevin Johansen (Auteur, Compositeur: Kevin Johansen) (p) 2010 Sony Music Entertainment Argentina, S.A. «Avec l'aimable autorisation de Sony Music Entertainment France S.A.S.»
31	p 6	Presentado por Miguel Angel Domínguez/RNE
54	p 11	*Hispanorama, La tragedia de Miguel Hernández, una de las grandes voces de la poesía*, 06/02/2010 presentado por Antonio Buitrago/RNE
55, 59	pp 12, 13	Centenario Miguel Hernández S.L.
62	p 14	*Desapariciones* interprété par Rubén Blades (Rubén Blades) (P) 1984 Electra Entertainment Group/Avec l'aimable autorisation de Warner Music France
73	p 15	Radio 3, 27/03/2010/RNE
134	p 26	*Emigrantes* interprété par Orishas (P) 1999 Emi Music Publishing Spain. Avec l'aimable autorisation de Emi Music France
134	p 26	Presentado por Teresa Montoro/RNE
139	p 27	*5.3.7. Cuba* interprété par Orishas (P) 1999 Emi Music Publishing Spain/Avec l'aimable autorisation de Emi Music France
161	p 33	Programa *Hora América, Carnaval de Uruguay*, 11/02/2010 presentado por Teresa Montoro/RNE
175	p 35	Yasuni-ITT, Una iniciativa para la vida, Gobierno Nacional de la República de Ecuador

Nous avons recherché en vain les éditeurs ou les ayants droit de certains textes ou illustrations reproduits dans ce livre. Leurs droits sont réservés aux Éditions Didier.

Conception maquette et couverture : Marie-Astrid Bailly-Maître

Mise en pages : Isabelle Aubourg

Mise en pages «Infórmate» : Klara Corvaisier

Illustrations :
Rafael Castañer : pp. 168, 169
Fran Collado : pp. 13, 17, 74
Eduardo Estrada : pp. 46, 47
Enrique Flores : pp. 18, 126, 127
Michel Galvin : p. 164
Esther Gili : pp. 86, 87
Alberto Vázquez : pp. 30, 156, 188, 189
Carlos Vermut : pp. 26, 27, 66, 67
Fernando Vicente : pp. 106, 107, 125

Photogravure : JOUVE

Enregistrements, montage et mixage : Olivier Ledoux (Studio Pierre Corby)

PAPIER À BASE DE FIBRES CERTIFIÉES

éditions didier s'engagent pour l'environnement en réduisant l'empreinte carbone de leurs livres. Celle de cet exemplaire est de :
1,5 kg éq.CO_2
Rendez-vous sur www.editionsdidier-durable.fr

ISBN 978-2-278-07142-5
Achevé d'imprimer en septembre 2012 par LEGO SPA
Imprimé en Italie - Dépôt légal : 7142/04